T0281636

Prüfungstrainer Informatik

Thorsten Moritz / Hans-Jürgen Steffens / Petra Steffens

Prüfungstrainer Informatik

500 Fragen und Antworten
für das Bachelor-Studium

Spektrum
AKADEMISCHER VERLAG

Autoren

Dipl.-Inf. (FH) Thorsten Moritz
thorsten.moritz@fh-kl.de

Prof. Dr. Hans-Jürgen Steffens
hans-juergen.steffens@fh-kl.de

Dipl.-Inf. Petra Steffens
psteffe@gmx.net

Wichtiger Hinweis für den Benutzer
Der Verlag und die Autoren haben alle Sorgfalt walten lassen, um vollständige und akkurate Informationen in diesem Buch zu publizieren. Der Verlag übernimmt weder Garantie noch die juristische Verantwortung oder irgendeine Haftung für die Nutzung dieser Informationen, für deren Wirtschaftlichkeit oder fehlerfreie Funktion für einen bestimmten Zweck. Der Verlag übernimmt keine Gewähr dafür, dass die beschriebenen Verfahren, Programme usw. frei von Schutzrechten Dritter sind. Die Wiedergabe von Gebrauchsnamen, Handelsnamen, Warenbezeichnungen usw. in diesem Buch berechtigt auch ohne besondere Kennzeichnung nicht zu der Annahme, dass solche Namen im Sinne der Warenzeichen- und Markenschutz-Gesetzgebung als frei zu betrachten wären und daher von jedermann benutzt werden dürften. Der Verlag hat sich bemüht, sämtliche Rechteinhaber von Abbildungen zu ermitteln. Sollte dem Verlag gegenüber dennoch der Nachweis der Rechtsinhaberschaft geführt werden, wird das branchenübliche Honorar gezahlt.

Bibliografische Information der Deutschen Nationalbibliothek
Die Deutsche Nationalbibliothek verzeichnet diese Publikation in der Deutschen Nationalbibliografie; detaillierte bibliografische Daten sind im Internet über http://dnb.d-nb.de abrufbar.

Springer ist ein Unternehmen von Springer Science+Business Media
springer.de

© Spektrum Akademischer Verlag Heidelberg 2010
Spektrum Akademischer Verlag ist ein Imprint von Springer

10 11 12 13 14   5 4 3 2 1

Das Werk einschließlich aller seiner Teile ist urheberrechtlich geschützt. Jede Verwertung außerhalb der engen Grenzen des Urheberrechtsgesetzes ist ohne Zustimmung des Verlages unzulässig und strafbar. Das gilt insbesondere für Vervielfältigungen, Übersetzungen, Mikroverfilmungen und die Einspeicherung und Verarbeitung in elektronischen Systemen.

Planung und Lektorat: Dr. Andreas Rüdinger, Bianca Alton
Herstellung: Crest Premedia Solutions (P) Ltd, Pune, Maharashtra, India
Satz: Autorensatz
Umschlaggestaltung: SpieszDesign, Neu–Ulm
Titelbild: © 123rf / alex hinds
Fotos/Zeichnungen: Thomas Epp und die Autoren

ISBN 978-3-8274-2101-2

Vorwort

„Versetzen Sie sich in die Rolle des Prüfers, und überlegen Sie sich, welche Fragen Sie selbst stellen würden."

Diesen Rat geben wir Studenten[1] zur Prüfungsvorbereitung, wohl wissend, dass er eigentlich erst dann seinen wahren Nutzen entfalten kann, wenn der wesentliche Teil der Vorbereitungen schon erfolgreich erledigt worden ist. Wenn man also das zu lernende Gebiet schon so weit durchdrungen und verarbeitet hat, dass man den roten Faden erkennt, sich einen Überblick über das Lerngebiet verschafft hat, eine einigermaßen stabile „Mindmap" erzeugt hat und das Wesentliche vom Unwesentlichen unterscheiden kann. Einer der besten Didaktiker des letzten Jahrhunderts, der Physiker Richard P. Feynman, hat dieses Dilemma besonders prägnant formuliert: *„The power of instruction is seldom of much efficacy except in those happy dispositions where it is almost superfluous."*

Zu Beginn der Prüfungsvorbereitungen haben Sie noch keine Gesamtschau auf den Lernstoff. Dies umso weniger, als mit dem Wegfall der „Scheine"-Klausuren als Voraussetzung für die Zulassung zu den eigentlichen Vordiplomprüfungen und mit den deshalb eingeführten „studienbegleitenden Prüfungen" die Zeit für das „Verdauen des Stoffes" merklich reduziert wurde. Ein Effekt, der durch die im Bologna-Prozess neu eingeführten gestuften Studiengänge zementiert worden ist. Aus vielen Schilderungen Ihrer Kommilitonen haben wir immer wieder erfahren, dass es oft die letzten Wochen vor der Prüfung waren, in denen sich das Wissen konsolidierte, indem gedankliche Querverbindungen geknüpft werden konnten und sich ein zusammenhängender Blick aus der Vogelperspektive eröffnete. Diese Situation ist vergleichbar mit dem häufig benutzten Bild eines Puzzles, bei dem sich gegen Ende in immer kürzerer Zeit immer mehr Teile in das Gesamtbild fügen, *vorausgesetzt*, man hält die Durststrecke zu Beginn der „Puzzelei" durch.

Diese „Durststrecke" zu verkürzen ist das Ziel dieses Prüfungstrainers.

Auch wenn Sie zu denjenigen gehören, die es sowieso wissen wollen und auf eine solche Handreichung verzichten könnten: Dieser Prüfungstrainer soll Ihnen ermöglichen, schneller zum Ziel zu kommen, sei es, um die gewonnene Zeit für

---

[1]Wenn hier und im Folgenden Personen(-gruppen) mit der maskulinen Form bezeichnet werden, sind damit sowohl männliche als auch weibliche Personen gemeint.

weitere Studien nutzen zu können, sei es – auch das ist ein sehr guter und immer drängender werdender Grund –, um das eigene Studium finanzierbar zu halten.

Nun ist die Informatik ohne Zweifel ein ingenieurwissenschaftlich geprägtes Fach, mit der Folge, dass (so die Beobachtungen von Hopcroft und Ullman) sie *„zu einem stärker berufsorientierten Bereich wurde, und bei vielen Studenten ein starker Pragmatismus feststellbar ist."* Es gibt also wie in der Medizin nicht nur den Wissenschaftler im engeren Sinne, sondern auch – zu Recht – den „Heiler".

Sollten Sie sich also mehr als „Heiler" sehen (und im medizinischen Bereich würde man dies ohne Wenn und Aber auch so erwarten), kann man Ihnen dennoch nicht ersparen, das theoretische Rüstzeug zu erwerben. Nichts spricht also dagegen, Sie hier auch ein wenig zu den theoretischen Grundlagen hin zu „ver" -führen, auch wenn Sie sich vielleicht gerne schon möglichst früh mit monetär verwertbaren Technologien befassen würden.

In diesem Bemühen hat es ein *Prüfungstrainer* sicher leichter als ein klassisches Lehrbuch, das der wissenschaftlichen Vollständigkeit verpflichtet ist. So hat ein Prüfungstrainer größere Freiheiten, Fragestellungen zu formulieren, mit den Abstraktionsebenen zu spielen und Querverbindungen anzudeuten. Er sollte dies auch tun. Und wenn man Glück hat, induziert eine geschickt gestellte Frage im Verbund mit einer prägnanten Antwort eine klarere Einsicht als ein Lehrbuch.

Kann damit ein Prüfungstrainer ein Lehrbuch ersetzen? In der Vermittlung des methodischen Vorgehens, der systematischen Entwicklung und Entfaltung des Stoffes ist ein Prüfungstrainer schlicht überfordert, von der Abdeckung einmal ganz abgesehen. Er kann aber, wie zu Beginn angedeutet, beim Aufbau einer persönlichen Mindmap helfen, deren Knoten dann bei Bedarf geeignete Einsprungstellen in Lehrbücher liefern. Darüber hinaus sollten Sie sich aber auch im persönlichen Gespräch mit Ihren Prüfern und Dozenten einen Eindruck verschaffen, auf welche Schwerpunkte an Ihrer Hochschule besonderer Wert gelegt wird. In jedem Fall ist es sinnvoll, den Prüfungstrainer schon früh, am ersten Tag des ersten Semesters, in die Hand zu nehmen, um einen ersten Eindruck von den Begrifflichkeiten, den Zusammenhängen und den typischen Problemstellungen zu gewinnen.

In diesem Sinne wünschen wir Ihnen viel Erfolg,
Thorsten Moritz, Hans-Jürgen Steffens und Petra Steffens

Auf ein Wort – Anregungen für Dozenten

Die Erfordernisse guter Lehre bergen gewisse Eigengesetzlichkeiten, die sich an der einen oder anderen Stelle auch in der Forschungsmethodik wiederfinden: *die Zerlegung eines komplexen Sachverhaltes in einen einfachen und einen kleinen* (P. A. Dirac), oder in anderen Worten die Berücksichtigung der 80:20-Regel. Schon die Himmelsmechanik wäre in ihren Anfängen stecken geblieben, hätte man auf die Vereinfachung, zunächst nur die Schwerpunkte zu betrachten, verzichtet und in einem einzigen Schritt auch die weniger offensichtlichen Phänomene (etwa die wandernden Knotenpunkte der Mondbahn und Erdbahnebene, die Rotation der Apsidenlinie oder die Präzession der Erdachse) zu erfassen versucht. Und auf solche Regeln und Heuristiken muss insbesondere ein Prüfungstrainer Rücksicht nehmen.

Nun verleitet ein mathematisch orientiertes Studium, in dem jedes Theorem beweisbar ist und auch bewiesen wird, schleichend zu der Annahme, dass jeder Lehrsatz und jeder Algorithmus eigentlich nur dann benutzt werden darf, wenn man imstande ist, ihn selbst herzuleiten. Man sieht also nur zu gerne im *Weg* das eigentliche Ziel. Und man erwirbt sich ausgehend von der *theoretische* Informatik eine Sichtweise auf die eigene Wissenschaft als einer „collection of proofs" und weniger als einer „collection of algorithms". Dabei übersieht man doch zu leicht, dass es gerade die *Nutzbarmachung* der Informatik ist, die zu vielen anspruchsvollen Problemen führt. Hier ist eine Äußerung des bekannten Mathematikers Peter Hilton angebracht, die sich zwanglos von der Mathematik auf die Informatik übertragen lässt: *„Für einen Mentor von Ph.D.-Anwärtern wäre es am einfachsten, einen schlechten angewandten Mathematiker auszubilden. Das Nächsteinfache wäre die Ausbildung eines schlechten reinen Mathematikers. Dann kommt ein ganzer Quantensprung bis zur der Aufgabe, einen guten reinen Mathematiker auszubilden und schließlich ein riesiger Quantensprung bis zur Ausbildung eines guten angewandten Mathematikers."*

Vor diesem Hintergrund mag man sich als Hochschullehrer leichter eingestehen, dass die Beweggründe, Informatik zu studieren, mit guten Gründen von der *eigenen* Motivation, dieses Fach zu lehren, abweichen können. Besonders wenn die Informatik als „Beifach", etwa in den Wirtschaftswissenschaften, gelesen wird, gestalten sich die unterschiedlichen Motivationen als ein geradezu systemisches Problem und können Anlass für Frustrationen auf beiden Seiten liefern. *„Warum ich diese Informatik-Vorlesung höre? Weil ich den Schein brauche."* ist eine typische Äußerung gerade von Studenten der Wirtschaftwissenschaften. Als Dozent läuft man Gefahr, eine solche Aussage als narzisstische Kränkung zu empfinden. Dabei kommt hier weniger eine Geringschätzung zum Tragen, als vielmehr ein anders gelagertes Interesse: Nicht das des Wissenschaftlers im engeren Sinne, sondern das eines Studenten mit starkem Pragmatismus oder starker Anwendungsbezogenheit. Vergessen wir bitte nicht: Auch die alten Griechen waren sich für die Anwendungsorientierung zu schade, sie verbannten ihre besten Ingenieure außer Landes – und wurden von den Römern geschlagen.

Es erschiene mir also nicht fair, unsere Studenten nur danach bewerten zu wollen, inwieweit sie ein wirklich theoretisches Interesse an unserem Fach haben. Gute Ingenieure zeichnet es vor allem aus, Fortüne in der *Auswahl* der anzuwendenden Verfahren zu haben. Hierfür sind Kenntnisse ihrer Eigenschaften wichtig, aber (zumindest für den Ingenieur) kein Selbstzweck.

Man sollte sich als Hochschullehrer also auch zugestehen, dass Studenten gewisse Aspekte der Informatik schlicht uninteressant finden. Da Hochschullehrer aufgrund ihres Überblicks wissen, dass auch solche „uninteressanten" Aspekte für den erfolgreichen Informatiker zumindest als Hintergrundwissen wichtig sein werden, können sie sie den Studenten natürlich nicht ersparen. Aber man sollte sich in der Pflicht sehen, es auch den anders Interessierten leichter zu machen.

So hat unser Prüfungstrainer u. a. das Ziel, Themen auch dann als beherrschbar erfahren zu lassen, wenn sie mit starken Unlustgefühlen verbunden sind und nur als lästige Pflicht angesehen werden. Eine kleine Prise Humor mag dabei helfen und die Spannungen hier und dort etwas lösen – auch und besonders bei Prüfungen und den Vorbereitungen hierzu.

Hans-Jürgen Steffens

Danksagung

Die Autoren möchten allen, die an der Konzeption und Erstellung dieses Buches mitgewirkt haben, danken. Unser besonderer Dank gilt Frau Bianca Alton und Herrn Dr. Andreas Rüdinger vom Spektrum-Verlag für ihre ideellen Anregungen und die professionelle Begleitung des Gesamtprojekts sowie Herrn Nabil Belahmer und Herrn Jochen Pätzold (beide FH Kaiserslautern) für ihre intensive und umfassende Recherchetätigkeit. Die Quellenangaben erfolgten nach bestem Wissen und Gewissen unter der dankenswerten Mithilfe von Frau Alla Popova (FH Kaiserslautern).

Inhaltsverzeichnis

1 Logikkalküle für Informatiker

> *„Nichts ist praktischer als eine gute Theorie."*
> *(Todor Karman, amerikanischer Mathematiker, Physiker und Ingenieur)*

Die Logik hat sich in ihren unterschiedlichen Kalkülen als so grundlegend für viele Verfahren in der Informatik erwiesen, dass wir sie hier als Teil der theoretischen Informatik behandeln, ja sogar mit ihr beginnen. Natürlich hat sie auch Schnittstellen zur Philosophie, aus der sie historisch entstanden ist, und zur reinen Mathematik, der sie oftmals zugeordnet wird.

In der Behandlung der formalen Logik mussten wir uns aus der Menge der unterschiedlichen Konventionen und Sprachregelungen auf eine einheitliche und konsistente Sprechweise festlegen. In diesem Sinne sprechen wir im Folgenden von *Formeln* und *Aussagen*, von *Junktoren* und *Quantoren*, von *Funktorsymbolen* (kurz *Funktoren*) und *Prädikatsymbolen* (kurz *Prädikaten*). Interpretationen finden in einem *Individuenbereich* (oder *Universum*) statt. Dabei unterscheiden wir zwischen Prädikatsymbolen und den sie interpretierenden *Relationen* auf den jeweiligen Individuenbereichen, ebenso wie zwischen Funktorsymbolen und den sie interpretierenden *Funktionen* auf den Individuenbereichen.

Trotz aller Vorsichtsmaßnahmen hat man es dennoch immer auch mit überladenen Begriffen zu tun (für den Programmierer nichts Ungewohntes). So bedeutet *Aussage* einerseits eine Formel ohne freie Variablen (eine syntaktische Eigenschaft), andererseits aber auch eine interpretierte Formel (also etwas semantisches) und zwar mit oder ohne freie Variablen. Jede andere Sprachregelung widerspräche fest etablierten Sprechweisen.

In den Bezeichnungen sind wir Schöning [38] gefolgt (einem Buch, das während der Abfassung dieses Kapitels stets griffbereit auf dem Schreibtisch lag). Die kanonischen Junktoren werden also mit $\neg$, $\vee$ und $\wedge$ notiert, die Quantoren mit $\forall$ und $\exists$.

Über die Referenz [38] hinaus lohnt in der Prüfungsvorbereitung auch ein Blick in die „Klassiker" wie z. B. Hermes [15] oder in umfangreichere Werke wie dem Buch von Ebbinghaus et. al. [11].

1.1 Syntax und Semantik

Frage 1 Was ist der Gegenstand der **mathematischen Logik** (oder **formalen Logik**), und warum ist sie für Informatiker relevant?

Antwort: Die mathematische Logik handelt vom Umgang mit *Aussagen*: von ihrem *Aufbau*, von wichtigen *Operationen*, die auf ihnen ausgeführt werden, und von *Beziehungen* oder *Relationen*, die zwischen ihnen bestehen. Sie unterscheidet von Beginn an zwischen *Syntax* (der äußeren Form, also der „disziplinierten Verteilung von Kreide auf der Tafel") und der *Semantik* (also der Bedeutung, dem „Gemeinten").

Im Vordergrund der Betrachtungen stehen die sogenannten *logischen Operationen* (z. B. „und", „oder ", „nicht"). Untersucht werden die hierauf beruhenden Folgerungs- und Ableitungsrelationen. Dabei bezieht sich der Folgerungsbegriff auf die Semantik und der Ableitungsbegriff auf die Syntax.

Ein wichtiges Ziel ist es, das inhaltliche Folgern mit dem Werkzeug des formalen Ableitens so zu (er)fassen, dass es zum reinen Rechnen wird. Ziel ist also, einen zum inhaltlichen Folgern synchronen Ableitungskalkül zu konstruieren, sodass im Erfolgsfalle das Folgern an ein Computerprogramm delegiert werden kann. Einen der wichtigsten Kalküle hierfür bietet die sogenannte *Prädikatenlogik*. Die Untersuchungen hierzu sind Teil der theoretischen Informatik.

Neben der Prädikatenlogik gibt es den sehr viel einfacheren Kalkül der *Aussagenlogik*. Dieser liefert auch einen methodischen Rahmen für den Entwurf von Schaltkreisen und Schaltwerken in der technischen Informatik. □

Frage 2 Was sind **Aussagen**?

Antwort: In der philosophischen Tradition versteht man unter einer Aussage ein (natürlich)sprachliches Gebilde, in dem das Bestehen oder Nichtbestehen von Sachverhalten behauptet wird und das somit *wahr* oder *falsch* sein kann.

In der mathematischen Logik betrachtet man demgegenüber (einfacher zu handhabende) Kunstsprachen. In ihnen werden mit geeigneten Regeln *Aussageformen* oder *Formeln* gebildet (manchmal auch *Ausdrücke* genannt), die im Rahmen eines mathematischen Modells interpretiert werden können. Die Formeln oder Aussageformen werden damit zu Aussagen über Eigenschaften des Modells, also zu Aussagen im klassischen Sinn. □

Frage 3 Von welcher Form sind die Aussagen in der **Aussagenlogik**?

Antwort: Der Aufbau von Aussagen oder (aussagenlogischen) Formeln in der Aussagenlogik (hier werden beide Begriffe synonym benutzt) erfolgt mithilfe einfacher rekursiver Regeln. Ausgangspunkt sind die sogenannten „atomaren" Aussagen, gebildet aus (syntaktisch) vorgegebenen *Aussagevariablen* $a_1, a_2, \ldots$. Atomare Aussagen sind die einfachsten Formeln oder Aussagen. Bereits gebildete Formeln können dann sukzessive mithilfe von *Junktorsymbolen* (oder *Junktoren*) zu neuen Formeln zusammengesetzt werden.

Es werden in der Regel drei Junktoren benutzt, die mit $\neg, \vee, \wedge$ notiert wer den und inhaltlich für das umgangssprachliche „nicht", „oder" bzw. „und" stehen sollen.

Unter Benutzung der Klammersymbole geschieht der Aufbau der Formeln nun nach folgenden Regeln:

1. Jede Aussagevariable a_i ist eine Formel.

2. Sind A, A_1, A_2 Formeln, dann sind auch $(\neg A), (A_1 \vee A_2)$ und $(A_1 \wedge A_2)$ Formeln.

Häufig verzichtet man auf die Klammerung, wenn keine Mehrdeutigkeiten zu be fürchten sind.   □

Frage 4 Wie werden aussagenlogische Formeln **interpretiert**?

Antwort: Die *Interpretation* von Formeln kann dargestellt werden als eine Funk tion (*Wahrheitsfunktion*)

$$t : \{A \,|\, A \text{ ist Formel}\} \to \{0, 1\}.$$

0 und 1 können dabei eine Doppelrolle wahrnehmen: Sie stehen einerseits als Symbole für *falsch* bzw. *wahr*, also als Elemente eines reinen Aufzählungstyps. Darüber hinaus können sie bei der Interpretation aber auch direkt als Zahlen benutzt werden.

Nutzt man 0 und 1 in dieser Weise, dann lässt sich eine Interpretation t wie folgt definieren:

1. Die Funktionswerte $t(a_i)$ aus $\{0, 1\}$ können beliebig vorgegeben werden.

2. Die Funktionswerte der Formeln $\neg A, (A_1 \wedge A_2), (A_1 \vee A_2)$ ergeben sich re kursiv aus den Funktionswerten der einzelnen Formeln $A, A_1, A_2, \dots$ mittels folgender Gleichungen

$$
\begin{aligned}
t(\neg A) &= 1 - t(A) \\
t(A_1 \wedge A_2) &= t(A_1) \cdot t(A_2) \\
t(A_1 \vee A_2) &= t(A_1) + t(A_2) - t(A_1) \cdot t(A_2)
\end{aligned}
$$

Diese Festlegungen spiegeln die umgangssprachlichen Bedeutungen der Junktoren wider.   □

Frage 5 Welche Konsequenzen ergeben sich für die **Wahrheitstabellen** der Junkto ren?

Antwort: Lässt man die Junktoren direkt auf den Wahrheitswerten 0 und 1 (als ein- oder zweistellige Funktionen) operieren, erhält man für $x, y \in \{0, 1\}$ unmittelbar:

$$\neg(x) \quad = \quad 1 - x$$
$$\wedge(x, y) \quad = \quad x \cdot y$$
$$\vee(x, y) \quad = \quad x + y - x \cdot y$$

Diese Funktionen können (aufgrund der endlichen Definitionsbereiche) leicht tabellarisch dargestellt werden. Man erhält auf diese Weise folgende klassische Wahrheitstabellen:

$\neg$	
0	1
1	0

$\wedge$	0	1
0	0	0
1	0	1

$\vee$	0	1
0	0	1
1	1	1

□

Frage 6 Gibt es noch eine andere Charakterisierung der **Wahrheitsfunktion** t?

Antwort: Setzt man

$$t(A_1 \wedge A_2) = \min\{t(A_1), t(A_2)\}$$

sowie

$$t(A_1 \vee A_2) = \max\{t(A_1), t(A_2)\}$$

und lässt alles andere unverändert, dann erhalten wir ein äquivalentes t.

Für Algebraiker: Wir haben es hier mit dem Aspekt der Ordnungserhaltung eines Verbandshomomorphismus zu tun. Als solcher kann nämlich t betrachtet werden, wenn man von den aussagenlogischen Formeln zu den Äquivalenzklassen der Formeln übergeht. □

Frage 7 Zeigen Sie, dass eine Aussage der Form $A \vee \neg A$ stets *wahr* und eine Aussage de Form $A \wedge \neg A$ stets *falsch* ist.

Antwort: Benutzen wir, dass mit $t(A) \in \{0, 1\}$ stets $t(A) \cdot t(A) = t(A)$ gilt, dann erhalten wir:

$$\begin{aligned} t(A \vee \neg A) &= t(A) + t(\neg A) - t(A) \cdot t(\neg A) \\ &= t(A) + (1 - t(A)) - t(A) \cdot (1 - t(A)) \\ &= 1 - t(A) + t(A) \cdot t(A) \\ &= 1 - t(A) + t(A) \qquad (\text{da } t(A) \cdot t(A) = t(A)) \\ &= 1 \end{aligned}$$

$$
\begin{aligned}
t(A \wedge \neg A) &= t(A) \cdot t(\neg A) \\
&= t(A) \cdot (1 - t(A)) \\
&= t(A) - t(A) \cdot t(A) \\
&= t(A) - t(A) \qquad (\text{da } t(A) \cdot t(A) = t(A)) \\
&= 0
\end{aligned}
$$

Aussagen, die stets *wahr* sind, heißen *Tautologien*; solche, die stets *falsch* sind, heißen *Kontradiktionen*. $\qquad\square$

Frage 8 Welche Konsequenzen hätte eine Uminterpretation von 0 als *wahr* und 1 als *falsch* für unser intuitives Verständnis der Junktoren?

Antwort: Es bliebe alles beim Alten mit dem einzigen Unterschied, dass die Junktoren $\vee$ und $\wedge$ umgangssprachlich dann die Rollen tauschen würden.

Umgekehrt hätte ein Rollentausch von $\vee$ und $\wedge$ eine Uminterpretation von 0 und 1 zur Folge.

Für Algebraiker: Wir haben es hier mit einem Aspekt der sogenannten *Selbstdualität* einer Boole'schen Algebra zu tun. $\qquad\square$

Frage 9 Für die Junktoren $\vee$ und $\wedge$ gelten die üblichen Assoziativ-, Kommutativ- und Distributivgesetze. Zeigen Sie beispielhaft die Gültigkeit des folgenden Distributivgesetzes:
$$
t\big((A \wedge B) \vee C\big) = t\big((A \vee C) \wedge (B \vee C)\big)
$$
Antwort: Es gilt

$$
\begin{aligned}
t\big((A \vee C) \wedge (B \vee C)\big) &= t(A \vee C) \cdot t(B \vee C) \\
&= \big(t(A) + t(C) - t(A)t(C)\big) \cdot \big(t(B) + t(C) - t(B)t(C)\big) \\
&= t(A)t(B) + t(A)t(C) - t(A)t(B)t(C) \\
&\quad + t(C)t(B) + t(C)t(C) - t(C)t(B)t(C) \\
&\qquad - t(A)T(C)t(B) - t(A)t(C)t(C) + t(A)t(C)t(B)t(C) \\
&= t(A)t(B) - t(A)t(B)t(C) \\
&\quad + t(C)) \\
&\quad - t(A)t(C) \\
&= t(A)t(B) + t(C) - t(A)t(B)t(C) \\
&= t(A \wedge B) + t(C) - t(A \wedge B)t(C) \\
&= t\big((A \wedge B) \vee C\big)
\end{aligned}
$$

$\qquad\square$

Frage 10 Zeigen Sie die Gültigkeit der sogenannten **de Morgan'schen Gesetze**:

$$t\big(\neg(A_1 \vee A_2)\big) = t(\neg A_1 \wedge \neg A_2)$$

sowie

$$t\big(\neg(A_1 \wedge A_2)\big) = t(\neg A_1 \vee \neg A_2)$$

Antwort: Es gilt:

$$
\begin{aligned}
t\big(\neg(A_1 \vee A_2)\big) &= 1 - t(A_1 \vee A_2) \\
&= 1 - \big(t(A_1) + t(A_2) - t(A_1) \cdot t(A_2)\big) \\
&= 1 - t(A_1) - t(A_2) + t(A_1) \cdot t(A_2) \\
&= (1 - t(A_1)) \cdot (1 - t(A_2)) \\
&= t(\neg A_1) \cdot t(\neg A_2) \\
&= t(\neg A_1 \wedge \neg A_2)
\end{aligned}
$$

sowie

$$
\begin{aligned}
t(\neg A_1 \vee \neg A_2)) &= t(\neg A_1) + t(\neg A_2) - t(\neg A_1) \cdot t(\neg A_2) \\
&= 1 - t(A_1) + 1 - t(A_2) - (1 - t(A_1))(1 - t(A_2)) \\
&= 2 - t(A_1) - t(A_2) - t(A_1) - 1 + t(A_1) + t(A_2) - t(A_1) \cdot t(A_2) \\
&= 1 - t(A_1) \cdot t(A_2) \\
&= 1 - t(A_1 \wedge A_2) \\
&= t\big(\neg(A_1 \wedge A_2)\big)
\end{aligned}
$$

Alternativ kann die Gleichheit auch mithilfe der Wahrheitstabellen gezeigt werden.

Man kann dieses Ergebnis nutzen, um einen der Junktoren $\wedge$ und $\vee$ mittels der de Morgan'schen Gesetze durch den jeweils anderen zu ersetzen. $\square$

Frage 11 Eine Formel $(\neg A_1) \vee A_2$ wird auch als $A_1 \rightarrow A_2$ notiert und als „A_1 impliziert A_2" gelesen. Welche Wahrheitstabelle hat der hierdurch eingeführte neue Junktor $\rightarrow$?

Antwort: Aus

$$
\begin{aligned}
t(A_1 \rightarrow A_2) &= t((\neg A_1) \vee A_2) \\
&= t(\neg(A_1)) + t(A_2) - t(\neg(A_1)) \cdot t(A_2) \\
&= 1 - t(A_1) + t(A_2) - (1 - t(A_1)) \cdot t(A_2) \\
&= 1 - t(A_1) + t(A_2) - t(A_2) + t(A_1) \cdot t(A_2) \\
&= 1 - t(A_1) + t(A_1) \cdot t(A_2)
\end{aligned}
$$

erhalten wir durch systematisches Ersetzen von $t(A_i)$ durch 0 und 1 sofort:

$$\begin{array}{c|cc} \to & 0 & 1 \\ \hline 0 & 1 & 1 \\ 1 & 0 & 1 \end{array}$$

$\square$

Frage 12 Zeigen Sie, dass Aussagen (**Implikationen**) der Form $A \to A \vee B$ und $A \wedge B \to A$ stets *wahr* sind.

Antwort: Benutzen wir die Assoziativität, die Kommutativität und ein Gesetz von de Morgan, dann erhalten wir:

$$\begin{aligned} t(A \to A \vee B) \; &= \; t\big(\neg A \vee (A \vee B)\big) \\ &\overset{\text{Assoz.}}{=} \; t\big((\neg A \vee A) \vee B\big) \\ &= \; t(\neg A \vee A) + t(B) - t(\neg A \vee A) \cdot t(B) \\ &= \; 1 + t(B) - 1 \cdot t(B) \\ &= \; 1 \end{aligned}$$

$$\begin{aligned} t(A \wedge B \to A) \; &= \; t\big(\neg(A \wedge B) \vee A\big) \\ &\overset{\text{de Morgan}}{=} \; t\big((\neg A \vee \neg B) \vee A\big) \\ &\overset{\text{Assoz., Komm.}}{=} \; t\big((\neg A \vee A) \vee \neg B\big) \\ &= \; t(\neg A \vee A) + t(\neg B) - t(\neg A \vee A) \cdot t(\neg B) \\ &= \; 1 + t(\neg B) - 1 \cdot t(\neg B) \\ &= \; 1 \end{aligned}$$

$\square$

Frage 13 Berechnen Sie $t(A \leftrightarrow B)$ für zwei Formeln A, B wobei $A \leftrightarrow B$ als Abkürzung von $(A \to B) \wedge (B \to A)$ zu verstehen ist.

Antwort: Mit $t(A \to B = 1 - t(A) + t(A) \cdot t(B)$ erhalten wir:

$$\begin{aligned} t(A \leftrightarrow B) \; &= \; t(A \to B) \wedge (B \to A) \\ &= \; t(A \to B) \cdot t(B \to A) \\ &= \; \big(1 - t(A) + t(A)t(B)\big) \cdot \big(1 - t(B) + t(B)\,t(A)\big) \\ &= \; 1 - t(A) + t(A)t(B) \\ &\qquad -t(B) + t(A)t(B) - t(A)t(B) \\ &\qquad\quad +t(A)t(B) - t(A)t(B) + t(A)t(B) \\ &= \; 1 - t(A) - t(B) + 2t(A)t(B) \end{aligned}$$

Wir erhalten also

$$t(A \leftrightarrow B) = 1 - t(A) - t(B) + 2t(A)t(B)$$

Dieser Ausdruck ist genau dann gleich 1, wenn $t(A) = t(B)$ ist und ansonsten gleich 0.

Auf analoge Weise, oder indem wir B durch $\neg B$ ersetzen, erhalten wir

$$t(A \leftrightarrow \neg B) = t(A) + t(B) - 2t(A)t(B)$$ $\square$

Frage 14 Wie definiert man die Folgerungsbeziehung (Relation) $\models$ in der Aussagenlogik?

Antwort: Man setzt

$$A \models B \quad \text{gdw.} \quad t(A) \leqq t(B) \text{ für alle } t.$$

Die Relation $A \models B$ besagt also, dass es keine Interpretation von A und B gibt, die gleichzeitig für A *wahr* und für B *falsch* ergibt. $\square$

Frage 15 Sowohl $A \rightarrow B$ als auch $A \models B$ wird gerne gelesen als „Aus A folgt B". Worin besteht der Unterschied zwischen $\rightarrow$ und $\models$, und wie kann diese Mehrdeutigkeit aufgelöst werden?

Antwort: $A \models B$ bedeutet, dass stets $t(A) \leqq t(B)$, dass es also keine Interpretation von A und B mit einer gemeinsamen Funktion t gibt, für die A *wahr* und B *falsch* ist. $A \models B$ stellt also eine *Relation* zwischen Aussagen der Aussagenlogik dar, ist aber selbst *keine Aussage (Formel)* der Aussagenlogik.

Demgegenüber ist $A \rightarrow B$ eine Formel der Aussagenlogik. Die Beziehung zwischen $A \rightarrow B$ und $A \models B$ besteht darin, dass

$$A \models B \quad \text{gdw.} \quad A \rightarrow B \text{ ist Tautologie.}$$

Es gilt nämlich $t(A) \leqq t(B)$ gdw. $t(A) \cdot t(B) = t(A)$. Damit und aus $t(A \rightarrow B) = 1 - t(A) + t(A) \cdot t(B)$ erhalten wir

$A \models B$ g.d.w $t(A) \leqq t(B)$ (für alle t)

g.d.w $t(A) \cdot t(B) = t(A)$ (für alle t)

g.d.w $1 - t(A) + t(A) \cdot t(B) = 1$ (für alle t)

g.d.w $t(A \rightarrow B) = 1$ (für alle t)

g.d.w $t(A \rightarrow B)$ ist Tautologie

Beispielhaft gilt also stets: $A \models A \vee B$ und $A \wedge B \models A$ $\square$

Frage 16 Wie geht der syntaktische Aufbau von Formeln in der **Prädikatenlogik** vonstatten?

Antwort: Die *Formeln* (oder *Aussageformen*) in der Prädikatenlogik werden in Analogie zu Sätzen in natürlichen Sprachen gebildet: Ihr Aufbau orientiert sich am Schema *Subjekt Prädikat Objekt*, wobei in der Prädikatenlogik das Prädikatsymbol stets vorne steht. Objekte (und Subjekte) werden durch *Terme* dargestellt.

Die Termbildung geschieht ausgehend von *Variablensymbolen* (kurz *Variablen*) $x_1, x_2, \cdots$ (als „Platzhalter" für Objekte) und *Konstantensymbolen* (kurz *Konstanten*) $c_1, c_2, \cdots$ (in der Rolle von „Eigennamen").

Konstante und Variable sind die einfachsten Terme. Aus ihnen werden induktiv unter Einbeziehung von (n-stelligen) *Funktorsymbolen* (kurz *Funktoren*) $f_1, f_2, \cdots$ weitere Terme gebildet:

1. Jede Variable und jede Konstante sind jeweils ein Term.

2. Sind $t_1, \cdots, t_n$ Terme und ist f ein n-stelliger Funktor, dann ist $ft_1 \cdots t_n$ ein Term.

Die Formeln werden mithilfe (n-stelliger) *Prädikatsymbole* (kurz *Prädikate*) gebildet. Die einfachsten Formeln („atomare" Formeln oder „atomare" Aussageformen) bestehen aus einem einzigen n-stelligen Prädikat, gefolgt von n Termen.

Der weitere Aufbau der Formeln geschieht wieder induktiv unter Zuhilfenahme der schon bekannten Junktoren und zusätzlicher *Quantorsymbole* (kurz *Quantoren*) $\forall, \exists$ (in der gewünschten Bedeutung von „für alle" und „es gibt"):

1. Sind $t_1, \cdots, t_n$ Terme und ist p ein n-stelliges Prädikat, dann ist $p(t_1, \cdots, t_n)$ eine Formel.

2. Sind A, A_1 und A_2 Formeln, dann sind auch $(\neg A), (A_1 \vee A_2)$ und $(A_1 \wedge A_2)$ Formeln.

3. Ist A eine Formel, dann sind (unter Benutzung des Variablensymbols x) auch $\forall x A$ und $\exists x A$ Formeln. □

Frage 17 Was sind und welche Rolle spielen die sogenannten **freien** und **gebundenen Variablen** in prädikatenlogischen Formeln?

Antwort: Eine Variable x in einer Formel A heißt *frei*, wenn sie sich nicht im *Wirkungsbereich eines Quantors* befindet, wenn ihr in A also kein Quantor der Form $\forall x$ oder $\exists x$ voransteht. Andernfalls heißt x *gebunden* (in der Formel A). So sind in dem Ausdruck

$$p_1(x) \wedge \forall y\, p_2(y)$$

die Variable x frei und die Variable y gebunden. Im Extremfall kann ein und dieselbe Variable sowohl frei als auch gebunden in einem Ausdruck auftreten wie in $p_1(x) \wedge \forall x\, p_2(x)$. (Analoge Situationen sind in der Mathematik nicht ungewöhnlich. Man findet sie z. B. in Ausdrücken der Form $f(x) \cdot \int_0^1 g(x)dx$ vor.)

Eine freie Variable spielt die Rolle eines frei wählbaren Parameters, wohingegen gebundene Variable den Charakter von „Laufvariablen" in Programmschleifen haben und wie diese (ohne Bedeutungsänderung) *gebunden umbenannt* werden können. $\forall x\, p(x)$ hat also dieselbe Bedeutung wie $\forall y\, p(y)$.

Eine prädikatenlogische Formel ohne freie Variable heißt *Aussage*. $\square$

Frage 18 Inwiefern kann die **Aussagenlogik als Teil der Prädikatenlogik** aufgefasst werden?

Antwort: Im Gegensatz zur *Prädikatenlogik* benutzen wir in der *Aussagenlogik* als Operatoren nur die Junktoren und keine Quantoren. Es stehen auch weder Prädikatsymbole für einen Termaufbau zur Verfügung noch Variablen-, Konstanten- und Funktorsymbole.

Beschränkte man sich beim prädikatenlogischen Aufbau der Terme auf Konstanten- und Funktorsymbole und verzichtete auf die Variablensymbole und Quantoren, dann bestünden die atomaren Formeln ausnahmslos aus prädikatenlogischen Aussagen der Form

$$p(t_1, t_2, \cdots t_n)$$

ohne irgendwelche freien Variablen. Ersetzte man jede solche atomare Aussage durch eine geeignet indizierte Aussagevariable $a_{p(t_1,t_2,\cdots t_n)}$, dann erhielten wir nur noch solche prädikatenlogischen Formeln, die als aussagenlogische Formeln aufgefasst werden könnten.

Für Algebraiker: Technisch gesprochen haben wir es bei dieser Betrachtungsweise mit einer *monomorphen Einbettung des aussagenlogischen Kalküls* in die Prädikatenlogik zu tun. $\square$

Frage 19 Wie werden prädikatenlogische Formeln interpretiert? Auf welche Weise gibt man ihnen also formal eine **Bedeutung** oder **Semantik**?

Antwort: Die Interpretation einer prädikatenlogischen Formel findet im Rahmen einer (nicht leeren) Menge $\mathcal{U}$ statt, die *Individuenbereich* oder *Universum* genannt wird.

Hierzu werden einerseits den (prädikatenlogischen) Termen t systematisch Objekte $o(t) \in \mathcal{U}$ zugewiesen. Diese Zuweisung verläuft parallel zum rekursiven Aufbau der Terme. Ausgangspunkt ist eine (beliebige) Zuweisung der Variablen und

Konstanten zu Objekten aus $\mathcal{U}$ und eine (beliebige) Zuweisung der (n-stelligen) Funktoren zu Funktionen über $\mathcal{U}^n$. Damit ist induktiv eine Funktion

$$o : \{t|t \text{ ist prädikatenlogischer Term}\} \to \mathcal{U}$$

festgelegt. Sie kann als „Namensgebung" für Objekte aus $\mathcal{U}$ aufgefasst werden.

Diejenigen Funktionen o, deren Unterschied nur auf einer unterschiedlichen Zuweisung einer (freien) Variablen x beruht, werden als *äquivalent modulo x* bezeichnet.

Andererseits wird jedem (n-stelligen) Prädikat p eine (n-stellige) Relation $\pi(p) \subset \mathcal{U}^n$ zugewiesen. Wir können jede Relation $R \subset \mathcal{U}^n$ durch ihre charakteristische Funktion χ_R mit

$$\chi_R(u_1, \cdots, u_n) = \begin{cases} 1, & (u_1, \cdots, u_n) \in R; \\ 0, & \text{sonst} \end{cases}$$

darstellen. Bezeichnen wir also abkürzend mit $\chi_p = \chi_{\pi(p)}$ die charakteristische Funktion der Relation $\pi(p)$, dann wird in Analogie zur Aussagenlogik eine formale Interpretation wieder als Wahrheitsfunktion

$$t = t_o = t_{o,\pi} : \{A|A \text{ ist prädikatenlogische Formel}\} \to \{0,1\}$$

definiert.

Die Definition erfolgt parallel zum rekursiven Aufbau der Formeln und zwar ausgehend von einem gegebenen o und π. Sofern nicht anders angegeben, ist deshalb $t = t_o$ $(= t_{o,\pi})$:

1. Für atomare Formeln $p(t_1, \cdots, t_n)$ ist

$$t\big(p(t_1, \cdots, t_n)\big) = \chi_p\big(o(t_1), \cdots, o(t_n)\big).$$

2. Für die mittels den Junktoren zusammengesetzten Formeln gilt wie in der Aussagenlogik unverändert:

$$\begin{aligned} t(\neg A) &= 1 - t(A) \\ t(A_1 \wedge A_2) &= t(A_1) \cdot t(A_2) \\ t(A_1 \vee A_2) &= t(A_1) + t(A_2) - t(A_1) \cdot t(A_2) \end{aligned}$$

3. Für quantifizierte Formeln gilt:

$$\begin{aligned} t(\forall x A) &= \min_{o'}\{t_{o'}(A)|o' \text{ äquiv. } o \bmod x\} =: \min_x\{t(A)\} \\ t(\exists x A) &= \max_{o'}\{t_{o'}(A)|o' \text{ äquiv. } o \bmod x\} =: \max_x\{t(A)\} \end{aligned}$$

M. a. W. erhalten also die Formeln ausgehend von den atomaren Formeln auf folgende Weise einen bestimmten Wahrheitswert:

1. $p(t_1, \cdots, t_n)$ ist *wahr* genau dann, wenn die durch t_1 bis t_n benannten Objekte in der durch p bezeichneten Relation auf $\mathcal{U}$ zueinander stehen.

2. Die Wahrheitswerte der mit Junktoren verküpften Ausdrücke ergeben sich induktiv unter Benutzung der Wahrheitstabellen.

3. Ein Ausdruck der Form $\forall x A$ ist *wahr* genau dann, wenn entweder A x gar nicht als Variable enthält und A selbst schon wahr ist oder wenn andernfalls (wenn also x frei in A ist) der Ausdruck A auch bei beliebiger modifizierter Zuweisung von x (also beliebiger Uminterpretation von x) *wahr* bleibt.

   Ein Ausdruck der Form $\exists x A$ ist *wahr* genau dann, wenn – analog – entweder A x nicht als freie Variable enthält und bereits wahr ist oder wenn es (mindestens) eine Zuweisung der freien Variablen x gibt, für die A *wahr* wird.

Bei der Interpretation von $\forall x A$ und $\exists x A$ werden also der freien Variable x laufend oder versuchsweise neue Objekte zugewiesen (ganz wie bei einer „Laufvariablen"). $\square$

Frage 20 Die Notationen $t(\forall x A) = \min_x\{t(A)\}$ und $t(\exists x A) = \max_x\{t(A)\}$ suggerieren im Vergleich zur Aussagenlogik eine Betrachtungsweise der Quantoren als verallgemeinerte Junktoren. Wie genau ist das zu verstehen?

Antwort: Betrachtet man endliche Individuenbereiche oder Universen $\mathcal{U} = \{u_1, u_2, \cdots, u_n\}$, dann können den (prädikatenlogischen Termen) t nur jeweils endliche viele Objekte im Rahmen einer Interpretation zugewiesen werden. Nimmt man n Konstantensymbole $c_1, c_2, \cdots, c_n$ als feste Namen der Objekte aus $\mathcal{U}$, setzt man also m. a. W. $o(c_i) = u_i$, dann liefert eine Interpretation einer Formel $\forall x\, p(x)$ folgendes Ergebnis:

$$\begin{aligned} t(\forall x\, p(x)) &\overset{\text{Def.}}{=} \min_{o'}\{\chi_p(o'(x)|o' \text{ äquiv. } o \bmod x\} \\ &= \min\{\chi_p(u_1), \chi_p(u_2), \cdots \chi_p(u_n)\} \\ &= \min\{t(p(c_1)), t(p(c_2)), \cdots t(p(c_n))\} \\ &= t\big(p(c_1) \wedge p(c_2) \wedge \cdots \wedge p(c_n)\big) \end{aligned}$$

Der Allquantor $\forall$ kann also als Verallgemeinerung der Konjunktion gesehen werden. Er kann also notiert werden als

$$\bigwedge x \;\; \widehat{=} \;\; \forall x$$

Analog erhält man

$$\bigvee x \;\; \widehat{=} \;\; \exists x \qquad \square$$

Frage 21 Wenn die Quantoren als verallgemeinerte Junktoren aufgefasst werden können, welche verallgemeinerten Gesetze der Aussagenlogik werden dann wohl gelten?

Antwort: Es gelten z. B. verallgemeinerte Kommutativ- und Distributivgesetze in der Form:

$$t\big(\forall x\ p(x) \wedge \forall y\ q(y)\big) \;=\; t\big(\forall x\ \forall y\ p(x) \wedge q(y)\big)$$

$$t\big(\exists x\ p(x) \vee \exists y\ q(y)\big) \;=\; t\big(\exists x\ \exists y\ p(x) \vee q(y)\big)$$

$$t\big(\exists x\ p(x) \wedge \exists y\ q(y)\big) \;=\; t\big(\exists x\ \exists y\ p(x) \wedge q(y)\big)$$

$$t\big(\forall x\ p(x) \vee \forall y\ q(y)\big) \;=\; t\big(\forall x\ \forall y\ p(x) \vee q(y)\big)$$

$\square$

Frage 22 Zeigen Sie, dass folgende verallgemeinerte Gesetze von de Morgan gelten:

$$t\big(\neg\forall x\ p(x)\big) = t\big(\exists x\ \neg p(x)\big)$$

und

$$t\big(\neg\exists x\ p(x)\big) = t\big(\forall x\ \neg p(x)\big)$$

Antwort: Es gilt (für alle Interpretationen t):

$$
\begin{aligned}
t\left(\neg\forall x\ p(x)\right) &= 1 - t\left(\forall x\ p(x)\right)\\
&= 1 - \min_{x}\{t(p(x))\}\\
&= \max_{x}\{1 - t(p(x))\}\\
&= \max_{x}\{t(\neg p(x)\}\\
&= t\left(\exists x\ \neg p(x)\right)
\end{aligned}
$$

$$
\begin{aligned}
t\left(\neg\exists x\ p(x)\right) &= 1 - t\left(\exists x\ p(x)\right)\\
&= 1 - \max_{x}\{t(p(x))\}\\
&= \min_{x}\{1 - t(p(x))\}\\
&= \min_{x}\{t(\neg p(x)\}\\
&= t\left(\forall x\ \neg p(x)\right)
\end{aligned}
$$

$\square$

Frage 23 Was bedeutet **Gültigkeit**, und was bedeutet **Erfüllbarkeit** einer prädikatenlogischen Formel?

Antwort: Eine Formel heißt *gültig* oder *allgemeingültig*, wenn sie in jedem Universum notwendig *wahr* ist, d. h., wenn sie bei keiner Interpretation (in welchem Universum auch immer) *falsch* wird.

Eine Formel heißt *erfüllbar*, wenn es (mindestens) eine Interpretation gibt (in einem frei wählbaren geeigneten Universum), bei der sie *wahr* ist.

Eine Interpretation von A, für die A *wahr* wird, heißt *Modell* von A.   □

Frage 24 Formulieren Sie eine prädikatenlogische Formel, die interpretiert werden kann durch „Jedes Buch findet einen Leser".
Antwort: Zur Formulierung dieses Satzes benötigt man ein zweistelliges Prädikat f (für „findet"), zwei einstellige Prädikate b und l (für „ist ein Buch" und „ist ein Leser").

Damit lässt sich formulieren:

$$\forall\ x\big(b(x) \rightarrow \exists\ y\ l(y) \wedge f(x,y)\big).$$

Wörtlich übersetzt bedeutet dies dann: *„Für alle Objekte x gilt, wenn x ein Buch ist, dann gibt es ein Objekt y, für das gilt, y ist Leser und x findet y."*   □

Frage 25 Ein „Narzisst" ist ein Mensch, der nur sich selbst liebt. Zeigen Sie, dass die Aussage *„Es gibt einen Menschen, der genau diejenigen liebt, die keine Narzissten sind"* nicht erfüllbar ist.

Antwort: O. B. d. A. verzichten wir der Einfachheit halber auf die Benutzung eines Prädikats für „ist Mensch" und setzen an

$$\exists\ x\ \forall\ y\ p(y,x) \leftrightarrow \neg p(x,x).$$

Für jede Interpretation gilt nun

$$
\begin{aligned}
t\big(\exists\ x\ \forall\ y\ p(y,x) &\leftrightarrow \neg p(x,x)\big) \\
&= \max_x \big\{ t\big(\forall\ y\ p(y,x) \leftrightarrow \neg p(x,x)\big) \big\} \\
&= \max_x \big\{ \min_y \big\{ t\big(p(y,x) \leftrightarrow \neg p(x,x)\big) \big\} \big\} \\
&= \max_x \big\{ \min_y \big\{ t\big(p(y,x)\big) + t\big(p(x,x)\big) - 2t\big(p(y,x)\big)t\big(p(x,x)\big) \big\} \big\} \\
&\leqq \max_x \big\{ t\big(p(x,x)\big) + t\big(p(x,x)\big) - 2t\big(p(x,x)\big)t\big(p(x,x)\big) \big\} \\
&= \max_x \{0\} \\
&= 0
\end{aligned}
$$

Unsere Aussage hat also keine Chance, wahr werden zu können. Sie ist – nebenbei bemerkt – eine Umformulierung des berühmten Russell'schen Paradoxons.   □

Frage 26 Wie definiert man den (semantischen) **Folgerungsbegriff** $\models$ in der Prädikatenlogik?

Antwort: Man geht vor wie in der Aussagenlogik und legt fest, dass

$$A \models B \quad \text{g. d. w.} \quad t(A) \leq t(B) \text{ für alle } t$$

Eine Formel A steht also zu einer Formel B in einer (semantischen) Folgerungsbeziehung, wenn jedes Modell von A auch ein Modell von B ist. Wenn sowohl $A \models B$ also auch $B \models A$ gilt, heißen A und B *(semantisch) äquivalent* und man schreibt

$$A \equiv B$$

Auch hier gilt wie in der Aussagenlogik, dass $A \models B$ genau dann gilt, wenn $A \rightarrow B$ eine Tautologie ist, und dass $A \equiv B$ genau dann gilt, wenn $A \leftrightarrow B$ eine Tautologie ist. $\qquad\square$

Frage 27 Worin besteht der Unterschied zwischen der (semantischen) **Äquivalenz** und der **Erfüllbarkeitsäquivalenz**?

Antwort: *Äquivalenz* zwischen A und B bedeutet, dass *jedes* Modell von A auch Modell von B ist und umgekehrt. Kurz gesagt: $t(A) = t(B)$ für jedes t.

Erfüllbarkeitsäquivalenz zwischen A und B bedeutet demgegenüber nur, dass es für A genau dann ein Modell gibt, wenn es auch für B ein (gegebenenfalls anderes) Modell gibt und umgekehrt. D. h., wenn es ein t gibt mit $t(A) = 1$, dann ist nicht notwendig auch $t(B) = 1$, aber es gibt zumindest ein t' mit $t'(B) = 1$ (und umgekehrt).

Äquivalenz ist also die stärkere Eigenschaft und impliziert die Erfüllbarkeitsäquivalenz, aber nicht umgekehrt. Beide sind Äquivalenzrelationen im technischen Sinne.

Die Erfüllbarkeitsäquivalenz spielt bei der *Skolemisierung*, also bei der Umformung prädikatenlogischer Formeln in *Normalformen* eine wichtige Rolle. $\qquad\square$

Frage 28 Zeigen Sie, dass die semantische Äquivalenz verträglich ist mit den Junktoroperationen.

Antwort: Zu zeigen ist, wenn $A \equiv A'$ und $B \equiv B'$, dann gilt $\neg A \equiv \neg A'$, $A \vee B \equiv A' \vee B'$ sowie $A \wedge B \equiv A' \wedge B'$. Es gilt dann (jeweils für alle t):

$$
\begin{aligned}
A \equiv A' \quad &\Rightarrow \quad t(A) = t(A') \\
&\Rightarrow \quad 1 - t(A) = 1 - t(A') \\
&\Rightarrow \quad t(\neg A) = t(\neg A') \\
&\Rightarrow \quad \neg A \equiv \neg A'
\end{aligned}
$$

$$A \equiv A' \text{ und } B \equiv B' \quad \Rightarrow \quad t(A) = t(A') \text{ und } t(B) = t(B')$$
$$\Rightarrow \quad t(A)t(B) = t(A')t(B')$$
$$\Rightarrow \quad t(A \wedge B) = t(A' \wedge B')$$
$$\Rightarrow \quad A \wedge B \equiv A' \wedge B'$$

$$A \equiv A' \text{ und } B \equiv B' \quad \Rightarrow \quad t(A) = t(A') \text{ und } t(B) = t(B')$$
$$\Rightarrow \quad t(A) + t(B) - t(A)t(B) = t(A') + t(B') - t(A')t(B')$$
$$\Rightarrow \quad t(A \vee B) = t(A' \vee B')$$
$$\Rightarrow \quad A \vee B \equiv A' \vee B' \qquad \square$$

Frage 29 In welchem Sinne bilden die Formeln eine Boole'sche Algebra?

Antwort: Die Formeln A selbst bilden zusammen mit den Junktoren streng genommen noch keine Boole'sche Algebra. Erst durch den Übergang auf die Äquivalenzklassen $[A]$ (bzgl. $\equiv$) erhalten wir mit den folgenden kanonischen Operationen eine Boole'sche Algebra:

$$[A] \sqcup [B] := [A \vee B], \quad [A] \sqcap [B] := [A \wedge B], \quad \overline{[A]} := [\neg A]$$

Diese haben nämlich die folgenden Eigenschaften:

1. $[A] \sqcup [B] = [B] \sqcup [A], \quad [A] \sqcap [B] = [B] \sqcap [A]$

2. $\big([A] \sqcup [B]\big) \sqcup [C] = [A] \sqcup \big([B] \sqcup [C]\big), \quad \big([A] \sqcap [B]\big) \sqcap [C] = [A] \sqcap \big([B] \sqcap [C]\big)$

3. $\big([A] \sqcup [B]\big) \sqcap [B] = [B], \quad \big([A] \sqcap [B]\big) \sqcup [B] = [B]$

4. $\big([A] \sqcup [B]\big) \sqcap [C] = \big([A] \sqcap [C]\big) \sqcup \big([B] \sqcap [C]\big),$
$\big([A] \sqcap [B]\big) \sqcup [C] = \big([A] \sqcup [C]\big) \sqcap \big([B] \sqcup [C]\big)$

5. $\big([A] \sqcup \overline{[A]}\big) \sqcap [B] = [B], \quad \big([A] \sqcap \overline{[A]}\big) \sqcup [B] = [B] \qquad \square$

Frage 30 Warum behandelt man die **Gleichheit** nicht stillschweigend wie ein anderes (zweistelliges) Prädikat und gibt ihr stattdessen einen Sonderstatus, indem man von einer **(Prädikaten-)Logik mit Gleichheit** spricht?

Antwort: Die Gleichheit $t_1 = t_2$ hat in Bezug auf andere Prädikate einen gewissen Metacharakter. Diesen kann man sich wie folgt verdeutlichen: Man kann zwar für die Gleichheit (nur auf sich bezogen) wichtige Eigenschaften festlegen. Infrage kommen die Eigenschaften einer Äquivalenzrelation:

$$\forall x \forall y \forall z \big((x = x) \wedge \big((x = y) \rightarrow (y = x)\big) \wedge \big((x = y) \wedge (y = z) \rightarrow (x = z)\big) \big).$$

Für die Gleichheit möchte man darüber hinaus aber auch Folgerungsbeziehungen der Art

$$(t_1 = t_2) \wedge p(t_1) \models p(t_2)$$

feststellen. Dies soll für beliebige andere Prädikate p gelten. Das Gleichheitsprädikat hat also besondere Auswirkungen auf alle anderen Prädikate. □

Frage 31 Geben Sie ein Beispiel prädikatenlogischer Aussagen, die nur in einem unendlichen Individuenbereich erfüllbar sind.

Antwort: Wir benutzen die Ordnungsaxiome zusammen mit der Forderung, dass es zu jedem Element ein größeres gibt. Hierfür benutzen wir ein zweistelliges Prädikatsymbol k. $k(x,y)$ wird gelesen als: „x kleiner y". Folgende Axiome sollen also gelten:

1. $\forall x \ \neg k(x,x)$

2. $\forall x \forall y \forall z \ \big(k(x,y) \wedge k(y,z)\big) \rightarrow k(x,z)$

3. $\forall x \exists y \ k(x,y)$ □

Frage 32 Formulieren Sie mit den Mitteln der Prädikatenlogik den Sachverhalt, dass eine Zahlenfolge (f_n) gegen einen (Grenz-)Wert c konvergiert.

Antwort: In Prädikatenlogik umzusetzen ist folgende Formulierung: *Zu jedem $\varepsilon > 0$ gibt es einen (kritischen) Index, ab dem die Folgenglieder f_n nur noch einen Abstand kleiner als ε von c haben können.*

Die prädikatenlogische Formel lautet dann (mit f als einstelligem Funktor für die Darstellung der Zahlenfolge, den kanonischen Funktoren für die arithmetischen Operationen und die Absolutwertbildung sowie den Prädikaten für die Ordungsrelationen in der üblichen Infixnotation):

$$\forall \varepsilon > 0 \ \exists N \ \forall n > N \ |f\,n - c| < \varepsilon$$

Eine noch präzisere Formulierung lautet:

$$\forall \varepsilon \big(\varepsilon > 0 \rightarrow \exists N \ \forall n \, (n > N \rightarrow |f\,n - c| < \varepsilon)\big)$$
□

Frage 33 Zeigen Sie, dass die Negation der Konvergenzbedingung in prädikatenlogischer Sprache wie folgt lautet:

$$\exists \varepsilon > 0 \ \forall N \ \exists n > N \ |f\,n - c| \geqq \varepsilon$$

Antwort: Ausgehend von der präziseren Formulierung der Konvergenz erhalten wir mit den verallgemeinerten de Morgan'schen Gesetzen und der Definition des Junktors →:

$$\neg \forall \varepsilon \, (\varepsilon > 0 \to \exists N \, \forall n \, (n > N \to |f\,n - c| < \varepsilon))$$
$$\equiv \neg \forall \varepsilon \, (\neg(\varepsilon > 0) \vee \exists N \, \forall n \, (\neg(n > N) \vee |f\,n - c| < \varepsilon))$$
$$\equiv \exists \varepsilon \neg \big(\neg(\varepsilon > 0) \vee \exists N \, \forall n \, (\neg(n > N) \vee |f\,n - c| < \varepsilon)\big)$$
$$\equiv \exists \varepsilon (\varepsilon > 0) \wedge \neg \big(\exists N \, \forall n \, (\neg(n > N) \vee |f\,n - c| < \varepsilon)\big)$$
$$\equiv \exists \varepsilon \big((\varepsilon > 0) \wedge \forall \, N \, \neg \big(\forall n \, (\neg(n > N) \vee |f\,n - c| < \varepsilon)\big)\big)$$
$$\equiv \exists \varepsilon \big((\varepsilon > 0) \wedge \forall \, N \, \exists n \neg \big((\neg(n > N) \vee |f\,n - c| < \varepsilon)\big)\big)$$
$$\equiv \exists \varepsilon \big((\varepsilon > 0) \wedge \forall \, N \, \exists n \, (n > N) \wedge \neg(|f\,n - c| < \varepsilon)\big)$$
$$\equiv \exists \varepsilon \big((\varepsilon > 0) \wedge \forall \, N \, \exists n \, (n > N) \wedge (|f\,n - c| \geqq \varepsilon)\big)$$

In Kurzform wird die letzte Formel geschrieben als

$$\exists \varepsilon > 0 \, \forall \, N \, \exists n > N \, |f\,n - c| \geqq \varepsilon \qquad \square$$

Frage 34 Formulieren Sie die Axiome der (Peano-)Arithmetik mit den Mitteln der Prädikatenlogik.

Antwort: Zur Beschreibung der Peano-Arithmetik benötigen wir neben der Gleichheit ein Konstantensymbol 0 und ein einstelliges Funktorsymbol s (das für die Nachfolgerfunktion steht). Die Axiome lauten dann:

1. $\forall x \neg \big(s(x) = 0\big)$

2. $\forall x \forall y \, \big(s(x) = s(y) \to x = y\big)$

3. $A(0) \wedge \forall x \big(A(x) \to A(s(x))\big) \to \forall x A(x)$

Die Axiome lesen sich dann wie folgt:

1. Keine natürliche Zahl hat 0 als Nachfolger.

2. Jede Zahl hat jeweils nur einen einzigen Vorgänger.

3. Eine Eigenschaft, die für die 0 gilt und deren Gültigkeit sich automatisch auf jede Nachfolgerzahl überträgt, gilt für alle Zahlen (Induktionsprinzip).

Das dritte Axiom ist streng genommen ein Axiomenschema, das für unendlich viele Einzelaxiome steht: A steht für beliebige Aussageformen (gebildet mit dem Konstantensymbol 0, dem Funktorsymbol s und dem Gleichheitssymbol), die x als (einzige) freie Variable enthalten ($A(x)$ ist also nichts anderes als A selbst).

$A(0)$ steht für diejenige Aussageform, in der die freie Variable x durch das Konstantensymbol 0 ersetzt worden ist, und $A(s(x))$ für denjenigen Ausdruck, in der x (als Term) durch den Term $s(x)$ ersetzt worden ist. $\qquad \square$

Frage 35 Warum führt man in der formalen Logik neben der Folgerungsbeziehung $\models$ noch eine zweite **Ableitbarkeitsbeziehung** $\vdash$ ein?

Antwort: Die Definition der Folgerungsbeziehung liefert eine sehr suggestive Vorstellung der Bedeutung der Folgerung. Man bezieht sich hierbei jedoch *auf alle t*, und dies bedeutet, dass dieser Ansatz auf einem Computer nicht operationalisierbar ist. Zur Übertragung der Schlussfolgerungsbeziehungen auf den Rechner bedarf es also eines endlichen Regelwerkes, mit dem die Schlussfolgerung gleichsam emuliert werden kann.

Solche Regelwerke – sie können auf unterschiedliche Weise gebildet werden – legen die Ableitbarkeitsbeziehung $A_1 \vdash A_2$ zwischen zwei Formeln fest. Jene bedeuten also eine Kalkülisierung der Logik und bilden die Basis des maschinellen Beweisens. ☐

Frage 36 Nennen Sie wichtige Regeln eines Kalküls für die Ableitbarkeit.

Antwort: Neben allgemeinen Regeln haben wir es mit Regeln zu tun, die auf die Junktoren und solche, die auf die Quantoren besonderen Bezug nehmen.

Die Regeln legen z. B. fest, dass

$$
\begin{aligned}
A &\vdash A \\
A \wedge B &\vdash A \\
A &\vdash A \vee B \\
(A \to B) \wedge (\neg A \to B) &\vdash B \\
(A_1 \to B) \wedge (A_2 \to B) &\vdash (A_1 \vee A_2) \to B \\
(A \to B_1) \wedge (A \to B_2) &\vdash A \to B_1 \wedge B_2 \\
\forall x A &\vdash A \\
A &\vdash \exists x A
\end{aligned}
$$

☐

Frage 37 Was bedeutet **Korrektheit**, und was bedeutet **Vollständigkeit** von $\vdash$?

Antwort: Die *Korrektheit* von $\vdash$ besagt, dass keine Beziehung $A \vdash B$ hergestellt wird, die nicht von der Folgerungsbeziehung $A \models B$ gedeckt ist.

Die *Vollständigkeit* von $\vdash$ meint, dass diese Beziehung die Folgerungsbeziehung $\vdash$ auch lückenlos erfasst, dass also $A \models B$ auch $A \vdash B$ zur Folge hat.

In der Sprechweise der Juristen wird Korrektheit und Vollständigkeit ausgedrückt durch: *„Die Wahrheit und nichts als die Wahrheit."*

Ist die Korrektheit vergleichsweise einfach zu beweisen, so ist der Beweis der

Vollständigkeit relativ komplex. Ein erster Beweis für die Vollständigkeit eines Ableitungskalküls der Prädikatenlogik ist von Gödel im Jahre 1930 geliefert worden.   □

1.2 Normalformen

Frage 38 Welche wichtigen **Normalformen** für aussagen- und prädikatenlogische Formeln betrachtet man, und welche Vorteile bieten sie?

Antwort: Generell können Formeln unter Benutzung der Assoziativ-, Kommutativ- und anderer Gesetze äquivalent so umgeformt werden, dass sie übersichtlicher werden und damit effizienter analysiert werden können.

Im Rahmen der Aussagenlogik haben wir es dabei i. d. R. mit der *disjunktiven* und der *konjunktiven* Normalform zu tun.

In der Prädikatenlogik spielt vor allem die *pränexe Normalform* und die *skolemisierte Normalform* oder kurz *Skolemform* eine wichtige Rolle.   □

Frage 39 Geben Sie Beispiele von Formeln in den genannten **Normalformen**.

Antwort: Sowohl in der Aussagenlogik als auch in der Prädikatenlogik bezeichnet man mit dem Begriff *Literal* eine atomare Formel oder eine negierte atomare Formel.

In der Aussagenlogik ist eine *disjunktive Normalform* eine Disjunktion ausschließlich konjunktiv verknüpfter Literale. Beispiel:

$$(A_1 \wedge \neg A_2) \vee (A_3 \wedge A_4)$$

Eine Formel ist in *konjunktiver Normalform*, wenn sie aus einer Konjunktion ausschließlich disjunktiv verknüpfter Literale besteht. Beispiel:

$$(A_1 \vee \neg A_2) \wedge (A_3 \vee A_4)$$

In der Prädikatenlogik ist eine Formel in *pränexer Normalform*, wenn die Quantoren ausnahmslos am Anfang der Formel stehen. Die im Anschluss an die Quantoren befindliche Teilformel heißt *Matrix*. Beispiel: In der Formel

$$\forall x \exists y \ p(x) \wedge q(y)$$

ist die Teilformel $p(x) \wedge q(y)$ deren Matrix.

Eine Formel liegt in *Skolemform* vor, wenn sie aus einer Formel in pränexer Normalform durch sogenannte *Skolemisierung* gewonnen wurde. Hierbei werden vorhandene Existenzquantoren eliminiert und die von diesen Quantoren gebundenen Variablen jeweils durch Skolemfunktionen mit geeigneten Funktoren ersetzt. Aus $\forall x \exists y p(x) \wedge q(y)$ wird dann (unter Benutzung eines Funktors f) die Skolemform

$$\vee x p(x) \wedge q(f(x)).$$

Jede Skolemform ist erfüllbarkeitsäquivalent zu ihrer Ausgangsformel. $\square$

Frage 40 Überführen Sie folgenden aussagenlogischen Ausdruck in die **disjunktive** und in die **konjunktive Normalform**:

$$\neg\Big(\big((A \vee B) \wedge C\big) \vee \neg D\Big)$$

Antwort: Eine effektive Methode der Umwandlung einer aussagenlogischen Formel in disjunktive Normalform besteht darin, zunächst die Negation „auszumultiplizieren" (Regel von de Morgan) und dann induktiv mittels des Distributivgesetzes die Konjunktionen nach „innen" und die Disjunktionen nach „außen" zu ziehen. Analog kann man bei der Umwandlung in die konjunktive Normalform vorgehen, indem umgekehrt Disjunktionen nach „innen" und Konjunktionen nach „außen" gezogen werden.

Für das vorgelegte Beispiel erhalten wir bei diesem Vorgehen nacheinander:

$$\neg\Big(\big((A \vee B) \wedge C\big) \vee \neg D\Big) \overset{\text{Ausmult. Neg.}}{\equiv} \big((\neg A \wedge \neg B) \vee \neg C\big) \wedge D$$

Und wiederum hiervon ausgehend sowohl die disjunktive als auch die konjunktive Normalform:

$$\big((\neg A \wedge \neg B) \vee \neg C\big) \wedge D \overset{\text{1. Distr.}}{\equiv} \big((\neg A \wedge \neg B) \wedge D\big) \vee (\neg C \wedge D)$$
$$= (\neg A \wedge \neg B \wedge D) \vee (\neg C \wedge D)$$

$$\big((\neg A \wedge \neg B) \vee \neg C\big) \wedge D \overset{\text{2. Distr.}}{\equiv} \big((\neg A \vee \neg C) \wedge (\neg B \vee \neg C)\big) \wedge D$$
$$= (\neg A \vee \neg C) \wedge (\neg B \vee \neg C) \wedge D \qquad \square$$

Frage 41 Überführen Sie folgende Aussageform in die **pränexe Normalform**:

$$\neg \exists x p(x, y) \vee \forall z q(z)$$

Antwort: Fasst man die Quantoren als unendliche Disjunktionen bzw. Konjunktionen auf, bietet sich folgendes methodisches Vorgehen an:

Im ersten Schritt wird mit dem verallgemeinerten Satz von de Morgan die Negation ausmultipliziert und im Anschluss die Quantoren mit den verallgemeinerten Distributivgesetzen nach links verschoben.

$$\left(\neg\exists x p(x,y)\right) \vee \forall z \ q(z) \quad \overset{\text{verallg. de Morgan}}{\equiv} \quad \forall x \neg p(x,y) \vee \forall z \ q(z)$$
$$\overset{\text{verallg. Distr.}}{\equiv} \quad \forall x \forall z \ \neg p(x,y) \vee q(z)$$

Generell ist bei den Umformungsregeln darauf zu achten, dass man beim „Durchziehen" der Quantoren (bzw. Anwenden der verallgemeinerten Distributivgesetze) nicht in Konflikt mit freien Variablen kommt und Variablen gegebenenfalls gebunden umbenennt. □

Frage 42 Skolemisieren Sie folgende Aussageform:

$$\forall x \exists y \forall z \exists u \ p(x,y,z,u)$$

Antwort: Die Methode der *Skolemisierung* beruht darauf, dass man sukzessive den jeweils äußerst links stehenden Existenzquantor betrachtet und die durch ihn gebundene Variable als Funktion der durch die voranstehenden Allquantoren (bezogen auf den betrachteten Existenzquantor) gebundenen Variablen ansieht.

In unserem Fall wird deshalb im ersten Schritt y (zusammen mit dem ihn bindenden Existenzquantor) durch einen Term $f(x)$ ersetzt:

$$\forall x \exists y \forall z \exists u \ p(x,y,z,u) \ \rightsquigarrow \ \forall x \forall z \exists u \ p(x,f(x),z,u)$$

Ausgehend hiervon wird im zweiten Schritt u (zusammen mit $\exists u$) durch einen Term $g(x,z)$ ersetzt:

$$\forall x \forall z \exists u \ p\big(x,f(x),z,u\big) \ \rightsquigarrow \ \forall x \forall z \ p\big(x,f(x),z,g(x,z)\big)$$

Der letzte Ausdruck $\forall x \forall z \ p\big(x,f(x),z,g(x,z)\big)$ ist erfüllbarkeitsäquivalent zum Ursprungsausdruck $\forall x \exists y \forall z \exists u \ p(x,y,z,u)$. □

Frage 43 Wie lautet die Bedingung, dass eine Zahlenfolge nach c konvergiert, in skolemisierter Form?

Antwort: Ausgehend von

$$\forall \varepsilon \big(\varepsilon > 0 \rightarrow \exists N \ \forall n \ (n > N \rightarrow |f\,n - c| < \varepsilon)\big)$$

bilden wir mittels eines einstelligen Funktors g die erfüllbarkeitsäquivalente Formel:

$$\forall \varepsilon \big(\varepsilon > 0 \to \forall n \, (n > g \, \varepsilon \to |f \, n - c| < \varepsilon) \big)$$

die in pränexer Normalform und damit in Skolemform geschrieben werden kann als

$$\forall \varepsilon \forall n \, \big((\varepsilon > 0) \wedge (n > g \, \varepsilon) \big) \to (|f \, n - c| < \varepsilon)$$

In Worten: *„Eine Zahlenfolge (f_n) konvergiert gegen einen Grenzwert c, wenn für eine beliebige Vorgabe ε spätestens ab dem Index $g \, \varepsilon$ der Abstand von x_n und c geringer ist als die Vorgabe ε.“* $\qquad\square$

Frage 44 Was versteht man unter einer **Klausel**?

Antwort: Eine *Klausel* ist eine endliche Menge von Literalen $\{L_1, L_2, \cdots, L_n\}$. Sie dient im Resolutionskalkül (der Aussagen- und der Prädikatenlogik) als praktische Notation für eine aus Literalen gebildete Disjunktion:

$$\{L_1, L_2, \cdots, L_n\} \; \mathrel{\widehat{=}} \; L_1 \vee L_2 \vee \cdots \vee L_n.$$
$\qquad\square$

Frage 45 Welche Rolle spielen **Klauselmengen**, also Mengen von Mengen von Literalen?

Antwort: Eine Klauselmenge in der Aussagenlogik bedeutet die Konjunktion der einzelnen Klauseln. Eine Klauselmenge steht also für eine Formel in konjunktiver Normalform, d. h.:

$$\{\{A_1, \neg A_2\}, \{A_3, A_4\}\} \; \mathrel{\widehat{=}} \; (A_1 \vee \neg A_2) \wedge (A_3 \vee A_4).$$

Auch in der Prädikatenlogik steht eine Klauselmenge für die Konjunktion der einzelnen Klauseln. Darüber hinaus werden die in den Prädikaten der Literale vorkommenden Variablen als allquantifiziert angesehen. Eine Klauselmenge fungiert damit als kompakte Notation für eine Formel in Skolemform.

Beispiel: Die Bedingung der Konvergenz einer Folge gegen einen Grenzwert c (in der skolemisierten Form) $\forall \varepsilon \forall n \, \big((\varepsilon > 0) \wedge (n > g \, \varepsilon) \big) \to (|f \, n - c| < \varepsilon)$ hat als Matrix die Formel $(\varepsilon > 0) \wedge (n > g \, \varepsilon) \to (|f \, n - c| < \varepsilon)$. Diese ist nach Definition von $\to$ und den de Morgan'schen Gesetzen äquivalent zu

$$\big(\neg (\varepsilon > 0) \vee (\neg (n > g \, \varepsilon) \big) \vee \big((f \, n - c) < \varepsilon \big).$$

Die zugehörige Klauselmenge besteht in diesem Fall aus einer einzigen Klausel (mit drei Literalen), und wir erhalten die Konvergenzbedingung dargestellt in Klauselform als:

$$\{\{\neg (\varepsilon > 0), \neg (n > g \, \varepsilon), (|f \, n - c|) < \varepsilon\}\}.$$
$\qquad\square$

Frage 46 Beschreiben und motivieren Sie die Resolventenbildung im Resolutionskalkül der Aussagenlogik.

Antwort: Eine Resolvente zweier Klauseln $K = \{L_1', \cdots, L_n\}$ und $K' = \{L_1', \cdots, L_m'\}$ kann gebildet werden, wenn es Literale $L_i \in K$ und Literale $L_j' \in K'$ gibt, mit

$$L_i \equiv \neg L_j'$$

Die Resolvente R ergibt sich in diesem Fall zu $K \setminus L_i \cup K' \setminus L_j'$.

Die Darstellung in Klauselform dient als Basis für das effiziente Verfahren des *Resolutionskalküls*. Dieses beruht darauf, dass die Resolvente $R = K \setminus L_i \cup K' \setminus L_j'$ zu $K \cup K'$ in einer Folgerungsbeziehung steht. Dies bedeutet, dass eine Klauselmenge $\{K_1, K_2, \cdots K_n\}$ sich als unerfüllbar herausstellt, wenn (in evtl. mehreren Schritten) aus einzelnen Klauseln K_i und K_j (und unter Benutzung bereits gebildeter Resolventen) die leere Klausel $\{\ \}$ als eine der Resolventen gewonnen werden kann.

Die logische Ableitbarkeit einer Formel B aus einer Formel A kann man also dadurch zeigen, dass man im ersten Schritt die Formeln A und $\neg B$ in Klauselform überführt und im zweiten Schritt durch laufende Resolventenbildung die leere Klausel zu gewinnen sucht. Hat man damit Erfolg, dann bedeutet dies, dass $A \wedge \neg B$ nicht erfüllbar ist, dass also B aus A in einer logischen Folgerungsbeziehung stehen muss. $\qquad\square$

Frage 47 Welche Rolle spielt die **Unifikation** im Resolutionskalkül?

Antwort: Das Verfahren der Resolventenbildung beruht auf der syntaktischen Gleichheit zweier Literale. Da die Klauselformen, die man aus prädikatenlogischen Ausdrücken via Skolemform gewinnt, Variablen enthalten, muss geprüft werden, ob evtl. erst nach geeigneten Substitutionen dieser Variablen syntaktisch gleiche Literale entstehen. Existiert eine solche Substitution, wird sie *Unifikator* genannt. Das Verfahren selbst heißt *Unifikation*.

Existiert ein Unifikator, dann existiert auch ein *allgemeinster Unifikator*, der effektiv gefunden werden kann.

Am Beispiel des Ausdrucks $\forall x\big(p(x) \wedge \neg(f(x))\big)$, dem die Klauselmenge

$$\{\{p(x)\}, \{\neg p(f(x))\}\}$$

entspricht, findet man einen Unifikator in Form der Substitutionen a für x in der zweiten Klausel und $f(a)$ für x in der ersten Klausel. (Dieselbe Variable x kann in unterschiedlichen Klauseln zum Zwecke der Unifikation unterschiedlich substituiert werden.)

Damit erhält man die beiden Klauseln $\{p(f(a))\}$ und $\{\neg p(f(a))\}$, aus denen man sofort die leere Klausel als Resolvente erhält und den Ausgangsausdruck $\forall x\big(p(x) \wedge \neg(f(x))\big)$ als nicht erfüllbar nachweist.   □

Frage 48 Was versteht man unter einer **Horn-Klausel**?

Antwort: Klauseln mit höchstens einem positiven Literal (d. h. einem Literal ohne Negation) heißen *Horn-Klauseln*. Da Horn-Klauseln als einfache Implikationen aufgefasst werden können, kann für sie ein gegenüber dem allgemeinen Verfahren effizienteres Resolutionsverfahren (die sogenannte SLD-Resolution) zur Anwendung kommen.

Da viele Anwendungsbereiche hinreichend mit Horn-Formeln beschrieben (axiomatisiert) werden können, haben sich seit einigen Jahrzehnten ausgehend von der Programmiersprache Prolog (*Programming in Logic*) Programmierparadigmen etabliert, die auf der sogenannten *Horn*-Logik, also auf Horn-Klauseln beruhen.   □

1.3   Unentscheidbarkeit und Prädikatenlogik höherer Stufen

Frage 49 Wieso steht die Vollständigkeit der Prädikatenlogik (erster Stufe) nicht im Widerspruch zu ihrer **Unentscheidbarkeit**?

Antwort: Für den Fall, dass ein Ausdruck B aus einem Ausdruck A logisch folgt – wenn also $A \models B$ – besagt der Vollständigkeitssatz, dass diese Beziehung in endlicher Zeit anhand eines geeigneten Regelsystems maschinell abgeleitet werden kann. Er sagt nichts darüber aus, was geschieht, wenn B *nicht* in einer Folgerungsbeziehung zu A steht.

Wenn also nach jeweils endlicher Zeit das maschinelle Verfahren noch keine Ableitung von B aus A erzeugen konnte, kann nicht entschieden werden, ob dies daran liegt, dass man noch nicht lange genug gewartet hat, oder es gar keinen Zweck hat, noch weiter zu warten.   □

Frage 50 Welche Ansätze gibt es, die Unentscheidbarkeit der Prädikatenlogik zu beweisen?

Antwort: Die Unentscheidbarkeit wird zurückgeführt entweder direkt oder indirekt auf die Unentscheidbarkeit des Halteproblems für Turingmaschinen.

Wählt man den indirekten Weg, kann man (ausgehend von der Unentscheidbarkeit des Halteproblems) zunächst die Unentscheidbarkeit des Post'schen Korrespondenzproblems zeigen.

Im zweiten Schritt kann man dann ein beliebig vorgelegtes Post'sches Korrespondenzproblem als prädikatenlogische Formel codieren, deren Gültigkeit mit der Lösbarkeit des betrachteten Korrespondenzproblems synchron geht. (Das Korrespondenzproblem hat also genau dann eine Lösung, wenn die repräsentierende prädikatenlogische Formel allgemeingültig ist.) Eine Entscheidbarkeit der Prädikatenlogik hätte also die Entscheidbarkeit des Post'schen Korrespondenzproblems zur Folge.

Alternativ kann man in einer zweiten indirekten Vorgehensweise die Unlösbarkeit des Wortproblems für Semi-Thue-Systeme benutzen, um die Unentscheidbarkeit der Prädikatenlogik hierauf zurückzuführen.   □

Frage 51 Wie kann die Peano-Arithmetik unvollständig sein, wo sie doch mit den Mitteln der Prädikatenlogik (erster Stufe) codiert wird, die nach einem Satz von Gödel doch vollständig sein sollte?

Antwort: Was die Folgerungen aus der in Prädikatenlogik (erster Stufe) formulierten Peano-Axiome anbetrifft, ist die Peano-Arithmetik selbstverständlich auch vollständig.

Aufgrund der (relativen) Ausdrucksschwäche der Prädikatenlogik erster Stufe kann aber mithilfe des Satzes von Skolem gezeigt werden, dass es wesentlich unterschiedliche (d. h. nicht isomorphe) Modelle der Peano-Axiome gibt. Die Ableitungen aus den (in Prädikatenlogik erster Stufe formulierten) Peano-Axiomen betreffen deshalb diese unterschiedlichen Modelle in toto. M. a. W., die Prädikatenlogik erster Stufe kann zwischen diesen nicht isomorphen Modellen nicht unterscheiden.

Die *besonderen* Eigenschaften des Standardmodells der natürlichen Zahlen, die erst mit den ausdrucksstärkeren Mitteln der Prädikatenlogik zweiter Stufe bis auf Isomorphie eindeutig festgelegt werden können, werden deshalb von der Prädikatenlogik erster Stufe nicht oder nur *unvollständig* erfasst.   □

Frage 52 Formulieren Sie die Axiome der Peano-Arithmetik mit den Mitteln der Prädikatenlogik zweiter Stufe.

Antwort: Die Sprache der Prädikatenlogik zweiter Stufe enthält zusätzlich Symbole, die in der Rolle von *Prädikatsvariablen* in einem Universum interpretiert werden. Stehen sie z. B. für einstellige Prädikate und werden sie durch einen Allquantor gebunden, dann durchläuft X in dem Ausdruck $\forall X X(y)$ alle Teilmengen des betrachteten Universums, und $X(y)$ ist genau dann wahr, wenn das durch y benannte Objekt Element der durch X temporär repräsentierten Teilmenge ist (das Element y also die durch X temporär festgelegte Eigenschaft hat).

Formuliert man also die Eigenschaften der natürlichen Zahlen mit den Ausdrucksmittel der Prädikatenlogik zweiter Stufe, dann erhalten wir:

1. $\forall x \neg \big(s(x) = 0\big)$

2. $\forall x \forall y \ \big(s(x) = s(y) \rightarrow x = y\big)$

3. $\forall X \ \Big(X(0) \wedge \forall x\big(X(x) \rightarrow X(s(x))\big) \rightarrow \forall y X(y)\Big)$ $\qquad \square$

Frage 53 Was besagt der (erste) Gödel'sche Unvollständigkeitssatz?

Antwort: Der (erste) Gödel'sche Unvollständigkeitssatz besitzt unterschiedliche Paraphrasierungen und besagt in einer prägnanten Formulierung, dass es – im Gegensatz zur Prädikatenlogik *erster* Stufe – *keinen* Algorithmus gibt, mit dessen Hilfe man genau die allgemeingültigen Formeln der Prädikatenlogik zweiter Stufe gewinnen kann.

Man kann die Unvollständigkeit der Prädikatenlogik zweiter Stufe auf die Unentscheidbarkeit der Prädikatenlogik zurückführen (s. etwa Hermes [14]) und damit letztlich auf die Unentscheidbarkeit des Halteproblems. $\qquad \square$

Frage 54 Welche arbeitsmarktpolitischen Auswirkungen hat der Gödel'sche Unvollständigkeitssatz?

Antwort: Menschliche Informatiker können prinzipiell nicht vollständig durch den Einsatz von Computern wegrationalisiert werden. $\qquad \square$

2 Berechenbarkeit

„Unglück ist das Resultat mangelhafter Berechnungen."
(Bert Brecht, deutscher Dramatiker)

Die „Berechenbarkeit" als Konzept und Methode ist eine der treibenden Fragestellungen der modernen Wissenschaften. Wissenschaftshistorisch bedeutet die
Konzentration auf das Berechenbare im Sinne des methodischen Vorgehens eine Konzentration auf das beobachtbare *Verhalten* der Welt, also einen Verzicht
auf deren „Interpretation". Die Präzisierungen des *Konzepts* der Berechenbarkeit
haben gezeigt, dass es hierfür unterschiedliche und dennoch äquivalente Implementierungen gibt. Also auch beim Begriff „Berechenbarkeit" selbst ist man nicht
auf eine einzige Interpretation, auf ein einziges Modell festgelegt.

Selbstvertändlich können spezielle Modellvorstellungen nützlich sein und einen
hohen heuristischen Wert besitzen. Eine für die theoretische Informatik nützliche
Modellvorstellung wurde schon früh in Gestalt eines abstrakten Computers entwickelt. Das erste Konzept in dieser Tradition stammt von Turing in Form seiner
berühmten *Turingmaschine*. Weitere Konzepte, die sich unseren heutigen Computern stärker annähern, sind später in Gestalt sogenannten *Registermaschinen*
eingeführt worden.

All diesen Konzepten gemeinsam ist, dass man mit ihrer Hilfe eine Reihe grund-
sätzlicher Fragen klären und beantworten kann. Dies betrifft insbesondere Fragen
einer inhärenten Beschränkung des Algorithmusbegriffs, d. h. Fragen nach der
prinzipiellen Möglichkeit oder Unmöglichkeit, spezielle Fragen durch ein Rechenverfahren zu beantworten. Ist damit also das letzte Wort darüber gesprochen?

Nun, es gilt auch hier sicherlich das, was Manfred Eigen einmal über die Thermo-
dynamik feststellte: Sie wäre nicht ein so wundervolles Denkgebäude, wenn sie sich
in Spekulationen verloren hätte. Die Stärke ihrer Argumentation beruhe darauf,
dass sie sich mit *abgegrenzten* Systemen befasse. Übertragen auf die Informatik
hat es also seinen (extrem praktischen) Sinn, sich nur mit *endlichen* Alphabeten
sowie *digitalen* Operationen zu befassen, von denen in *endlicher* Zeit nur *endlich
viele* durchgeführt werden können. Das *unendliche* Band als Speichermedium einer Turingmaschine ist so gesehen also nur ein *potenziell* unendliches Band: In
endlicher Zeit kann immer nur ein endlicher Teil des Bandes genutzt werden.

Auch für die Konzepte der Berechenbarkeit lohnt ein Blick in einen Klassiker von
Hermes [14]. Man wird mit dem Wissen aus dem Kapitel über Turingmaschinen
dort zwar keine Softwarefirma gründen können; die bis ins Detail durchgerechne-
ten Beispiele geben einem für das Verständnis von Turingmaschinen dennoch ein
gutes Gefühl. Auch ein weiteres Buch von Schöning [39] ist ein wertvoller (wir

möchten sogar sagen einer der wertvollsten) Begleiter durch die Prüfungsvorbereitungen. Darüber hinaus hat sich auch das Buch von Hopcroft und Ullman [16], gemeint ist hier die erste Auflage, neben dem Buch von Lewis und Papadimitriou [20] (auch hier sprechen wir von der ersten Auflage) eine gewisse Zeitlosigkeit bewahrt. Die Bücher von Wegener, das Lehrbuch [48] und das Kompendium [49] als Ideensammlung bieten viele nützliche Aufgaben, die aus Platzgründen hier keinen Eingang mehr finden konnten.

2.1　Turingmaschinen

Frage 55 Was ist eine **Turingmaschine**?

Antwort: Eine Turingmaschine ist ein abstrakter Computer mit einem extrem einfachen Befehlsformat. Sie ist geeignet, u. a. den Begriff der *Berechenbarkeit* und den des *Algorithmus* zu präzisieren.

Eine Turingmaschine besteht im Kern aus

- einem *endlichen Automaten* mit einer Zustandsmenge Q inkl. eines *Startzustands* q_0 und besonderen *Endzuständen* F, der als Kontrolleinheit dient,
- einem externen Speichermedium in Form eines formatierten Endlosbands mit gespeicherten Bandsymbolen aus Γ inkl. eines besonderen *Blanksymbols* B,
- einem mit der Kontrolleinheit verbundenen *Schreib-Lese-Kopf*, der jeweils ein Bandsymbol lesen bzw. überschreiben kann und pro Befehlszyklus um einen Schritt nach links oder rechts bewegt werden kann,
- einer (unveränderlichen) Übergangsfunktion δ („Kontrollprogramm"), in der die Funktionsweise der Turingmaschine programmiert ist. δ hat die Form einer (ggf. partiellen) Abbildung

$$\delta : Q \times \Gamma \to Q \times \Gamma \times \{L, R\}.$$

  Damit ist gemeint, dass die Maschine M, wenn sie sich in einem Zustand $q \in Q$ befindet und der Schreib-Lese-Kopf auf dem Band ein Symbol $a \in \Gamma$ liest, einen Folgezustand $p \in Q$ annimmt, das Symbol a mit einem (i. A. anderen) Symbol $b \in \Gamma$ überschreibt und den Schreib-Lese-Kopf nach links oder rechts bewegt.
- Eine Teilmenge $\Sigma \subset \Gamma$, die das Blanksymbol B nicht beinhaltet, dient als Objektalphabet.

Formal lässt sich eine Turingmaschine M damit beschreiben als Tupel

$$M = (Q, \Sigma, \Gamma, \delta, q_0, B, F).$$

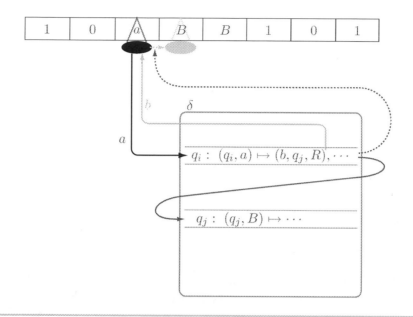

| 1 | 0 | a | B | B | 1 | 0 | 1 |

$$q_i : (q_i, a) \mapsto (b, q_j, R), \cdots$$

$$q_j : (q_j, B) \mapsto \cdots$$

Frage 56 Was versteht man unter der **Konfiguration** einer Turingmaschine?

Antwort: Die Konfiguration einer Turingmaschine ist eine momentane Beschreibung des Zustands, des Bandinhalts und der Schreib-Lese-Kopf-Position. Sie kann codiert werden in der Form

$$w_1 q w_2 \quad \text{mit } w_i \in \Gamma^* \text{ und } q \in Q$$

wenn man folgende Konvention benutzt: $w_1 w_2$ ist der Bandinhalt bis zu dem am weitesten rechts stehenden Nichtblanksymbol, mindestens aber bis zum Zeichen links vom Schreib-Lese-Kopf. $w_1 w_2$ ist also m. a. W. der nicht leere oder schon besuchte Teil des Bandes. q ist der Zustand und der Schreib-Lesekopf befindet sich auf dem ersten Zeichen von w_2 (bzw. auf dem Blanksymbol rechts von w_2, wenn nämlich w_2 gleich ε ist). □

Frage 57 Was ist ein **Algorithmus**?

Antwort: Unter einem Algorithmus versteht man intuitiv ein schematisches Rechenverfahren, das mit finiten Mitteln beschrieben werden kann und nach endlicher Zeit ein Ergebnis liefert. Abweichend von dieser Sprachregelung nennt man Verfahren, die zeitlich nicht terminieren, auch *nicht abbrechende Algorithmen*.

Das Konzept der Turingmaschine liefert – im Sinne der Church'schen These – die Möglichkeit, einen Algorithmus formal als eine (spezielle) Turingmaschine aufzufassen, die für jede Eingabe auf ihrem Band nach endlicher Zeit anhält. Modern ausgedrückt ist ein (terminierender oder nicht terminierender) Algorithmus nichts anderes als ein in einer universellen Programmiersprache (z. B. Java oder C++) formuliertes Programm.   □

Frage 58 Für welche Zwecke können Turingmaschinen benutzt werden?

Antwort: Eine Turingmaschine M kann eingesetzt werden als

- *Analysator* für eine formale Sprache $L \subset \Sigma^*$,
- *Generator* einer formalen Sprache,
- *Computer* zur Berechnung (ggf. partieller) numerischer Funktionen,
  $f : \mathbb{N}^k \to \mathbb{N}$ oder (partieller) Funktionen $f : \Sigma^* \to \Sigma^*$.

Bei ihrer Funktionsweise als *Analysator* erhält M als Eingabe auf dem Band ein Wort $w \in \Sigma^*$. Beendet M nach endlich vielen Schritten ihre Arbeit in einem Endzustand, dann heißt w von M *akzeptiert*. Die von M akzeptierte Menge von Wörtern heißt die von M akzeptierte Sprache $L(M)$.

In ihrer Rolle als *Generator* erzeugt M (i. d. R.) auf einem eigens dafür bereitgestellten Ausgabeband eine (endliche oder unendliche) Folge von Wörtern aus Σ^*, getrennt jeweils durch ein besonderes Trennsymbol $\sharp$. Die auf diese Weise erzeugten Wörter heißen die „von M erzeugte Sprache $G(M)$".

In ihrer Funktion als ein *Computer* wird auf dem Band von M ein Zahlentupel aus $\mathbb{N}^k$ (in einer geeigneten Codierung) eingegeben und die Bandinschrift nach dem Anhalten von M als Ergebnis von f gelesen.   □

Frage 59 Welche wichtigen Begriffe verbindet man mit den verschiedenen Einsatzbereichen einer Turingmaschine, und wie hängen diese zusammen?

Antwort: Eine von einer Turingmaschine M akzeptierte Sprache $L(M)$ heißt *rekursiv aufzählbar*. Dies ist genau dann der Fall, wenn es ebenfalls eine Turingmaschine M' gibt mit $L = G(M')$.

Eine Sprache L ist also genau dann rekursiv aufzählbar, wenn es zwei Turingmaschinen M und M' gibt mit $L(M) = L = G(M')$.

Eine mit einer Turingmaschine implementierte (partielle) Funktion $f : \mathbb{N}^k \to \mathbb{N}$ oder $f : \Sigma^* \to \Sigma^*$ heißt *(turing-)berechenbar*.

Eine Sprache L ist ebenfalls genau dann rekursiv aufzählbar, wenn eine L beschreibende partielle Funktion („semi-charakteristische" Funktion) $\chi'_L : \Sigma^* \to \{0, 1\}$ mit

$$\chi'_L(w) = 1 \quad \text{g. d. w.} \quad w \in L$$

(turing-)berechenbar im obigen Sinne ist.

L heißt in diesem Fall auch *semi-entscheidbar*, sodass eine Sprache L genau dann semi-entscheidbar ist, wenn sie rekursiv aufzählbar ist. □

Frage 60 Was kennzeichnet eine **entscheidbare** Sprache L gegenüber einer (nur) semi-entscheidbaren Sprache?

Antwort: Eine *entscheidbare* Sprache L kann dadurch charakterisiert werden, dass ihre charakteristische Funktion $\chi_L : \Sigma^* \rightarrow \{0,1\}$ mit

$$\chi_L(w) = \begin{cases} 1, & w \in L \\ 0, & w \in L, \end{cases}$$

die total (und damit nicht mehr partiell) ist, (turing-)berechenbar ist.

Eine entscheidbare Sprache ist damit in jedem Fall auch semi-entscheidbar. Umgekehrt gibt es aber semi-entscheidbare Sprachen, die *nicht* entscheidbar sind.

Eine entscheidbare Sprache heißt auch *rekursiv*. Eine rekursive Sprache ist also auch rekursiv aufzählbar. Aber nicht jede rekursiv aufzählbare Sprache ist gleichzeitig rekursiv.

Der Unterschied zwischen einer entscheidbaren und einer semi-entscheidbaren Sprache L kann also daran festgemacht werden, ob es eine Turingmaschine für die *totale* charakteristische Funktion χ_L gibt oder nicht. □

Frage 61 Welche Abschlusseigenschaften haben die rekursiven bzw. rekursiv aufzählbaren Sprachen bzgl. der mengentheoretischen Operationen?

Antwort: Durch einfaches Kombinieren zweier zu den Sprachen L_1 und L_2 gehörenden Turingmaschinen M_1 und M_2 erhält man folgende Ergebnisse:

- Das Komplement, der Durchschnitt und die Vereinigung von rekursiven Sprachen sind jeweils wieder rekursiv.
- Der Durchschnitt und die Vereinigung rekursiv aufzählbarer Sprachen sind jeweils wieder rekursiv aufzählbar.
- Sind eine Sprache und auch ihr Komplement rekursiv aufzählbar, dann sind beide Sprachen auch rekursiv.

Für eine Sprache L und ihr Komplement $\overline{L}$ kommen damit nur folgende Alternativen in Betracht:

1. Beide Sprachen sind rekursiv.

2. Genau eine der Sprachen ist rekursiv aufzählbar.

3. Keine der Sprachen ist rekursiv aufzählbar.

Es fallen damit z. B. folgende Alternativen weg:

- L ist rekursiv und $\overline{L}$ ist nicht rekursiv.
- L ist rekursiv und $\overline{L}$ ist nicht rekursiv aufzählbar.
- Sowohl L als auch $\overline{L}$ sind rekursiv aufzählbar, aber nicht rekursiv. □

Frage 62 Worin besteht der Unterschied zwischen **abzählbar** und **rekursiv aufzählbar**?

Antwort: Eine Menge M wird *abzählbar* genannt, wenn sie entweder endlich ist oder wenn es eine surjektive totale Funktion $f : \mathbb{N} \rightarrow M$ gibt. Eine unendliche abzählbare Menge kann also in Form einer unendlichen Folge $f(0), f(1), f(2), \cdots$ aufgelistet werden.

Eine Sprache $L \subset \Sigma^*$ ist stets abzählbar. Rekursiv aufzählbar ist sie dann, wenn es gelingt, f durch eine (turing-)berechenbare Funktion zu implementieren. Wenn L also mit *finiten* Mitteln, d. h. durch ein *endliches* Bildungsgesetz beschrieben werden kann.

Eine beliebige Sprache L kann so „regellos" gebildet sein, dass man zur Beschreibung der Folge der $f(i)$ auf die Folge selbst zurückgreifen muss (d. h., die Folge *ist* ihre eigene Beschreibung). Da die Folge unendlich ist, ist dies dann keine Beschreibung mit finiten Mitteln. □

Frage 63 Welche Möglichkeiten gibt es, Turingmaschinen komfortabler zu gestalten, sodass sie konzeptionell leichter zu programmieren sind, aber zum ursprünglichen Konzept äquivalent bleiben?

Antwort: Die erste Möglichkeit besteht darin, das Band einer Turingmaschine in mehrere Spuren zu unterteilen. Man kann dies in Analogie zur Zusammenfassung einzelner Bits zu einem Byte in unseren heutigen Rechnern sehen, auf die dann jeweils gleichzeitig zugegriffen wird.

Man kann einer Turingmaschine mehrere Bänder mitgeben, wobei jedes Band einen eigenen separat positionierbaren Schreib-Lese-Kopf besitzt. Dies ermöglicht ein effizienteres Daten- und Zugriffsmanagement, das die Anzahl der Rechenschritte (ungefähr quadratisch) reduziert.

Den größten Geschwindigkeitsgewinn erhält man mithilfe einer *nicht deterministischen* Turingmaschine. Eine solche Turingmaschine hat die Möglichkeit, ausgehend von einem speziellen Zustand und einem gelesenen Zeichen, auf mehrere

Weisen zu reagieren. Jede dieser Alternativen besteht aus jeweils einem Folgezustand, einem neuen auf dem Band zu speichernden Symbol und einer Bewegungsrichtung. □

Frage 64 Worin besteht die Idee einer **universellen Turingmaschine**?

Antwort: Fasst man eine Turingmaschine als einen (festverdrahteten) Computer auf, dann entspricht eine *universelle Turingmaschine* einem frei programmierbaren Rechner. Die universelle Turingmaschine simuliert hierzu eine spezielle (andere) Turingmaschine, die in einer geeigneten einfachen Codierung auf dem Eingabeband der universellen Turingmaschine vorliegen muss.

Die Codierung der zu simulierenden Turingmaschine besteht im Kern aus der Codierung ihrer Übergangsfunktion δ in einem naheliegenden Format. Die so gewonnene Beschreibung einer Turingmaschine wird auch als *Gödelnummer* der Turingmaschine bezeichnet, da der die Turingmaschine beschreibende Code auch als Codierung einer natürlichen Zahl gelesen werden kann.

Für die Realisierung einer universellen Turingmaschine werden praktischerweise drei Bänder benutzt (*Mehrbandmaschine*), von denen eines R (als „ROM") die Codierung der zu simulierenden Turingmaschine enthält und die beiden anderen $A1$ und $A2$ als Arbeitsbänder dienen.

Die universelle Turingmaschine nimmt damit in gewissem Sinne die Idee der Von-Neumann-Architektur moderner Rechner vorweg.

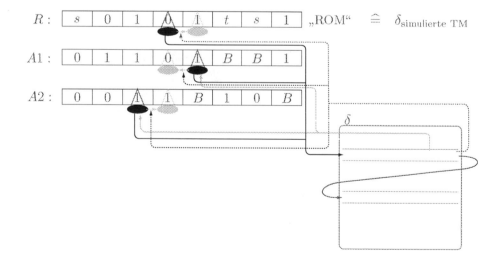

□

2.2   Alternative Konzepte der Berechenbarkeit

Frage 65 Welche alternativen Präzisierungen des Begriffs Algorithmus und Berechenbarkeit gibt es?

Antwort: Die Turingmaschine kann als *imperatives Modell* der Berechenbarkeit aufgefasst werden. Weitere Modelle in dieser Tradition bilden:

- die *Registermaschine*, die sich enger an unsere heutigen Rechnerarchitekturen anlehnt, und deren wichtigster Unterschied im Vergleich zur Turingmaschine im direkten Zugriff auf das Speichermedium, die *Register*, besteht (im Gegensatz zum sequenziellen Zugriff auf das Band bei der Turingmaschine).
- das Konzept der *WHILE-Programme* (bzw. der *GOTO-Programme*), das sich näher an den imperativen Konstrukten höherer Programmiersprachen orientiert und als Abstraktion der Registermaschinen aufgefasst werden kann.

Neben diesen imperativen Konzepten haben wir es mit *funktionalen Modellen* der Berechenbarkeit zu tun. Diese beinhalten:

- die *μ-rekursiven Funktionen*
- die *(allgemein) rekursiven Funktionen*
- den *λ-Kalkül*

Letztendlich haben wir es auch mit *algebraisch geprägten Ansätzen* (Gruppentheorie) zu tun. Es sind dies die auf Produktionsregeln basierenden Konzepte *formaler Grammatiken* und damit einhergehender Termersetzungen (Ersetzungssysteme oder *Semi-Thue-Systeme*):

- *Typ-0-Grammatiken* (allgemeine Regelgrammatiken) und ihre Modifikationen in Form von
  - *Markov'schen normalen Algorithmen* und
  - *Post'schen Normalsystemen* (oder *Post'schen kanonischen Kalkülen*).   □

Frage 66 Was besagt die **Church'sche These**?

Antwort: Da alle alternativen Konzepte der Berechenbarkeit als äquivalent nachgewiesen wurden, formulierte A. Church die nach ihm benannte These, dass *die Klasse der intuitiv berechenbaren Funktionen gleich der Klasse der turingberechenbaren Funktionen* ist.   □

Frage 67 Wie ist eine *μ*-**rekursive Funktion** definiert?

Antwort: Die Klasse der *μ-rekursiven Funktionen* $f : \mathbb{N}^k \to \mathbb{N}$ ist eine Funktionsklasse, die mithilfe des sogenannten μ-Operators eine Erweiterung der Klasse der *primitiv rekursiven Funktionen* darstellt.

Zunächst werden die primitiv rekursiven Funktion induktiv definiert:

1. Als Basisfunktionen dienen

   - die konstanten Funktionen,
   - die verschiedenen Projektionsabbildungen auf einzelne Komponenten oder Komponentengruppen $(n_1, n_2, \cdots, n_k) \mapsto (n_{i_1}, n_{i_2}, \cdots, n_{i_r})$ und
   - die Nachfolgeroperation $s(n)$ auf den natürlichen Zahlen.

2. Jede Komposition (Hintereinanderausführung) primitiv rekursiver Funktionen ist wieder primitiv rekursiv.

3. Jede durch sogenannte *primitive Rekursion* gewonnene Funktion ist wieder rekursiv. Bei dieser Art der Rekursion wird ein Funktionswert $f(n+1, \cdots)$ „ohne Umweg" zurückgeführt auf $f(n, \cdots)$ vermöge einer bereits schon als primitiv rekursiv vorliegenden Funktion h:

$$f(n+1, \cdots) = h(f(n, \cdots), \cdots),$$

   wobei $f(0, \cdots)$ festgelegt ist durch den Wert $g(\cdots)$ einer ebenfalls schon als primitiv rekursiv vorliegenden Funktion g.

Danach folgt die Anwendung des μ-Operators auf eine primitiv rekursive Funktion $f(n, x_1, \cdots, x_k)$. Diese kann nun aufgefasst werden als spezielle Skolemisierung der Formel

$$\forall x_1 \cdots \forall x_k \exists n \ f(n, x_1, \cdots, x_k) = 0,$$

nämlich der Wahl des *kleinsten* n, die die Formel erfüllt (daher die Bezeichnung μ für minimal).

Die auf diese Weise gewonnene Skolemfunktion

$$g(x_1, \cdots, x_k) = (\mu_n f)(x_1, \cdots, x_k) = (\mu f)(x_1, \cdots, x_k)$$

ist eine spezielle μ-rekursive Funktion. Die Klasse aller μ-rekursiven Funktionen erhält man nun durch induktive Anwendung des μ-Operators. □

Frage 68 In welche Normalform kann man eine μ-rekursive Funktion stets überführen?

Antwort: Jede k-stellige μ-rekursive Funktion $g(x_1, \cdots, x_k)$ kann in die Form

$$g(x_1, \cdots, x_k) = h\big((\mu f)(x_1, \cdots, x_k)\big)$$

mit einer einstelligen primitiv rekursiven Funktion $h(x)$ und einer $(k+1)$-stelligen ebenfalls primitiv rekursiven Funktion $f(n, x_1, \cdots, x_k)$ überführt werden.

Diese Form heißt die *Kleene'sche Normalform*. □

Frage 69 Nennen Sie einfache Beispiele **primitiv rekursiver Funktionen**.

Antwort: Zu den einfachsten (nicht trivialen) primitiv rekursiven Funktionen zählen die Addition und die Multiplikation natürlicher Zahlen, die beide nach demselben Schema gebildet werden:

$$add(0, x) \quad = \quad x, \quad \text{mit einem } g, \text{ sodass } g(x) = x$$
$$add(n + 1, x) \quad = \quad s(add(n, x)) \quad \text{mit der Nachfolgerfunktion } s \text{ als } h$$

$$mult(0, x) \quad = \quad 0, \quad \text{mit einem } g \text{ als konstante Funktion } 0$$
$$mult(n + 1, x) \quad = \quad add(mult(n, x), x) \quad \text{mit dem bereits vorliegenden } add \text{ als } h$$

$\square$

Frage 70 Welches Beispiel einer μ-rekursiven Funktion, die nicht primitiv rekursiv ist, kennen Sie?

Antwort: Das bekannteste Beispiel einer μ-rekursiven Funktion, die nicht primitiv rekursiv ist, bietet die sogenannte *Ackermann-Funktion* $F(n, x)$. Bei ihr wird der Wert von $F(n + 1, x)$ im Gegensatz zu den primitiv rekursiven Funktionen *nicht* „ohne Umweg" mithilfe einer schon vorliegenden primitiv rekursiven Funktion h auf $f(n, x)$ zurückgeführt. Die Rolle von h wird bei der Ackermann-Funktion nämlich von der Ackermann-Funktion selbst wahrgenommen:

$$f(0, x) \quad = \quad x + 1$$
$$f(n + 1, 0) \quad = \quad f(n, 1)$$
$$f(n + 1, x + 1) \quad = \quad f(n, f(n + 1, x))$$

Von der äußeren Form zumindest ist diese Funktion also nicht als primitiv rekursiv erkennbar. Eine genaue Analyse weist nach, dass diese Funktion zwar μ-rekursiv ist, allerdings nicht mehr unter die Klasse der primitiv rekursiven Funktionen fällt.

$\square$

Frage 71 Warum ist die Ackermann-Funktion nicht primitiv rekursiv? Skizzieren Sie die Beweisidee.

Antwort: In Fortführung der Definitionsschemata der primitiv rekursiven Funktionen *add* und *mult* kann man – ohne aus dem Bereich der primitiv rekursiven Funktionen herauszufallen – als Nächstes die Funktion *exp* (mithilfe von *mult*) und dann eine Funktion *superExp* (mithilfe von *exp*) definieren usf.

Eine vergleichbare Folge immer schneller wachsender Funktionen erhält man aus der Ackermann-Funktion *allein*, indem man das erste Argument dieser Funktion als Funktionsparameter wählt. Man erhält:

- für $f(0, x)$ die Nachfolgerfunktion,
- für $f(1, x)$ eine Addition (von 2) mit x,
- für $f(2, x)$ (angenähert) ein Produkt (von 2) mit x und
- für $f(3, x)$ (angenähert) eine Exponentiation (von 2) mit x.
- $f(4, x)$ entspricht dann einer Hyperpotenz ($super - exp$), die sich mit den üblichen denotationellen Mitteln schon gar nicht mehr darstellen lässt.

Das lässt einen vermuten, dass man zwar für jeden Paramater n eine primitiv rekursive Funktion $p_n(x)$ findet, die der Ackermann-Funktion $f(n, x)$ (bei festgehaltenem n) entspricht und damit ein gleiches Wachstum wie die Ackermann-Funktion für dieses n aufweist. Es sind aber jeweils immer wieder neue (d. h. neu zu definierende) primitiv rekursive Funktionen nötig, um mit der(-selben) Ackermann-Funktion Schritt halten zu können.

Der Beweisansatz besteht also darin, zu zeigen, dass die Ackermann-Funktion in einem gewissen (noch zu präzisierenden) Sinn schneller wächst als *jede* primitiv rekursive Funktion.

Hierzu zeigt man synchron zum induktiven Aufbau der primitiv rekursiven Funktionen, dass es für *alle* primitiv rekursiven Funktionen $g(x_1, \cdots, x_k)$ jeweils eine Zahl c gibt, sodass

$$g(x_1, \cdots, x_k) < f(c, x_1 + \cdots + x_k) \quad \text{(für alle } x_1, \cdots, x_k)$$

Der Beweis, dass $f(n, x)$ nicht primitiv rekursiv ist, kann jetzt mit einem klassischen *Diagonalverfahren* durchgeführt werden:

Man nimmt an, dass $f(n, x)$ primitiv rekursiv sei. Damit wäre auch $q(x) := f(x, x)$ primitiv rekursiv, was aber der Ungleichung $g(c) < f(c, c)$ widersprechen würde. $\square$

Frage 72 Skizzieren Sie den Formalismus des λ-Kalküls.

Antwort: Der λ-Kalkül wurde von A. Church als (weiterer) Formalismus für die Präzisierung berechenbarer Funktionen eingeführt. Als Alternative zur Mengenlehre entwickelt, stellt er mithilfe einer einfachen (kontextfreien) Grammatik einen Termkalkül zur Verfügung. Diese Terme können – dies ist dem λ-Kalkül eigentümlich – gleichermaßen die Rolle von Daten als auch die Rolle von Funktionen annehmen. (In der axiomatischen Mengenlehre ist die Situation nebenbei bemerkt analog, da auch hier eine Funktion nichts anderes als ein spezielles (nämlich als geeignetes kartesisches Produkt darstellbares) Mengenobjekt ist.)

Der Termaufbau verläuft (im einfachsten Fall) ausgehend von einer unendlichen Menge von Variablen $\{x_1, x_2, \cdots\}$ induktiv wie folgt:

1. Jede Variable x_i ist ein Term (λ-Term).

2. Sind T_1 und T_2 Terme, dann ist auch $(T_1 T_2)$ ein Term.

3. Ist T ein Term und ist x eine Variable, dann ist $(\lambda x.T)$ ein Term.

$(T_1 T_2)$ meint die Anwendung der Funktion T_1 auf das Objekt T_2 und wird auch als *Applikation* bezeichnet.

$(\lambda x.T)$ meint die Definition einer Funktion T als Funktion einer Veränderlichen x und wird als *Abstraktion* (von den in T ggf. vorkommenden Termen x) oder auch als λ-*Abstraktion* bezeichnet.

Hinzu kommen Regeln der textuellen Ersetzung: die β-Reduktion und die gebundene Umbenennung. Die wichtigere dieser beiden Regeln ist die β-Reduktion, mittels derer man aus einem Term $((\lambda x.T)T')$ den Term $T[x \rightarrow T']$ (x wird in T textuell ersetzt durch T') gewinnt. Sie meint das Einsetzen eines Objekts T' in der Funktion T für x. $\square$

Frage 73 Skizzieren Sie die ersten Schritte einer Codierung der rekursiven Funktionen durch λ-Terme.

Antwort: Wir beginnen mit der Codierung der natürlichen Zahlen. Wittgenstein folgend („Die Zahl ist der Exponent einer Operation") stellen wir die natürlichen Zahlen n als n-fache Iterierte einer Funktion y im λ-Kalkül dar, wobei wir natürlich von einer speziellen Funktion *abstrahieren* müssen. D. h., wir notieren zunächst den Term

$$(\lambda x. \underbrace{(y(y(\cdots(yx)\cdots)))}_{n-\text{fach}}$$

als n-te Iterierte von y, um dann von y zu *abstrahieren*:

$$(\lambda y.(\lambda x. \underbrace{(y(y(\cdots(yx)\cdots)))}_{n-\text{fach}})))$$

steht jetzt auf natürliche Weise für die Zahl n.

Die Nachfolgerfunktion s kann jetzt durch den λ-Term

$$(\lambda z.(\lambda y.(\lambda x.(y((zy)x)))))$$

dargestellt werden, denn das textuelle Ersetzen von z innerhalb dieses Terms durch den die Zahl n repräsentierenden Term führt automatisch zu dem Term für $n+1$.

In ähnlich konstruktiver Weise können für alle weiteren (μ-)rekursiven Funktionen Codierungen in Form geeigneter λ-Terme gefunden werden. $\square$

2.3 Unentscheidbarkeit

Frage 74 Warum lohnt es sich überhaupt, nach Funktionen oder Sprachen Ausschau zu halten, die nicht berechenbar bzw. (semi-)entscheidbar sind?

Antwort: Die Anzahl der Funktionen $\mathbb{N} \to \mathbb{N}$ auf der einen und der Sprachen $L \subset \Sigma^*$ auf der anderen Seit ist jeweils *überabzählbar*. Die Codierung eines Algorithmus (als Computer zur Berechnung solcher Funktionen bzw. als Generator/Analysator einer Sprache) mit finiten Mitteln kann nur auf abzählbar viele Weisen geschehen.

Damit kann es von den überabzählbar vielen Funktionen bzw. Sprachen höchstens abzählbar viele geben, die durch einen Algorithmus erfasst werden und damit berechenbar bzw. (semi-)entscheidbar genannt werden können.

Das *konstruktive* Auffinden nicht berechenbarer Funktionen ist damit noch nicht gelöst. (So wie der mit ganz ähnlichen Mitteln geführte reine Existenzbeweis sogenannter transzendenter reeller Zahlen kein konstruktives Verfahren zum Auffinden einer transzendenten Zahl liefert). □

Frage 75 Mit welchem Verfahren findet man Sprachen, die nicht entscheidbar oder nicht semi-entscheidbar sind?

Antwort: Es bietet sich das von K. Gödel für die Prädikatenlogik gewählte Verfahren an, das geeignet auf das Konzept der Turingmaschine übertragen werden kann.

Man betrachtet eine Tabelle T mit unendlich vielen durchnummerierten Zeilen und Spalten. Die Nummern werden nun in einer Doppelrolle benutzt. Die Spaltenummern sollen jeweils als Gödelnummer einer Turingmaschine angesehen werden. Die Zeilennummern sollen jeweils als (Code für ein) Wort $w \in \Sigma^*$ interpretiert werden.

Jede beliebige Turingmaschine kommt damit als Nummer einer Spalte vor und jedes Wort als Nummer einer Zeile. (Dabei ist technisch zu berücksichtigen, dass viele Spaltenummern keine lauffähige Turingmaschine codieren.)

Der Eintrag in dieser Tabelle an der Stelle (i, j) wird jetzt so vorgenommen, dass dort genau dann eine 1 stehen soll, wenn die durch die Zahl j bedeutete Turingmaschine M_j das durch i bedeutete Wort w_i akzeptiert. Ansonsten (und das betrifft auch den Fall nicht lauffähiger Turingmaschinen) soll der Eintrag 0 lauten. Kurz:

$$T_{i,j} = \begin{cases} 1, & M_j \text{ akzeptiert } w_i \\ 0, & \text{sonst} \end{cases}$$

Die „Konstruktion" einer Sprache, die nicht (semi-)entscheidbar ist, geschieht nun wieder mit einem klassischen Diagonalargument: Es werden genau diejenigen Wörter w_i zu einer Sprache L_d zusammenfasst, für die der Eintrag in der i-ten Spalte (gleiches i!) gleich 0 ist. Kurz:

$$L_d = \{w_i | T_{i,i} = 0\}$$

Eine Analyse der Sprache L_d zeigt sofort, dass es keine Turingmaschine M geben kann, die sie akzeptiert. Denn gäbe es eine, müsste sie irgendwo als Nummer einer Spalte, etwa k, in Erscheinung treten, d. h. $M = M_k$, und wir erhielten für w_k die widersprüchliche Situation, dass w_k von M_k genau dann akzeptiert würde, wenn es von M_k *nicht* akzeptiert würde.

L_d ist das erste Beispiel einer Sprache, die so „regellos" ist, dass sie nicht rekursiv aufzählbar, also auch nicht semi-entscheidbar ist.   □

Frage 76 Was versteht man unter der **universellen Sprache**?

Antwort: Die universelle Sprache L_u wird gebildet anhand der obigen Tabelle T: Für jedes i bzw. j bezeichne $\langle M_j, w_i \rangle$ die Konkatenation des zu der Turingmaschine M_j gehörige Codes – der Einfachheit halber ebenfalls mit M_j notiert – mit dem Wort w_i. Wir definieren nun:

$$L_u = \{\langle M_j, w_i \rangle | M_j \text{ akzeptiert } w_i\}$$

Zu L_u gehören genau diejenigen Codes $\langle M_j, w_i \rangle$, für die wir in der Tabelle T die Einträge $T_{i,j} = 1$ vorfinden.   □

Frage 77 Welche Eigenschaften hat die universelle Sprache L_u?

Antwort: Die universelle Sprache ist rekursiv aufzählbar, denn sie wird von der universellen Turingmaschine akzeptiert.

Sie ist jedoch nicht rekursiv. Wäre L_u nämlich rekursiv, dann könnte man ein Entscheidungsverfahren für $\overline{L}_d$ gewinnen durch Zurückführen auf das Entscheidungsverfahren für L_u.

Beweisidee dafür, dass L_u nicht rekursiv ist: Man konstruiere sich einfach mithilfe der universellen Turingmaschine eine Turingmaschine M mit vorgeschalteter „Diagonaloperation", dabei wird aus der Eingabe $w = w_i$ im ersten Schritt das Wort $\langle M_i, w_i \rangle$ generiert und dann an die universelle Turingmaschine zur weiteren Verarbeitung übergeben.

Das Wort w_i wird nun von M genau dann akzeptiert, wenn w_i von M_i akzeptiert wird, was genau dann der Fall ist, wenn $w_i \notin L_d$, also wenn $w_i \in \overline{L}_d$.

Damit ist $\overline{L}_d$ zwar als rekursiv aufzählbar nachgewiesen, ist aber nicht rekursiv, da L_d nicht rekursiv aufzählbar ist.

Wäre L_u rekursiv, würde die universelle Turingmaschine für jede Eingabe irgendwann terminieren. Damit würde aber auch M für jede Eingabe terminieren und man hätte ein Entscheidungsverfahren für $\overline{L}_d$, was im Widerspruch zur Nicht-rekursivität von $\overline{L}_d$ stünde. ☐

Frage 78 Wie lautet das **Halteproblem** für Turingmaschinen?

Antwort: Das Halte- „problem" meint zunächst die Sprache

$$H = \{\langle M_j, w_i\rangle | M_j \text{ hält bei Eingabe von } w_i\}.$$

Zum *Problem* wird H mit der Frage, ob H entscheidbar oder nur semi-entscheidbar ist.

Dass H nicht entscheidbar ist, kann durch ein eigenständiges Diagonalargument oder durch Rückführung auf eine schon als unentscheidbare nachgewiesene Sprache gezeigt werden.

Beweis mit eigenständigem Diagonalargument:
Angenommen, H sei entscheidbar, dann gibt es hierfür eine Turingmaschine M^H, die stets terminiert und dabei H akzeptiert. Eine kleine Modifikation erlaubt es, hieraus eine Turingmaschine $M^{\overline{H}}$ zu gewinnen, die so eingestellt ist, dass sie Eingabewörter w zunächst dupliziert (zu $\langle w, w\rangle$), in der Folge $\overline{H}$ akzeptiert und auch nur dann terminiert. Insbesondere gilt also:

$M^{\overline{H}}$ terminiert bei Eingabe von w gdw. M^H akzeptiert nicht die Eingabe $< w, w >$.

Mit $M^{\overline{H}} = M_k$ (für ein geeignetes k) führt die Überlegung, ob $\langle M_k, w_k\rangle$ (gleiches k !) nun zu $\overline{H}$ gehört oder nicht, sofort zu einem Widerspruch:

$$\langle M_k, w_k\rangle \in \overline{H} \quad \text{gdw.} \quad M^{\overline{H}} \text{ terminiert bei Eingabe von } w_k (= M_k)$$
$$\text{gdw.} \quad M^H \text{ akzeptiert nicht die Eingabe } \langle M_k, w_k\rangle$$
$$\text{gdw.} \quad \langle M_k, w_k\rangle \notin \overline{H}.$$

Beweis durch Rückführung auf Unentscheidbarkeit von L_U:
Wäre H entscheidbar, dann wäre auch L_U entscheidbar: Im ersten Schritt würde man $\langle M, w\rangle$ auf Enthaltensein in $\overline{H}$ hin untersuchen. Wäre dies der Fall, wäre $\langle M, w\rangle$ sicher nicht in L_U. Im anderen Fall hätte man mit der anschließenden Eingabe von $\langle M, w\rangle$ in die universelle Turingmaschine einen abschließenden ebenfalls terminierenden Test. ☐

Frage 79 Welche praktische Relevanz hat die Unentscheidbarkeit des Halteproblems?

Antwort: Arithmetische Aussagen lassen sich übersetzen in Aussagen über das Vorliegen oder Nicht-Vorliegen einer Endlosschleife in einem Programm. Solche Aussagen ließen sich dann algorithmisch beweisen, wenn das Halteproblem lösbar wäre. Eines der prägnantesten Beispiele hierfür ist der letzte Satz von Fermat, dessen Lösung „einfach" darin bestünde, nachzuweisen, dass das folgende Programm zum Auffinden einer ganzzahligen Lösung der Gleichung $x^n + y^n = z^n$ für $n \geqq 3$ endlos läuft:

```
void fermat(){
    int tempLimit = 2;
    while (true){
        tempLimit++;
        for(int x = 1; x <= tempLimit; x++)
            for(int y = 1; y <= tempLimit; y++)
                for(int z = 1; z <= tempLimit; z++)
                    for(int n = 3; n <= tempLimit; n++)
                        if(power(x,n)+ power(y,n) == power(z,n))
                            return;
    }
}
```

Eine algorithmische Lösung des Halteproblems hätte damit sofort eine Lösung des Fermat'schen Problems zur Folge: Sie würde das Fermat'sche Problem trivialisieren.   □

Frage 80 Was besagt der Satz von Rice, und worin besteht die Beweisidee?

Antwort: Der Satz von Rice macht eine Aussage über die *Entscheidbarkeit von Eigenschaften* S rekursiv aufzählbarer Sprachen.

S kann repräsentiert werden durch die Menge all derjenigen Turingmaschinen M, deren jeweils akzeptierte Sprache $L = L(M)$ die Eigenschaft S besitzen. S kann damit durch diejenige formale Sprache L_S dargestellt werden, die aus allen zugehörigen Maschinencodes jener Turingmaschinen besteht.

S ist damit definitionsgemäß entscheidbar gdw. L_S entscheidbar ist.

Der Satz von Rice besagt nun, dass L_S dann und nur dann entscheidbar ist, wenn L_S entweder alle oder gar keinen Maschinencode umfasst, wenn also m. a. W. S eine *triviale* Eigenschaft bezeichnet.

Zum Beweis genügt es, bzgl. der Eigenschaft S anzunehmen, dass es eine Sprache $L \neq \emptyset$ gibt, die zu S gehört und $\emptyset$ selbst nicht zu S gehört. L werde von

M_L akzeptiert. Man kann dann leicht einen Algorithmus konstruieren, der eine Funktion

$$\langle M, w \rangle \mapsto (M_L)^{\langle M, w \rangle}$$

so implementiert, dass $(M_L)^{\langle M, w \rangle}$ eine Turingmaschine codiert, die genau dann äquivalent ist zu M_L, wenn M das Wort w akzeptiert. Damit haben wir folgende Situation:

M akzeptiert w gdw. $(M_L)^{\langle M, w \rangle}$ zu $\mathcal{S}$ gehört.

Ein Entscheidungsverfahren für $\mathcal{S}$ würde also ein Entscheidungsverfahren für die universelle Sprache liefern. Dies aber stünde im Widerspruch zur Unentscheidbarkeit der universellen Sprache. □

Frage 81 Warum findet man in den Lehrbüchern der theoretischen Informatik in der Regel keine Beispiele nicht rekursiv aufzählbarer Sprachen, deren Komplement ebenfalls nicht rekursiv aufzählbar ist?

Antwort: Eine nicht rekursiv aufzählbare Sprache, deren Komplement ebenfalls nicht rekursiv aufzählbar ist, kann auch mittelbar nicht mehr durch eine Turingmaschine dargestellt werden. Selbst bei der nicht rekursiv aufzählbaren Sprache L_d gibt es zumindest noch für deren Komplement eine Repräsentation durch eine Turingmaschine. Eine nicht rekuriv aufzählbare Sprache, deren Komplement ebenfalls nicht rekursiv aufzählbar ist, hat aber *jede* „Beziehung zum Rechner" verloren. Für die Informatik als Disziplin mit einem ingenieurtechnischen Anspruch sind solche Sprachen deshalb jenseits ihres Untersuchungsgegenstands. □

Frage 82 Wie kann man dennoch eine Sprache (intentional) beschreiben, die zusammen mit ihrem Komplement nicht rekursiv aufzählbar ist?

Antwort: Mithilfe eines modifizierten Rice'schen Satzes lässt sich folgern, dass für die rekursiv aufzählbaren Sprachen sowohl die Eigenschaft *rekursiv zu sein* als auch die Eigenschaft *nicht rekursiv zu sein* selbst nicht rekursiv aufzählbar ist. Die Sprache $L_{\mathcal{R}}$ bestehend aus den Codes der Turingmaschinen für rekursive Sprachen hat als Komplement genau die Sprache, die sich aus den Codes der Turingmaschinen nicht rekursiver Sprachen ergibt. (Die Codes der „nicht funktionsfähigen" Turingmaschinen gehören konventionsgemäß zu $L_{\mathcal{R}}$.)

Damit sind sowohl $L_{\mathcal{R}}$ als auch $\overline{L_{\mathcal{R}}}$ nicht rekursiv aufzählbar. □

Frage 83 Wie lautet die Fragestellung des **Post'schen Korrespondenzproblems**?

Antwort: Das Post'sche Korrespondenzproblem (PKP; englisch: PCP) hat das Aussehen einer Knobel- oder Denksportaufgabe, bei der zwei Wortlisten $w_1, \cdots, w_n$ und $x_1, \cdots, x_n$ gegeben sind, für die i. A. $w_i \neq x_i$ gilt. Dennoch soll versucht werden, eine geeignete Indexreihenfolge $i_1, \cdots, i_r$ zu finden, sodass die durch diese Indizes konkatenierten Wörter aus beiden Listen gleich sind:

$$w_{i_1} w_{i_2} \cdots w_{i_r} = x_{i_1} x_{i_2} \cdots x_{i_r}$$

Es ist sofort klar, dass durch ein systematisches Ausprobieren eine Lösung gefunden werden kann, *wenn* eine Lösung existiert.

Unklar hingegen ist zunächst, ob auch im Falle einer Unlösbarkeit diese durch ein algorithmisches Verfahren in endlicher Zeit nachweisbar ist.

Hieraus ergibt sich die weitergehende Frage, ob eine Lösung des Post'schen Korrespondenzproblems entscheidbar oder nur semi-entscheidbar ist.   □

Frage 84 Wie lautet das **modifizierte Post'sche Korrespondenzproblem**?

Antwort: Das modifizierte Post'sche Korrespondenzproblem (MPKP; englisch: MPCP) unterscheidet sich vom PKP dadurch, dass für eine Lösung als erster Index zwingend 1 zu wählen ist. Durch diese Zusatzregel hat man beim MPKP offensichtlich weniger Freiheitsgrade, was dem MPKP prinzipiell eine größere Übersichtlichkeit geben sollte. Andererseits bieten sich für das PKP dadurch flexiblere Lösungsansätze. Dies bedeutet natürlich, dass ein (hypothetisches) allgemeines Lösungsverfahren für ein PKP nicht automatisch auch ein Lösungsverfahren für ein MPKP darstellt.

Wenn es aber gelänge, ein beliebiges MPKP mittels eines universellen „Präprozessors" systematisch in ein *erfüllungsäquivalentes* PCP zu transformieren, *dann* würde ein allgemeines Lösungsverfahren für ein PKP gleichzeitig ein Lösungsverfahren für ein MPKP liefern. Man bräuchte das MPKP nur an einen Präprozessor zu geben und das hieraus gewonnene PKP dem allgemeinen Lösungsverfahren für ein PKP zu übergeben. Da der Präprozessor lösungsäquivalente PKPs erzeugte, würde durch ihn die Rückführung des MPKP auf das PKP erfolgen.   □

Frage 85 Veranschaulichen Sie die Transformation eines MPKP in ein erfüllungsäquivalentes PKP anhand des folgenden Beispiels:

$$w_1 = 1, w_2 = 011 \quad \text{und} \quad x_1 = 101, x_2 = 00$$

Antwort: Ausgehend von den Wortlisten w_i und x_i werden durch systematisches Ergänzen der Symbole ♭ jeweils zu Beginn bzw. am Ende eines Zeichens der jeweiligen Wortlisten modifizierte Wortlisten y_j und z_j gebildet.

$$
\begin{array}{lll}
& \flat 1 & = y_0 \\
w_1 = \quad 1 & \flat 1\flat & = y_1 \\
w_2 - \quad 011 \quad \mapsto & 0\flat 1\flat 1\flat & = y_2 \\
& \sharp & = y_3
\end{array}
\qquad \text{sowie} \qquad
\begin{array}{lll}
& \flat 1\flat 1\flat 1 & = z_0 \\
x_1 = \quad 110 & \flat 1\flat 1\flat 1 & = z_1 \\
x_2 = \quad 1 \quad \mapsto & \flat 1 & = z_2 \\
& \flat\sharp & = z_3
\end{array}
$$

Die neuen Listen enthalten jeweils zwei zusätzliche Wörter. Es fällt auf, dass w_1 bzw. x_1 (quasi) dupliziert worden sind. Dies ist notwendig für den Fall, dass das Lösungswort des MPKP zu Beginn zweimal den Index 1 aufweist. In diesem Fall beginnt das Lösungswort für das PKP mit der Indexfolge 0 und 1. Andernfalls beginnt das Lösungswort des PKP mit dem Index 1.

Aber auch, wenn man die Indizes aufseiten des PKP beliebig permutieren würde, ergäbe sich nach dem „Entpacken" des PKP-Lösungsworts, also nach Entfernen der Zusatzsymbole, automatisch eine MPKP-Lösung mit Anfangsindex 1.

Eine Lösung für das MPKP bestünde hier in der Indexfolge 1,1,2,2. Für das transformierte PKP lautete die Indexfolge der zugehörigen PKP-Lösung 0,1,2,2,3:

MPKP-Lösung: 1|1|0 1 1|0 1 1   PKP-Lösung: $\flat 1|\flat 1\flat|0\flat 1\flat 1\flat|0\flat 1\flat 1\flat|\sharp$

             1 1 0|1 1 0|1|1 $\flat 1 \ \flat 1\flat \ 0|\flat 1\flat 1\flat 0 \ |\flat 1| \flat 1|\flat \sharp$

                                                                       □

Frage 86 Skizzieren Sie die Beweisidee der Unentscheidbarkeit des Post'schen Korrespondenzproblems.

Antwort: Die Unentscheidbarkeit des Post'schen Korrespondenzproblems wird zurückgeführt auf die Unlösbarkeit des modifizierten Post'schen Korrespondenzproblems. Denn ein allgemeines Lösungsverfahren für PKP kann auf eines für MPKP zurückgeführt werden.

Die Unlösbarkeit des MPCP seinerseits führen wir zurück auf die Unlösbarkeit des Wortproblems:

Für eine vorgegebene Turingmaschine M mit Eingabewort w konstruiert man ein modifiziertes Korrespondenzproblem. Die Wortlisten des modifizierten Problems spiegeln hierbei die Funktion δ der Turingmaschine wider: Die wichtigsten zusammengehörigen Wortpaare, d. h. Wörter mit gleichem Index, beschreiben die lokale Position des Schreib-Lese-Kopfes sowie den Zustand der Turingmaschine vor und nach der jeweiligen Operation.

Zu einem δ mit $\delta(q, a) = (q', b, R)$ gehört also das Wortpaar

$$
qa \quad \leftrightarrow \quad bq'.
$$

Die Zeichenfolgen, die beim Korrespondenzproblem konstruiert werden, sind also aus Folgen von Konfigurationsbeschreibungen zusammengesetzt. Sie führen genau dann zu einer Akzeptanz des Wortes w, wenn das Korrespondenzproblem lösbar ist. Wäre also das modifizierte Korrespondenzproblem entscheidbar, hätte man damit ein Entscheidungsverfahren für das Wortproblem. Ein solches aber gibt es nicht.   □

Frage 87 Überführen Sie folgende Turingmaschine mit Eingabewort 1 in ein zugehöriges MPKP:

δ	1	B
q	$(q, 1, R)$	$(q_e, 1, R)$
q_e	—	—

Antwort: Wir gewinnen aus dem δ und dem Bandalphabet folgende Wortlisten:

w_i	x_i	Index	Erläuterungen
#	#q1#	1	Anfangswörter entsprechend Anfangszustand
q1	1q	2	Wortpaar entsprechend δ
q#	1q_e#	3	Wortpaar entsprechend δ (# für B)
B	B	4	Wortpaar aus Bandalphabet
1	1	5	Wortpaar aus Bandalphabet
#	#	6	entspricht B, gleichzeitig Anfangs-Ende-Marker
1q_e1	q_e	7	Wortpaar für Endzustand
q_e1	q_e	8	Wortpaar für Endzustand
1q_e	q_e	9	Wortpaar für Endzustand
q_e##	#	10	abschließendes Wortpaar

Die Arbeitsweise der Turingmaschine führt zu entsprechenden Wortfolgen des MPKP. Diese Wortfolgen können genau dann zu einer Lösung des MPKP komplettiert werden, wenn ein Endzustand der Turingmaschine erreicht wird. In diesem Fall kann mittels der vorletzten Wortgruppe (Index 6 bis 8) das Bandinhalt gelöscht und mit dem letzten Wortpaar der Abschluss hergestellt werden. Eine

Lösung des MPKP erhalten wir mit der Indexfolge $(1, 2, 6, 5, 3, 5, 9, 6, 9, 6, 10)$.

$$
\begin{array}{cccccccccccccccc}
\# & q & 1 & \# & 1 & q & \# & 1 & 1 & q_e & \# & 1 & q_e & \# & q_e & \# & \# \\
\# & q & 1 & \# & 1 & q & \# & 1 & 1 & q_e & \# & 1 & q_e & \# & q_e & \# & \#
\end{array}
$$

□

Frage 88 Welche Konsequenzen lassen sich aus der Unentscheidbarkeit des Post'schen Korrespondenzproblems ziehen?

Antwort: Aufgrund der Unentscheidbarkeit des Post'schen Korrespondenzproblems kann eine Reihe von Fragen über kontextfreie und kontextsensitive Grammatiken als unentscheidbar nachgewiesen werden.

Darüber hinaus kann die Unentscheidbarkeit der Prädikatenlogik auf die Unentscheidbarkeit des Post'schen Korrespondenzproblems zurückgeführt werden.

□

Frage 89 Was besagt das S_{mn}-Theorem?

Antwort: Das S_{mn}-Theorem kann aufgefasst werden als konstruktive Variante der mengentheoretischen Isomorphie:

$$Z^{X \times Y} \cong \left(Z^Y \right)^X,$$

die besagt, dass eine Abbildung $X \times Y \xrightarrow{g} Z$ eindeutig faktorisiert via

$$X \times Y \xrightarrow{\sigma \times id} Z^Y \times Y \xrightarrow{apl.} Z.$$

(A^B steht dabei allgemein für die Menge aller Abbildungen $B \to A$.)

Die Abbildung $\sigma : X \to Z^Y$ ergibt sich dabei aus $\sigma(x)(\cdot) = g(x, \cdot)$.

Übersetzt in die Theorie der Turingmaschinen und rekursiven Funktionen lautet das S_{mn}-Theorem dann: Ist $g(x, y)$ eine partielle rekursive Funktion, dann gibt es eine totale rekursive Funktion $\sigma(x)$, die für jedes x den Code einer Turingmaschine M liefert, und für die durch M implementierte Funktion $f_{\sigma(x)}$ gilt:

$$f_{\sigma(x)}(y) = g(x, y).$$

□

Frage 90 Was besagt das sogenannte **Rekursionstheorem**?

Antwort: Das *Rekursionstheorem* ist ein spezieller Fixpunktsatz, der besagt, dass es für jede totale rekursive Funktion $\sigma(x)$ ein x_0 gibt, sodass x_0 und $\sigma(x_0)$ äquivalente Turingmaschinen (bzgl. der Berechnung von Funktionen) repräsentieren. Es gilt für dieses x_0 also:

$$f_{x_0}(y) = f_{\sigma(x_0)}(y).$$ $\square$

Frage 91 Welche Folgerung lässt sich aus dem S_{mn}-Theorem und dem Rekursions-theorem für formale Systeme (z. B. Deduktionssysteme) ziehen?

Antwort: Das S_{mn}-Theorem zusammen mit dem Rekursionstheorem liefert eine Form des Gödel'schen Unvollständigkeitssatzes:

Nehmen wir nämlich an, es gebe ein formales System, das Beweise über das Nichtanhalten von Turingmaschinen bei beliebigen Eingaben liefere. Dann kann dieses formales System mittels einer Turingmaschine M programmiert werden, und zwar in einer Form, dass M eine partielle Funktion $g(i,j)$ realisiert mit

$$g(i,j) = \begin{cases} 1, & \text{es gibt Beweis, dass } i\text{-te Turingmaschine} \\ & \text{bei Input } j \text{ nicht anhält;} \\ \text{undefiniert}, & \text{sonst.} \end{cases}$$

Im Falle, dass $g(i,j)$ undefiniert sei, möge M selbst nie anhalten.

Nach dem S_{mn}-Theorem gibt es eine totale rekursive Funktion σ, die für jedes i den Code einer Turingmaschine $M_{\sigma(i)}$ liefert. Diese realisiert eine Funktion $f_{\sigma(i)}$ mit

$$f_{\sigma(i)}(j) = g(i,j).$$

Nach dem Rekursionstheorem kann man ein i_0 finden, mit

$$f_{i_0}(j) = f_{\sigma(i_0)}(j) = g(i_0,j).$$

Nach Konstruktion von g ist $g(i_0,j)$ genau dann gleich 1, also insbesondere definiert, wenn es einen Beweis gibt, dass die i_0-te Turingmaschine nicht anhält, wenn also $f_{i_0}(j)$ undefiniert ist. Dies führte aber nach der letzten Gleichung zu einem Widerspruch, der nur dann aufgelöst werden kann, wenn

1. die i_0-te Turingmaschine bei Eingabe von j nicht anhält, es damit auch keinen (korrekten) Beweis für das Anhalten dieser Turingmaschine im betrachteten formalen System geben kann,

2. es auch keinen Beweis für das Gegenteil, nämlich das Nichtanhalten gibt.

Dies bedeutet, dass wir es mit einem formalen System zu tun haben, das bei Aussagen über das Anhalten von Turingmaschinen nicht vollständig sein kann, wenn es korrekt sein soll. $\square$

3 Komplexitätstheorie

„Hmm, also wenn man es weiß, ist es ganz einfach.“
(Antwort einer freundlichen Dame auf die Frage nach dem Weg zum Bahnhof.)

Wir empfinden es im Allgemeinen als Fortschritt (Juristen, Politiker und Philosophen manchmal ausgenommen), komplexe Sachverhalte einfach ausdrücken zu können. In der Mathematik und Informatik äußert sich dies in der Vereinfachung von Beweisen, im Auffinden einfacher Beispiele und Modelle und in der kürzeren und übersichtlicheren Gestaltung von Algorithmen. Der Maßstab für das, was als komplex gilt, kann unterschiedlich gewählt werden. Im einfachsten Fall bedeutet Komplexität den Platzbedarf zur Formulierung einer Handlungsanweisung oder alternativ auch den Zeitbedarf für die Ausführung derselben.

Hierbei machte man im Laufe der Zeit die Erfahrung, dass sich gewisse Algorithmen zur Lösung spezieller Probleme gegenüber einer Vereinfachung ausgesprochen widerspenstig verhalten. Es zeigte sich, dass es gleichsam zu ihrer *Natur* gehört, komplex zu sein. Vom Standpunkt der theoretischen Informatik her war es dabei ein Glücksfall, Komplexitätsmaße finden zu können, mit der sich Komplexität *robust* klassifizieren lässt. Dies bedeutet, dass die Klassifizierung sich als unabhängig gegenüber Änderungen der technischen Leistungsdaten der Rechner erweist. Dass dies praktische Konsequenzen für unser Vermögen (oder Unvermögen) hat, gewisse Probleme konkret lösen zu können, wird am Beispiel sicherer Verschlüsselungsverfahren deutlich.

Die Ergebnisse der Komplexitätstheorie deuten starke Einschränkungen unseres praktischen Handlungsspielraumes an. Dürfen wir hier trotzdem auf „Öffnungsklauseln“ hoffen, die unseren Handlungsspielraum wieder erweitern könnten? Theoretisch ja, denn in der mittlerweile klassischen Komplexitätstheorie sind die betrachteten Skalierungen der Leistungsfähigkeit von Computern vom Ansatz her stets polynomiell. Neuartige Rechnerkonzepte wie das des Quantencomputers erlaubten prinzipiell ein exponentielles Hochskalieren der Leistungsfähigkeit. Solche Rechner wären damit in der Lage, auch diejenigen Algorithmen noch in einer vergleichsweise kurzen Zeit auszuführen, die für konventionelle Rechner schon zu komplex sind.

Die klassische Komplexitätstheorie finden Sie gut lesbar in den schon oben erwähnten Referenzen. Aspekte des Quantencomputing finden sich in [28] (wenn die Prüfungsvorbereitungen dafür noch Zeit lassen...).

Die Komplexitätstheorie wird vom Studierenden nicht immer als leicht empfunden. Eines der berühmtesten Probleme (das sogenannte P = NP Problem) entstammt diesem Gebiet und harrt immer noch seiner Lösung. Zur Entspannung und damit der Stoff Zeit hat, sich setzen zu können, empfiehlt sich deshalb hin und wieder ein Abtauchen in romanhafte Aufarbeitungen des Themas der Komplexität. Besonders zu empfehlen ist der Altmeister auf diesem Gebiet, Isaac Asimov, dessen Science-Fiction-Stories, z. B. [2] auch ein halbes Jahrhundert nach ihrem Entstehen nichts von ihrer Frische und Hintergründigkeit verloren haben.

3.1   Komplexitätsklassen

Frage 92 Mit welcher Art von Komplexität beschäftigt sich die **algorithmische Komplexitätstheorie**?

Antwort: Die Komplexitätstheorie untersucht die für die Berechnung einer Funktion, für das Lösen eines Problems oder für das Akzeptieren eines zu einer Sprache gehörenden Wortes benötigten Ressourcen gemessen anhand des erforderlichen Speicherplatzes oder der Rechenzeit.

Um realistische Maße zu erhalten, werden dabei i. d. R. Mehrband-Turingmaschinen betrachtet. Hierdurch wird ein Großteil des eigentlich unproduktiven Hin- und Herlaufens auf dem Band einer Einbandmaschine vermieden, um zu der Stelle zu gelangen, die die jeweils benötigte Information enthält.   □

Frage 93 Zur Illustration der zeitlichen Komplexität führen Sie folgende Betrachtung durch: Wie wahrscheinlich ist es, dass 50 Affen an 50 Schreibmaschinen in 50 Jahren irgendwann auch die erste Seite von Shakespeares Drama „Hamlet" getippt haben würden? Machen Sie hierzu plausible Annahmen bzgl. der Zeichenzahl pro Seite und die Anzahl der Anschläge pro Sekunde.

Antwort: Setzen wir für 50 Jahre (komfortabel gerundet) 10^{10} Sekunden an und geben jedem Affen großzügig 2 Anschläge pro Sekunde, dann würden die 50 Affen pro Sekunde 10^2 Anschläge und in 50 Jahren 10^{12} Anschläge schaffen.

Setzen wir weiter für eine getippte Seite (der Einfachheit halber) 10^3 Anschläge an, dann könnten die Affen 10^9 verschiedene Seiten tippen.

Wie groß ist die Wahrscheinlichkeit, dass bei diesen 10^9 Seiten auch die erste Seite des Dramas „Hamlet" erzeugt wird? Die Anzahl der möglichen Seiten mit 10^3 Anschlägen beträgt für eine Zeichensatz von rund 50 Zeichen $50^{10^3} \approx 10^{1,8\cdot1000} = 10^{1800}$ Seiten. Damit ergäbe sich eine Wahrscheinlichkeit von $10^9 : 10^{1800} = 10^{-1791}$.   □

Frage 94 Warum sind Komplexitätsbetrachtungen in der Informatik von besonderem theoretischem Interesse?

Antwort: Die Untersuchung klassischer Algorithmen hat, angefangen vom Problem der kürzesten Rundreise („Traveling Salesman") bis zum Erfüllbarkeitsproblem der Aussagenlogik, eine Strukturtheorie sichtbar werden lassen, die in der Lage ist, die Komplexität vieler weiterer Algorithmen miteinander in Beziehung zu setzen. $\Box$

Frage 95 Wie werden allgemein die **zeitlichen Komplexitätsklassen** definiert?

Antwort: Die betrachteten Komplexitätsklassen beziehen sich auf Mehrband-Turingmaschinen. Je nachdem, ob wir es mit deterministischen oder nicht deterministischen Turingmaschinen zu tun haben, sprechen wir von deterministischen oder nicht deterministischen Komplexitätsklassen.

Die deterministische Komplexitätsklasse TIME($f(n)$) ist für eine (beliebige) Funktion $f : \mathbb{N} \to \mathbb{N}$ definiert vermöge

$$\text{TIME}(f(n)) = \{L \subset \Sigma^* | L = L(M) \text{ und } time_M(x) \leqq f(|x|) \text{ für } x \in \Sigma^*\}.$$

Dabei bedeutet $time_M(x)$ die Anzahl der Rechenschritte von M bei Eingabe von x.

TIME($f(n)$) besteht also m. a. W. aus denjenigen Sprachen, für die es jeweils eine deterministische Mehrband-Turingmaschine M gibt, die für ein Eingabewort der Länge n höchstens $f(n)$ Rechenschritte benötigt.

Analog haben wir für den nicht deterministischen Fall

$$\text{NTIME}(f(n)) = \{L \subset \Sigma^* | L = L(M) \text{ und } ntime_M(x) \leqq f(|x|) \text{ für } x \in \Sigma^*\}.$$

Hier bedeutet $ntime_M(x)$ die minimale Anzahl der Rechenschritte von M für $x \in L$ und wird auf 0 gesetzt, wenn $x \notin L$. $\Box$

Frage 96 Wie kann die Klasse NTIME($f(n)$) diejenigen rekursiv aufzählbare Sprachen erfassen, die selbst nicht rekursiv sind, wo doch die Definition der Funktion $ntime$ eine Entscheidbarkeit von L suggeriert?

Antwort: Die Klasse NTIME($f(n)$) umfasst automatisch diejenigen rekursiv aufzählbaren Sprachen, deren Wörter w der Länge $|w|$ in höchstens $f(|w|)$ Schritten von einer nicht deterministischen Turingmaschine akzeptiert werden können. $\Box$

Frage 97 Wie lautet die Definition für SPACE($f(n)$) bzw. NSPACE($f(n)$)?

Antwort: Mit $space_M(x)$ als Anzahl der besuchten Bandpositionen (Speicherplätze) nach der Eingabe des Wortes x lässt sich SPACE($f(n)$) definieren als

$$\text{SPACE}(f(n)) = \{L \subset \Sigma^* | L = L(M) \text{ und } space_m(x) \leqq f(|x|) \text{ für } x \in \Sigma^*\}.$$

Die Definition der Klasse NSPACE für nicht deterministische Turingmaschinen erfolgt analog. □

***

Frage 98 Welche Funktionenfamilie $f(n)$ spielt in der theoretischen Informatik eine besondere Rolle?

Antwort: In der theoretischen Informatik wird die Familie der Polynome

$$p(n) = a_k n^k + a_{k-1} n^{k-1} + \cdots a_1 n + a_0$$

als Komplexitätsmaßstab benutzt. Es wird also im Gegensatz etwa zu den Such- und Sortieralgorithmen der praktischen Informatik nicht unterschieden zwischen linearer, linear-logarithmischer oder quadratischer Komplexität.

Dies hängt damit zusammen, dass die Klasse der Polynome sich als stabil gegenüber Modifkationen der betrachteten Turingmaschinen erweist. Ist nämlich eine Sprache $L \in \mathrm{NTIME}(p(n))$ für ein Polynom $p(n)$ bezogen auf eine Turingmaschine M, dann ist auch bezogen auf eine modifizierte Turingmaschine M' (mit $L = L(M')$) $L \in \mathrm{NTIME}(q(n))$ mit einem Polynom $q(n)$. Dieselbe Stabilität zeigt sich auch bei der Zurückführung eines Algorithmus auf einen anderen oder einer Sprache auf eine andere.

Vom theoretischen Standpunkt aus ist es deshalb naheliegend, die Sprachen mit polynomialer Komplexität (demistisch sowie nicht deterministisch) zu einer einzigen Klasse zusammenzufassen:

$$\mathrm{P} = \bigcup_{p \text{ ist Polynom}} \mathrm{TIME}(p(n))$$

sowie

$$\mathrm{NP} = \bigcup_{p \text{ ist Polynom}} \mathrm{NTIME}(p(n))$$

Nicht jeder Algorithmus aus P ist (im praktischen Sinn) notwendig effizient, aber jeder effiziente Algorithmus ist notwendig aus P. □

***

Frage 99 Was versteht man unter der **polynomialen Reduzierbarkeit** einer Sprache L auf eine Sprache L', notiert als $L \leq_p L'$?

Antwort: Eine Sprache $L \subset \Sigma^*$ ist auf eine andere Sprache $L' \subset \Gamma^*$ *polynomial reduzierbar*, wenn es eine (totale) Funktion $f : \Sigma^* \to \Gamma^*$ gibt, sodass (für alle Wörter $w \in \Sigma^*$) gilt:

$$w \in L \quad \Leftrightarrow \quad f(w) \in L',$$

wobei f von polynomialer Komplexität ist, d. h. zur Berechnung von $f(w)$ jeweils höchstens $p(|w|)$ Schritte einer geeigneten Turingmaschine $T = T_f$ und eines Polynoms $p(n)$ benötigt werden.

Dies bedeutet, dass der Nachweis $w \in L$ delegiert werden kann an einen Nachweis $f(w) \in L'$, wobei der Zeitbedarf der Überführung von w nach $f(w)$ nur polynomial mit der Länge $|w|$ des Wortes w wächst. $\square$

Frage 100 Welche Eigenschaften hat die Relation $\leq_p$ (polynomial reduzierbar)?

Antwort: Da die Polynome abgeschlossen sind bzgl. ihrer Hintereinanderausführung (Komposition), hat die Relation $\leq_p$ die Eigenschaft einer Quasiordnung. Insbesondere ist sie transitiv. Für L_1, L_2, L_3 mit $L_1 \leq_p L_2$ und $L_2 \leq_p L_3$ ist auch $L_1 \leq_p L_3$.

Darüber hinaus sind die Sprachklassen P und NP „nach unten" abgeschlossen bzgl. dieser Quasiordnung, d. h., für alle $L' \in$ P bzw. NP sind auch alle L mit $L \leq_p L'$ in P bzw. NP. Die Klassen P und NP haben also die Eigenschaft eines Filters bzgl. $\leq_p$. Dies folgt daraus, dass die Hintereinanderausführung zweier polynomial beschränkter Algorithmen wieder polynomial beschränkt ist. $\square$

Frage 101 Welchen Zusammenhang gibt es zwischen den Komplexitätsmaßen $\text{TIME}(f(n))$ und $\text{SPACE}(f(n))$, also zwischen der Komplexität gemessen am Zeit- und gemessen am Speicherplatzbedarf?

Antwort: Es gilt für beliebige Funktionen $f : \mathbb{N} \to \mathbb{N}$:

$$\text{TIME}(f(n)) \subset \text{SPACE}(f(n))$$

sowie (unter schwachen Voraussetzungen für $f(n)$):

$$\text{SPACE}(f(n)) \subset \text{TIME}(c^{f(n)}) \text{ für geeignetes } c.$$

Man kann dieses Ergebnis so lesen, dass beide Komplexitätsmaße qualitativ synchron anwachsen, dass aber der Zeitbedarf tendenziell schneller wächst als der Speicherplatzbedarf. $\square$

3.2 NP-Vollständigkeit

Frage 102 Was versteht man unter einer NP-harten Sprache und was unter einer NP-vollständigen Sprache?

Antwort: Eine Sprache L heißt NP-hart, wenn L eine obere Schranke für alle Sprachen $L' \in$ NP bzgl. $\leq_p$ ist, d. h. wenn

$$L' \leq_p L \quad \text{für alle } L' \in \text{NP}.$$

Eine Sprache L heißt NP-vollständig, wenn es sich bei L um ein quasi-maximales Element aus NP handelt, d. h. wenn L sowohl NP-hart ist als auch selbst zu der Klasse NP gehört:

$$L' \leq_p L \quad \text{für alle } L' \in \text{NP und } L \in \text{NP}.$$

Die mit NP-vollständigen Sprachen zusammenhängenden Probleme gehören also intuitiv zu den besonders schwierig zu lösenden Problemen.   □

Frage 103 Welche strategisch nutzbare Eigenschaften weisen NP-vollständige Sprachen auf?

Antwort: NP-vollständige Sprachen erweisen sich als äquivalent bzgl. der von $\leq_p$ induzierten Äquivalenzrelation. D. h., für beliebige NP-vollständige Sprachen L, L' gilt sowohl $L \leq_p L'$ als auch $L' \leq L$.

Da darüber hinaus die Klasse P bzgl. derselben Äquivalenzrelation eine einzige Äquivalenzklasse bildet, genügt der Nachweis einer einzigen NP-vollständigen Sprache L als zu P gehörig, um daraus P = NP schließen zu können.   □

Frage 104 Welches Problem führte zur Entdeckung der ersten NP-vollständigen Sprache?

Antwort: Generell kann man nicht davon ausgehen, dass eine Menge maximale oder quasi-maximale Elemente enthält, sodass die Existenz NP-vollständiger Sprachen nicht von vornherein gesichert ist.

Die erste NP-vollständige Sprache wurde von S. Cook anhand des sogenannten Erfüllbarkeitsproblems (SAT) gefunden. Dieses Problem sucht nach einer Belegung der Aussagenvariablen innerhalb einer aussagenlogischen Formel mit Wahrheitswerten, sodass die Formel den Gesamtwahrheitswert *wahr* erhält. Es wird also m. a. W. danach gefragt, ob eine gegebene aussagenlogische Formel *erfüllbar* ist.

Bezeichnet SAT die Sprache der erfüllbaren aussagenlogischen Ausdrücke (codiert über einem geeigneten Alphabet Γ). Dass SAT $\in$ NP, ist sehr leicht zu zeigen. Um die NP-Vollständigkeit von SAT nachzuweisen, muss noch bewiesen werden, dass jede Sprache $L \in$ NP

$$L \leq_p \text{SAT}$$

□

Frage 105 Skizzieren Sie die Beweisidee des **Satzes von Cook**.

Antwort: Wenn $L \in \mathrm{NP}$ eine beliebige Sprache ist mit $L = L(M)$ (für eine nicht deterministische polynomial zeitbeschränkte Turingmaschine M), dann soll der Nachweis $w \in L$ über den Nachweis der aussagenlogischen Erfüllbarkeit einer aus w systematisch gewonnenen Formel $F = F(w)$ geführt werden. Die Formel $F(w)$ wird in polynomialer Zeit abhängig von der Länge von w gewonnen.

Die Überführung von w nach F erfolgt so, dass die Arbeitsweise der Turingmaschine M mit aussagenlogischen Mitteln beschrieben wird. Ohne Prädikate muss das Verhalten der Turingmaschine deshalb Schritt für Schritt mit einzelnen atomaren aussagenlogischen Formeln beschrieben werden. Beispielsweise wird der Umstand, dass sich die Maschine M nach t Arbeitsschritten im Zustand q befinden kann, durch jeweils eine eigene Aussagevariable $a_{t,q}$ repräsentiert. Die Tatsache, dass eine Turingmaschine sich zu einem Zeitpunkt nur in einem der möglichen Zustände $q_0, q_1, \cdots q_n$ befinden kann, muss deshalb – etwas mühsam – so formuliert werden: M ist zum Zeitpunkt t entweder *nur* im Zustand q_0 oder *nur* im Zustand q_1 oder .... Dass sich *M nur im Zustand q_0* befindet, wird dann formal beschrieben durch:

$$a_{t,q_0} \wedge \neg a_{t,q_1} \wedge \cdots \wedge \neg a_{t,q_n}$$

Die Aussage, dass zu einem Zeitpunkt t genau ein einziger Zustand eingenommen wird, kann also aussagenlogisch formuliert werden in Form von

$$\begin{aligned}
(a_{t,q_0} &\wedge \neg a_{t,q_1} \wedge \neg a_{t,q_2} \cdots \wedge \neg a_{t,q_n}) \\
&\vee (\neg a_{t,q_0} \wedge a_{t,q_1} \wedge \neg a_{t,q_2} \wedge \cdots \wedge \neg a_{t,q_n}) \\
&\quad \vee \cdots \\
&\qquad \vee (\neg a_{t,q_0} \wedge \neg a_{t,q_1} \wedge \neg a_{t,q_2} \wedge \cdots \wedge a_{t,q_n}).
\end{aligned}$$

Auf analoge Weise kann aussagenlogisch mit geeignet indizierten Aussagevariablen die Eindeutigkeit der Position des Schreib-Lese-Kopfes repräsentiert werden sowie die (eindeutige) Beschriftung des Arbeitsbandes auf allen infrage kommenden Positionen zu allen relevanten Zeitpunkten. Dies beinhaltet auch die Anfangsbeschriftung mit einem Wort w. Die zu bildende Formel F ist auf diese Weise abhängig von w.

Hinzu kommen diejenigen aussagenlogischen Formeln, die eine Funktionsbeschreibung für δ liefern.

Die Möglichkeit, dass M nach polynomialer Zeit $t - p(|w|)$ in einem der Endzustände $F = \{f_1, f_2 \cdots f_m\}$ ist, wird schließlich formuliert als $a_{t,f_1} \vee a_{t,f_2} \vee \cdots \vee a_{t,f_m}$.

Die Konjunktion aller dieser Teilformeln führt zur Formel F. Eine Belegung der in dieser Formel vorkommenden Aussagevariablen mit den Wahrheitswerten 0 oder 1 steht damit automatisch in Beziehung zu speziellen Ablaufszenarien der Turingmaschine M: Ist bei einer bestimmten Belegung der Aussagevariablen $t(F) = 0$, dann bedeutet dies entweder eine unzulässige Handlungsweise von M oder ein zulässiges Ablaufszenario, das *nicht* zu einem Endzustand für das eingegebene Wort w führt. Ist hingegen bei einer Belegung der Aussagevariablen $t(F) = 1$, dann steht dies nicht nur für ein zulässiges Ablaufszenario, sondern auch für ein Szenario, das in einem Endzustand endet, bei dem also w von M akzeptiert wird.

In der Quintessenz wird also w genau dann von M akzeptiert (gehört also genau dann zu $L = L(M)$), wenn es eine Belegung der zu $F = F(w)$ gehörenden Aussagevariablen gibt, für die F den Wahrheitswert *wahr* erhält.

Wäre also das Erfüllbarkeitsproblem in polynomialer Zeit lösbar, dann wäre für jede Sprache $L \in$ NP mithilfe des beschriebenen Übersetzungsprozesses für jedes w in polynomialer Zeit entscheidbar, ob $w \in L$. $\qquad\square$

Frage 106 In welche deterministische Komplexitätsklasse lässt sich NP nach dem Satz von Cook einbetten?

Antwort: Der naheliegendste Algorithmus zur Lösung des SAT-Problems besteht im systematischen Ausprobieren aller möglichen Belegungen der Aussagevariablen mit Wahrheitswerten. Die obere Schranke für ein Entscheidungsverfahren ist demnach $O(2^n)$ (n = Anzahl der Aussagevariablen), steigt also exponentiell mit der Anzahl der Aussagevariablen in der betrachteten Formel. Die polynomiale Reduktion eines beliebigen Problems aus NP auf SAT bedeutet also, dass es von der Komplexität $O(2^{p(n)})$ ist (für ein geeignetes Polynom p).

Es gilt demnach:

$$\text{NP} \subset \bigcup_{p \text{ Polynom}} \text{TIME}(2^{p(n)}).$$

$\qquad\square$

Frage 107 Anhand der Ackermann-Funktion haben wir einen Komplexitätssprung beim Übergang von den primitiv rekursiven zu den μ-rekursiven Funktionen kennengelernt. Spiegelt sich die Komplexität der primitiv rekursiven Funktionen in der Klasse NP wider? Kann also m. a. W.

$$\text{NP} = \bigcup_{f \text{ prim. rekurs.}} \text{TIME}(f(n))$$

sein?

Antwort: Nein, denn die primitiv rekursiven Funktionen können sehr viel schneller wachsen als polynomial-exponentiell steigen. So ist $f(n) = 2^{2^n}$ offensichtlich eine primitiv rekursive Funktion, definiert durch

$$f(n) = \begin{cases} 2, & n = 0 \\ f(n-1) \cdot f(n-1), & \text{sonst} \end{cases}$$

Nun ist aber $f(n) \neq O(2^{p(n)})$, denn $\dfrac{2^{2^n}}{2^{p(n)}} = 2^{(2^n - p(n))}$ übersteigt für jedes Polynom jede Schranke. $\square$

Frage 108 Welche anderen wichtigen Probleme haben sich als NP-vollständig herausgestellt?

Antwort: Für eine Reihe weiterer Probleme kann unter Rückführung auf SAT gezeigt werden, dass sie ebenfalls NP-vollständig sind.

Im ersten Schritt kann man zeigen, dass das gegenüber SAT vereinfachte Problem 3KNF − SAT bereits NP-vollständig ist. Hierbei werden im Gegensatz zu SAT keine beliebigen Formeln betrachtet, sondern Formeln in konjunktiver Normalform, deren Klauseln höchstens drei Literale pro Klausel enthalten. Die polynomiale Zurückführung von SAT auf 3KNF − SAT geschieht durch eine geeignete Umwandlung einer beliebigen Formel in eine erfüllbarkeitsäquivalente Formel der oben beschriebenen konjunktiven Normalform mit polynomialem Aufwand.

Im zweiten Schritt kann man ausgehend hiervon weitere Probleme als NP-vollständig identifizieren:

- *Mengenüberdeckung*: Es seien k endliche Mengen T_i gegeben, die eine andere endliche Menge M überdecken (also $M \subset \bigcup_i T_i$). Lassen sich n Mengen T_j ($n \leq k$) finden, die M immer noch vollständig überdecken?
- *Clique*: Es sei ein (ungerichteter) Graph G gegeben. Enthält G eine Menge von mindestens k Knoten, die paarweise direkt über eine Kante des Graphen verbunden sind?
- *Rucksack*: Es seien k natürliche Zahlen a_i und eine zusätzliche natürliche Zahl b gegeben. Lässt sich b als Summe einer geeigneten Teilmenge der a_i darstellen?
- *Partition*: Es seien k natürliche Zahlen a_i gegeben. Lassen sich die Zahlen so in zwei komplementäre Mengen zerlegen, dass deren Elemente aufsummiert jeweils dieselbe Summe ergeben?
- *Gerichteter Hamilton-Kreis*: Gegeben sei ein gerichteter Graph. Gibt es eine Rundreise durch diesen Graphen, bei dem jeder Knoten (nicht notwendig jede Kante) genau einmal besucht wird?
- *Ungerichteter Hamilton-Kreis*: Analog zum gerichteten Hamilton-Kreis für einen ungerichteten Graphen.

■ *Traveling Salesman*: Gegeben sei ein (ungerichteter) Graph in Form einer n-elementigen Clique. Die Kanten zwischen zwei Knoten i, j seien mit d_{ij} bewertet. Gibt es einen Hamilton-Kreis, für den die Summe der Bewertungen der durchlaufenen Kanten kleiner/gleich einer vorgegebenen Zahl k ist?   ☐

Frage 109 Kennen Sie Probleme (im Vorgriff) aus der Theorie der formalen Sprachen, die NP-hart sind?

Antwort: Das Wortproplem für die sogenannten Typ-1-Sprachen oder kontextsensitiven Sprachen ist NP-hart. Man zeigt dies durch Übersetzung der zu einer beliebigen Sprache $L \in$ NP gehörigen nicht deterministischen Turingmaschine M (für die also $L = L(M)$) in eine kontextsensitive Grammatik, die M simuliert. Die so konstruierte kontextfreie Grammatik fungiert automatisch als Grammatik für L. Jede Sprache aus NP kann also durch eine kontextfreie Grammatik dargestellt werden, wobei die Konstruktion selbst in polynomialer Zeit erfolgt. Das Akzeptieren eines Wortes w durch M kann also auf ein Entscheidungsverfahren für eine kontextfreie Grammatik reduziert werden. Damit ist das Wortproblem für kontextfreie Spachen NP-hart.

Ein zweites NP-hartes Problem besteht in der Frage, ob zwei vorgegebene reguläre Ausdrücke inäquivalent sind. Hier zeigt man die NP-Härte dieser Frage, indem man 3KNF – SAT auf ein Entscheidungsverfahren für die Inäquivalenz (polynomial) zurückführt.   ☐

Frage 110 Wie kann es sein, dass das Äquivalenzproblem für deterministische endliche Automaten (englisch: deterministic finite automata; DFA) in polynomialer Zeit lösbar ist, die Inäquivalenz zweier regulärer Ausdrücke jedoch NP-hart ist? Reguläre Ausdrücke entsprechen doch den deterministischen endlichen Automaten. Ist das nicht ein Widerspruch?

Antwort: Die Umformung regulärer Ausdrücke in DFA führt zwar im ersten Zwischenschritt nur zu polynomial wachsenden NFA (nicht deterministische endliche Automaten), im nächsten Schritt aber aufgrund der Potenzmengenbildung der Zustände für die zu konstruierenden DFA zu (potenziell) exponenziell wachsenden DFA. Die Reduzierbarkeit der Inäquivalenz zweier regulärer Ausdrücke auf die (In-)Äquivalenz zweier DFA ist also keine polynomiale.   ☐

Frage 111 Viele der NP-vollständigen Probleme und Fragestellungen sind von praktischer Relevanz. Wie können wir vorgehen, wenn wir solche Probleme dennoch effizient lösen *müssen*?

Antwort: Es gibt mehrere Situationen, in denen Probleme, die theoretisch NP-vollständig sind, praktisch dennoch rechnerisch behandelt werden können:

- Das in Betracht kommende n ist hinreichend klein, sodass die „kombinatorische Explosion" des behandelten NP-vollständigen Problems nicht stattfindet.
- Das behandelte Problem ist zwar NP-vollständig, hat jedoch nur in Grenzfällen exponentielle Laufzeit und ist im Mittel polynomial lösbar.
- Das anstehende Problem erfordert keine exakte Lösung, da diese einen geringen Grenznutzen aufweist, etwa weil Unschärfen an anderer Stelle die Optimalität einer Lösung reduzieren können wie z. B. unvorhersehbare Straßenverhältnisse beim Rundreiseproblem. Aus praktischen Erwägungen heraus reichen suboptimale Näherungslösungen.
- Man benutzt dezidiert probabilistische Algorithmen (Turingmaschinen), um zu Ergebnissen zu gelangen, die mit hinreichender Wahrscheinlichkeit eine Lösung darstellen. □

3.3 Komplexitätsklassen probabilistischer Turingmaschinen

Frage 112 An welcher Stelle in der praktischen Informatik haben Sie Algorithmen kennengelernt, die probabilistischen Charakter haben?

Antwort: Der QUICKSORT-Algorithmus hat die Eigenschaft, unter gewissen Randbedingungen, etwa einer schon vorliegenden Vorsortierung, ein ungünstiges Laufzeitverhalten aufzuweisen. Dieser Nachteil kann durch eine *zufällige* Auswahl des sogenannten Zerlegungsobjekts (Pivotelement) beim QUICKSORT gemildert werden. □

Frage 113 Was ist eine **probabilistische Turingmaschine**?

Antwort: Eine *probabilistische Turingmaschine* ist analog zu einer konventionellen nicht deterministischen Turingmachine aufgebaut. Die Übergangsfunktion δ bietet zu jedem Zeitpunkt zwei Folgerechenschritte an, die mit je gleicher Wahrscheinlichkeit (und damit nicht deterministisch) gewählt werden.

Man kann probabilistische Turingmaschinen mit differenzierten Endzuständen ausstatten, die für ein eingegebenes Wort w das Akzeptieren, das Zurückweisen oder eine Enthaltung („Verweigern einer Antwort") signalisieren. Alternativ zu einem besonderen Endzustand für die Enthaltung kann die Enthaltung auch durch eine „besonders lange" Laufzeit (etwa gemessen an einem Polynom $p(n)$) repräsentiert werden.

Es werden nur probabilistische Turingmaschinen betrachtet, die polynomial zeitbeschränkt sind. □

Frage 114 Worin besteht der Unterschied zwischen einer nicht deterministischen und einer probabilistischen Turingmaschine?

Antwort: Auch die probabilistische Turingmaschine ist in einem wichtigen Sinne nicht deterministisch. Sie kann jedoch, anders als die nicht deterministische Turingmaschine, in ihrem Akzeptanzverhalten *nicht* von einer deterministischen Turingmaschine simuliert werden. In diesem Sinne entspricht die nicht determistische Turingmaschine einer deterministischen Vielprozessormaschine, der laufend (evtl. in exponentiell wachsender Anzahl) zusätzliche Prozessoren beigegeben werden. Eine „falsche" Entscheidung einer nicht deterministischen Turingmaschine ist stets korrigierbar.

Die probabilistische Turingmaschine revidiert ihre einmal getroffenen Entscheidungen bei der Auswahl einer ihrer Handlungsalternativen *nicht* mehr. Ein und dieselbe Eingabe kann also bei einem Lauf akzeptiert und bei einem anderen Lauf zurückgewiesen werden. Im Gegensatz hierzu akzeptiert die nicht deterministische Turingmaschine stets, wenn es überhaupt einen Weg gibt, der zur Akzeptanz einer Eingabe führen kann.   □

Frage 115 Wie lassen sich probabilistische Turingmaschinen klassifizieren?

Antwort: Generell kann eine probabilistische Turingmaschine bei der Eingabe eines Wortes w dieses Wort fehlerhaft akzeptieren und/oder fehlerhaft nicht akzeptieren und/oder sich einer Antwort enthalten.

Gewisse Kombinationen eines solchen Antwortverhaltens sind praktisch nicht sehr sinnvoll: Wenn z. B. die Turingmaschine nur einen *einseitigen* Irrtum aufweist, d. h. ein Wort $w \notin L$ stets korrekt zurückweist und darüber hinaus höchstens den Fehler begeht, ein Wort $w \in L$ zurückzuweisen, brauchte sie sich nicht zu enthalten. Kommt es nämlich nur darauf an, mit Sicherheit keine falschen Wörter, also Wörter $w \notin L$, zu akzeptieren, kann auf eine Enthaltung verzichtet werden.

Algorithmen, die evtl. die Antwort verweigern, sich aber ansonsten nie irren (also weder fehlerhaft akzeptieren noch fehlerhaft zurückweisen), heißen *Las-Vegas-Algorithmen*. Alle anderen probabilistischen Algorithmen heißen *Monte-Carlo-Algorithmen*. Um überhaupt einen praktischen Nutzen zu haben, müssen Monte-Carlo-Algorithmen Irrtumswahrscheinlichkeiten kleiner 1/2 besitzen.   □

Frage 116 Welche **Komplexitätsklassen** lassen sich **für probabilistische Turingmaschinen** identifizieren.

Antwort:

■ ZPP:
In die Hierarchie der bisher betrachteten Komplexitätsklassen am einfachsten

einzuordnen ist die Klasse ZPP. Hierzu gehören all diejenigen Sprachen, für die eine probabilistische Turingmaschine in polynomialer Zeit zu einer Antwort kommt, die nie falsch ist, die aber u. U. als Enthaltung („?" oder „weiß nicht") gegeben wird. Die Wahrscheinlichkeit einer Antwort „?" ist jeweils – also sowohl im Fall der Zugehörigkeit als auch im Fall der Nichtzugehörigkeit eines Eingabewortes zu einer Sprache – kleiner als 1/2.

Ist die Möglichkeit einer expliziten Enthaltung nicht vorgesehen, kann die Klasse ZPP alternativ durch die äquivalente Forderung charakterisiert werden, dass eine Turingmaschine in *durchschnittlich* polynomialer Zeit zu einem (korrekten) Ergebnis kommt.

Für die Klasse ZPP ergibt sich somit

$$P \subset ZPP \subset NP.$$

- RP:
Hierzu gehören diejenigen Sprachen L, für die es jeweils eine probabilistische Turingmaschine gibt, die in polynomialer Zeit alle Wörter $w \notin L$ mit Wahrscheinlichkeit 1 (also korrekt) ablehnt, aber die Wörter $w \in L$ nur mit einer Wahrscheinlichkeit $> 1/2$ akzeptiert. Es werden also mit einer Wahrscheinlichkeit $< 1/2$ auch Wörter $w \in L$ *nicht* akzeptiert. Damit werden Wörter, die nicht zu L gehören, korrekterweise abgelehnt, aber fälschlicherweise ebenso einige Wörter, die zu L gehören. Eine Anwort „?" (Enthaltung) gibt es hier nicht.

RP umfasst ZPP und wird selbst von NP umfasst:

$$ZPP \subset RP \subset NP.$$

Bezeichnet man mit co-RP diejenigen Sprachen L mit $\overline{L} \in RP$, dann ergibt sich:

$$ZPP = RP \cap co\text{-}RP.$$

- BPP:
Die dieser Klasse entsprechenden Turingmaschinen (probabilistisch und polynomial zeitbeschränkt) können im Gegensatz zu den Maschinen für RP auch fehlerhaft akzeptieren (und nach wie vor fehlerhaft nicht akzeptieren). Die Fehlerwahrscheinlichkeit (für irrtümliches Akzeptieren und/oder irrtümliches Nichtakzeptieren) ist kleiner als $1/2 - \varepsilon$ für eine Konstante $\varepsilon > 0$.

BPP umfasst RP:

$$RP \subset BPP.$$

■ PP:

Dies ist die „liberalste" Klasse und unterscheidet sich von BPP (nur) dadurch, dass die Fehlerwahrscheinlichkeit einer entsprechenden Turingmaschine $< 1/2$ ist (ohne einen *festen* Abstand von $1/2$ der Größe ε zu haben).

PP umfasst trivialerweise BPP, darüber hinaus umfasst PP aber auch NP.

Insgesamt erhalten wir für die o. g. probabilistischen Komplexitätsklassen folgende Inklusionskette:

$$P \subset ZPP \subset RP \subset BPP \subset PP.$$ □

Frage 117 Welche probabilistischen Algorithmen werden in der Praxis eingesetzt?

Antwort: Praktisch genutzt werden Algorithmen ab der Klasse BPP, denn durch $O(k)$ Wiederholungen mit anschließender Mehrheitsentscheidung kann die akkumulierte Irrtumswahrscheinlichkeit unter 2^{-k} verringert werden.

Anders liegt der Sachverhalt bei Algorithmen der Klasse PP: Durch den Wegfall eines festen endlichen ε als Abstand zu $1/2$ bei der Festlegung der Fehlerwahrscheinlichkeit wird die akkumulierte Irrtumswahrscheinlichkeit erst nach exponentiell vielen Wiederholungen klein. Dies passt zu der Tatsache, dass PP die Komplexitätsklasse NP umfasst. Ein besseres statistisches Verhalten würde nämlich gegen den „Geist" von NP verstoßen.

Eine ganz besondere praktische Relevanz haben probabilistische Algorithmen, die eine Zahl auf ihre Primzahleigenschaft hin testen. Es gibt einen probabilistischen Test aus BPP, der höchstens den Fehler begehen kann, eine zusammengesetzte Zahl als Primzahl auszugeben. Meldet er, dass eine Zahl keine Primzahl ist, dann ist sie definitiv zusammengesetzt. Meldet er, dass eine Zahl p eine Primzahl ist, dann gibt es zwei Möglichkeiten:

1. p ist tatsächlich eine Primzahl: Dann wird ausnahmlos jeder weitere probabilistische Lauf des Algorithmus dasselbe Ergebnis liefern.

2. p ist keine Primzahl: Dann wird die Wahrscheinlichkeit, dass diese Behauptung auch nach einer Reihe von Läufen ausnahmslos aufrechterhalten bleibt, schnell gegen Null gehen.

In der Quintessenz werden also diejenigen Zahlen als Primzahlen angesehen, bei denen ein mehrmaliger „Schnelltest" jeweils nichts Gegenteiliges erbracht hat.   □

Frage 118 Warum wird das RSA-Verschlüsselungsverfahren als sicher angesehen?

Antwort: Es gibt zwar einen schnellen Algorithmus aus RP, der erkennt, *dass* eine Zahl zusammengesetzt ist, wenn sie zusammengesetzt ist. Bisher wurde aber kein Algorithmus entdeckt, der die konkreten Faktoren entsprechend schnell berechnet. Für das Entschlüsseln wird aber die exakte Kenntnis dieser Faktoren zwingend benötigt. □

4 Formale Sprachen und Automatentheorie

„Die Grenzen meiner Sprache(n) sind die Grenzen meiner Welt."
(Ludwig Wittgenstein, österreichischer Philosoph)

Die Automatentheorie und die Theorie der formalen Sprachen bilden gewisser-maßen das Herzstück der theoretischen Informatik. Formale Sprachen und Automaten entstammen dabei zunächst durchaus unterschiedlichen „Kulturen", der mehr linguistisch geprägten auf der einen und der mehr ingenieurwissenchaftlich geprägten auf der anderen Seite. Es hat sich jedoch sehr bald herausgestellt, dass die formalen Sprachen und die Automaten zwei Seiten ein und derselben Medail-le bedeuten, dass also zu jedem Sprachtyp genau ein Automatentyp gehört und umgekehrt. Eine solche Situation wird in der Regel als „schön" empfunden und bedeutet, dass eine Wissenschaft einen gewissen Reifegrad erreicht hat.

Im Gegensatz zur allgemeinen Theorie der Berechenbarkeit (oder der Algorith-mentheorie) liegt hier der Fokus auf *speziellen* Automatenmodellen, die als Vehikel für die Algorithmen dienen. Diese speziellen Automatenmodelle sind von hoher praktischer Relevanz insbesondere im Compilerbau.

Nähert man sich dem Themenfeld der formalen Sprachen bzw. den zugehöri-gen Automaten, so kann man dabei top-down oder bottom-up vorgehen. Man kann also mit den theoretisch mächtigsten Automaten (den Turingmaschinen) beginnen und sie nach und nach „abspecken". Man kann aber auch mit den ein-fachsten Automaten (den endlichen Automaten) beginnen und sie nach und nach mit zusätzlicher Ausdruckskraft ausstatten. Aus didaktischen Gründen wird dem Schritt vom Einfachen zum Komplexen häufig der Vorzug gegeben.

Die in den vorangegangenen Kapiteln aufgelisteten Referenzen dienen auch der Prüfungsvorbereitung für die formalen Sprachen und Automatentheorie. Ein Buch von Salomaa [37] speziell zu formalen Sprachen sollte an dieser Stelle zusätzlich erwähnt werden.

4.1 Endliche Automaten und reguläre Ausdrücke

Frage 119 Was ist eine **formale Sprache**?

Antwort: Eine *formale Sprache* L basiert auf einer endlichen Zeichenmenge Σ, genannt *Alphabet*. L ist dann eine Teilmenge der Menge aller Wörter (Zeichenfolgen oder Strings) über Σ, die mit Σ^* notiert wird:

$$L \subset \Sigma^*.$$

Für $w \in L$ bezeichnet $|w|$ die Anzahl der in w enthaltenen Zeichen (*Länge von w*). Dasjenige Wort, das kein Zeichen enthält (das *leere Wort*), wird mit ε notiert.

Grenzfälle bilden die Sprachen $L = \emptyset$ (die *leere Sprache*) und $L = \Sigma^*$. Die leere Sprache ist verschieden von der Sprache $L = \{\varepsilon\}$, die nur das leere Wort enthält.

Eine formale Sprache L wird also zunächst rein extensional gesehen. Von einer *Bedeutung* (Semantik) der Wörter aus L ist dabei noch keine Rede. $\square$

Frage 120 Welche algebraischen Operationen können auf Σ^* durchgeführt werden?

Antwort: Je zwei Wörter $w_1, w_2 \in \Sigma^*$ ergeben zusammengeschrieben (konkateniert) ein neues Wort $w_1 w_2 \in \Sigma^*$. Mit der Operation der Konkatenation

$$\Sigma^* \times \Sigma^* \to \Sigma^*$$

wird Σ^* zu einer Halbgruppe mit dem neutralen Element ε, dem sogenannten *leeren Wort* mit 0 Zeichen. Wird ein und dasselbe Wort w mehrmals mit sich selbst konkateniert, benutzt man für die n-fache Konkatenation desselben Wortes w die gewohnte Potenzschreibweise w^n, mit den üblichen Konventionen $w^0 = \varepsilon$ und $w^1 = w$.

Die Konkatenation auf Σ^* induziert eine Operation auf der Menge aller formalen Sprachen 2^{Σ^*}. Dabei wird festgelegt:

$$L_1 L_2 := \{w_1 w_2 | w_1 \in L_1, w_2 \in L_2\}.$$

Auch hier kann man die iterierten Potenzen L^n einer Sprache L definieren, wobei wiederum $L^0 = \{\varepsilon\}$ und $L^1 = L$ gesetzt werden.

Die Vereinigung aller iterierten Potenzen einer Sprache L liefert uns die *Kleene'sche Hülle* L^* von L:

$$L^* = L^0 \cup L^1 \cup L^2 \cup \cdots \cup L^n \cup \cdots = \bigcup_{i=0}^{\infty} L^i. \qquad \square$$

Frage 121 Was ist der Unterschied zwischen einer **Objektsprache** und einer **Metasprache**?

Antwort: Der Begriff *Metasprache* kennzeichnet eine Sprache (die formal oder natürlich sein kann), mit deren Hilfe eine andere Sprache, die *Objektsprache*, beschrieben werden kann. Die Begriffe *Metasprache* und *Objektsprache* kennzeichnen also nicht so sehr Sprachen mit unterschiedlichen Eigenschaften, sondern bringen eine spezielle Rollenbeziehung zwischen einzelnen Sprachen zum Ausdruck.

Formale Metasprachen beschreiben häufig den Aufbau (Syntax) einer formalen Objektsprache und damit deren Extension. Die Beschreibung bzw. Festlegung der Semantik von Objektsprachen geschieht unter Zuhilfenahme natürlichsprachlicher Mittel, die im Falle von Programmiersprachen die Anforderungen für einen Compiler definieren.

Eine Sprache kann (in Teilen) als Metasprache für sich selbst benutzt werden. Am augenfälligsten ist dies in natürlichen Sprachen, *mit* denen zugleich *über* sie gesprochen werden kann. In der Beschreibung formaler Sprachen für die maschinelle Verarbeitung haben wir es jedoch in der Regel mit separaten Metasprachen zu tun. □

Frage 122 Welche Möglichkeiten gibt es, formale Sprachen $L \subset \Sigma^*$ zu definieren?

Antwort: Da es sich bei einer (formalen) Sprache L um die Beschreibung einer *Teilmenge* aus einer vorgegebenen Menge Σ^* von Wörtern handelt, kann die formale Sprache der Mengenlehre als Metasprache für L benutzt werden.

Für die maschinelle Verarbeitung formaler Sprachen vor dem Hintergrund etwa der Programmiersprachen sind speziellere Metasprachen angemessener. Als eine der einfachsten Metasprachen zur Beschreibung formaler Sprachen L fungiert die Sprache der *regulären Ausdrücke*. Darüber hinaus benutzt man die Metasprache der *formalen Grammatiken* insbesondere in der Form von Backus-Naur zur Definition formaler Sprachen.

Regulären Ausdrücken und Grammatiken ist gemeinsam, dass sie selbst einen formal definierten syntaktischen Aufbau aufweisen und dass sich aus dem syntaktischen Aufbau seine Bedeutung ergibt, nämlich geeignete Teilmengen $L \subset \Sigma^*$. M. a. W.: Die Semantik der regulären Ausdrücke und Grammatiken ergibt sich aus ihrem syntaktischen Aufbau. □

Frage 123 Wie sieht der Aufbau (Syntax) regulärer Ausdrücke aus?

Antwort: Der Aufbau regulärer Ausdrücke geschieht rekursiv.

Hierzu benötigen die regulären Ausdrücke ihrem Zweck entsprechend ein Alphabet, das das Objektalphabet Σ umfasst. Darüber hinaus enthalten reguläre Ausdrücke nur noch die Zeichen $\emptyset, \varepsilon, |, ^*$ und die Klammersymbole.

Der induktive syntaktische Aufbau der regulären Ausdrücke verläuft damit wie folgt:

1. Die Zeichen $\emptyset$, ε, sowie jedes $a \in \Sigma$ bilden für sich jeweils einen (einfachen) regulären Ausdruck r.

2. Sind r und s reguläre Ausdrücke, dann stellen auch die Zeichenfolgen

   - rs (Konkatenation von r mit s)
   - $(r|s)$ (Konkatenation von r mit | und s sowie mit den Klammersymbolen) und
   - $(r)^*$ (Konkatenation von r mit den Klammersymbolen und mit *)

   reguläre Ausdrücke dar.

Wie bei den arithmetischen Ausdrücken werden auch bei den regulären Ausdrücken Klammern ggf. weggelassen, wenn die *Bedeutung* der Ausdrücke eindeutig bleibt. $\square$

Frage 124 Wie wird die Bedeutung (Semantik) der regulären Ausdrücke festgelegt?

Antwort: Die Bedeutung der regulären Ausdrücke besteht in der Festlegung eines Bildungsgesetzes:

$$\{r|\ r \text{ regulärer Ausdruck}\} \to 2^{\Sigma^*}, \quad r \mapsto L = L_r \subset \Sigma^*,$$

also in der Beschreibung einer Funktion, die jedem regulären Ausdruck eine formale Sprache zuordnet. Diese Funktion *ist* die Semantik der regulären Ausdrücke. Sie wird synchron zum rekursiven Aufbau der regulären Ausdrücke definiert:

1. Für r gleich $\emptyset, \varepsilon, a(\in \Sigma)$ ist

   - $L_\emptyset := \emptyset \subset \Sigma^*$
   - $L_\varepsilon := \{\varepsilon\} \subset \Sigma^*$
   - $L_a := \{a\} \subset \Sigma^*$
   (a wird hier in einer Doppelrolle gelesen, und zwar als *Zeichen* aus dem Alphabet Σ und als *Wort* aus Σ^*, bestehend aus dem einzigen Zeichen a.)

2. Für schon festgelegte L_r und L_s ergibt sich

   - $L_{rs} := L_r L_s$ (Konkatenation zweier Sprachen)
   - $L_{r|s} := L_r \cup L_s$ (mengentheoretische Vereinigung zweier Sprachen) und
   - $L_{(r)^*} := (L_r)^*$ (Kleene'sche Hülle einer Sprache)

Formale Sprachen, die sich durch reguläre Ausdrücke beschreiben lassen, heißen *reguläre Sprachen*. $\square$

Frage 125 Ist die Funktion $r \mapsto 2^{\Sigma^*}$ injektiv, d. h., beschreiben zwei unterschiedliche reguläre Ausdrücke stets unterschiedliche formale Sprachen?

Antwort: Abgesehen von trivialen Vertauschungen (wie z. B. $L_{0|1} = L_{1|0}$) definieren auch komplexer aufgebaute unterschiedliche reguläre Ausdrücke dieselbe Sprache, z. B. $(0|1)^*$ und $(0^*1^*)^*$. Die betrachtete Funktion ist also nicht injektiv.

Ist $L_r = L_s$, dann sind r und s *äquivalent*, was der Einfachheit halber mit $r = s$ notiert wird. $\qquad\square$

Frage 126 Wie lautet ein regulärer Ausdruck für die formale Sprache bestehend aus allen Wörtern mit Zeichen aus $\{0, 1\}$, die mit 0 beginnen und deren Länge durch 2 (durch n) teilbar ist?

Antwort: Ein möglicher Ausdruck hierfür ist

$$0(0|1)\big((0|1)(0|1)\big)^*$$

bzw.

$$0\underbrace{(0|1)\cdots(0|1)}_{(n-1)-mal}\big(\underbrace{(0|1)\cdots(0|1)}_{n-mal}\big)^*.$$

Zu beachten ist, dass z. B. $\big(0(0|1)^*\big)^*$ keine Lösung ist, da (abgesehen von der Einbeziehung des leeren Wortes), dieser Ausdruck nicht nur eine formale Sprache beschreibt, deren Wörter mit 0 beginnen und deren Länge durch 2 teilbar ist, sondern eine Sprache, deren Wörter zusätzlich an *allen* ungeraden Positionen eine 0 stehen haben. $\qquad\square$

Frage 127 Beschreiben Sie die Bedeutung des folgenden regulären Ausdrucks in eigenen Worten:

$$(0^*1^*)^*000(0|1)^*.$$

Antwort: Der reguläre Ausdruck beschreibt diejenige formale Sprache, die aus allen Wörtern (mit Zeichen aus $\{0, 1\}$) der Mindestlänge 3 besteht, die eine Folge von drei aufeinanderfolgenden Nullen enthalten.

An dem regulären Ausdruck selbst fällt auf, dass die Teilausdrücke $(0^*1^*)^*$ und $(0|1)^*$ äquivalent sind, dass also die vom obigen regulären Ausdruck beschriebene Sprache genauso gut durch den regulären Ausdruck $(0|1)^*000(0|1)^*$ beschrieben werden kann. $\qquad\square$

Frage 128 Welcher Aspekt der Programmiersprachen wird typischerweise mit regulären Ausdrücken beschrieben?

Antwort: Mithilfe regulärer Ausdrücke werden die lexikalischen Ausdrücke („Wörter") einer Programmiersprache beschrieben. Dazu gehört die Beschreibung der Variablennamen und Funktionsnamen oder auch der syntaktische Aufbau der in einer Programmiersprache gebräuchlichen Zahlliterale.   □

Frage 129 Was sind **endliche Automaten** und in welcher Beziehung stehen sie zu den formalen Sprachen?

Antwort: Endliche Automaten gehören zu den einfachsten in der theoretischen Informatik betrachteten Automatentypen. Ihr wichtigstes Defizit – etwa im Vergleich zu den Turingmaschinen – ist das Fehlen eines dezidierten Speichermediums. Endlichen Automaten steht nur eine endliche Zustandsmenge zur Verfügung. Ausgehend von einem eindeutig festgelegten Anfangszustand wird in Abhängigkeit vom momentanen Zustand und eingelesenem Zeichen jeweils ein Folgezustand aus der Zustandsmenge eingenommen.

Ein Eingabewort wird genau dann *akzeptiert*, wenn sich der Automat nach Verarbeitung des letzten Zeichens in einem sogenannten *Endzustand* befindet. Die von einem endlichen Automaten M akzeptierte Sprache wird mit $L = L(M)$ bezeichnet.

Formal lässt sich ein *deterministischer endlicher Automat* als 5-Tupel definieren:

$$M = (Q, \Sigma, \delta, q_0, F)$$

mit

- einer endlichen Zustandsmenge $Q = \{q_0, q_1, \cdots, q_n\}$
- einem endlichen Alphabet Σ
- einer das Verhalten steuernden Übergangsfunktion

$$\delta : Q \times \Sigma \to Q$$

- einem eindeutig bestimmten Anfangs- oder Startzustand $q_0 \in Q$ und
- einer Teilmenge $F \subset Q$ von sogenannten Endzuständen

Die Übergangsfunktion δ lässt sich durch einfache Hintereinanderausführung erweitern zu einer Funktion $\delta : Q \times \Sigma^* \to Q$.

Im Compilerbau werden endliche Automaten verwendet, um die lexikalische Analyse von Programmen zu realisieren. Es lässt sich nämlich zeigen, dass die von endlichen Automaten akzeptierbare (Teil-)Klasse formaler Sprachen identisch ist mit den durch reguläre Ausdrücke definierbaren formalen Sprachen.   □

Frage 130 Wie lassen sich endliche Automaten anschaulich (mit grafischen Hilfsmitteln) leicht darstellen? Geben Sie ein Beispiel.

Antwort: Man repräsentiert unterschiedliche Zustände durch unterschiedliche Kreise, Endzustände durch einen doppelten Kreis und Zustandsübergänge durch Pfeile zwischen den Kreisen. Die Pfeile werden annotiert mit demjenigen Zeichen, das mit dem Übergang verbunden ist: Ist $\delta(q_i, a) = q_j$ für ein $a \in \Sigma$, dann erhalten wir also einen Pfeil vom Kreis, der q_i repräsentiert, zu dem Kreis, der für q_j steht. Am Pfeil selbst wird a notiert. Zusätzlich kann der Anfangszustand mit einem separaten Eingangspfeil markiert werden.

Im folgenden Beispiel ist ein endlicher Automat dargestellt, der genau diejenigen Wörter akzeptiert, die aus den Zeichen 0 und 1 bestehen und eine durch 3 teilbare Anzahl von Einsen enthalten.

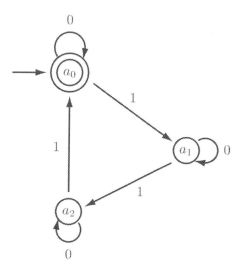

Der Anfangszustand ist in diesem Fall auch der Endzustand.   □

Frage 131 Zeichnen Sie einen endlichen Automaten, der $\emptyset$ (die leere Sprache) akzeptiert, einen Automaten, der nur das leere Wort, also die Sprache $L = \{\varepsilon\}$, akzeptiert sowie einen Automaten, der nur das Wort a bestehend aus einem einzigen Zeichen a (mit $a \in \Sigma$) akzeptiert.

Antwort:

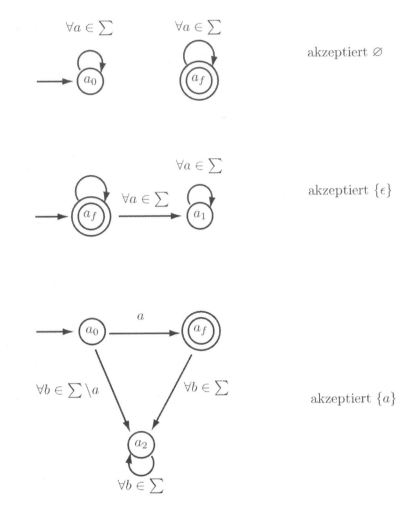

akzeptiert $\varnothing$

akzeptiert $\{\epsilon\}$

akzeptiert $\{a\}$

□

Frage 132 Beschreiben Sie mit eigenen Worten die vom folgenden endlichen Automaten akzeptierte Sprache:

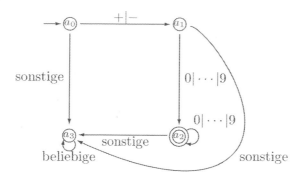

Antwort: Der dargestellte Automat akzeptiert vorzeichenbehaftete ganze Zahlen, bei denen führende Nullen zugelassen sind. □

Frage 133 Modifizieren Sie den Automaten so, dass Vorzeichen jetzt optional sind, keine führenden Nullen vorkommen und die Null selbst kein Vorzeichen hat.

Antwort:

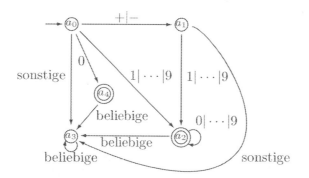

□

Frage 134 Was ist ein **nicht deterministischer endlicher Automat**?

Antwort: Der *nicht deterministische endliche Automat* unterscheidet sich vom entsprechenden deterministischen Automaten durch eine liberalere Übergangsfunktion δ, die, ähnlich der nicht deterministischen Turingmaschine, bei gegebenem Eingabesymbol aus einem bestimmten Zustand heraus mehrere Reaktionsmöglichkeiten offenlässt. Wir haben es demnach nicht mit einem eindeutig bestimmten Folgezustand zu tun, sondern mit einer Folgezustands*menge*, aus der heraus sich der Automat einen Folgezustand beliebig aussuchen kann. Die Übergangsfunktion δ hat damit folgende Form:

$$\delta : Q \times \Sigma \to 2^Q$$

Die Menge der Folgezustände $\delta(q, a)$ kann jetzt insbesondere auch leer sein.

Akzeptiert wird ein Wort vom nicht deterministischen Automaten, wenn er sich bei der Auswahl der Folgezustände jeweils so entscheiden *kann*, dass er sich nach Verarbeitung des letzten Zeichens in einem der Endzustände befindet. $\qquad\square$

Frage 135 Zeichnen Sie einen nicht deterministichen endlichen Automaten, der die leere Sprache $\emptyset$, einen Automaten, der nur das leere Wort ε, und einen Automaten, der nur das Wort a bestehend aus einem einzigen Zeichen $a \in \Sigma$ akzeptiert.

Antwort:

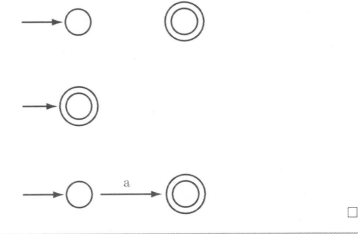

Frage 136 Mit welchem technischen Ansatz zeigt man, dass es zu jedem nicht deterministischen endlichen Automaten einen äquivalenten deterministischen Automaten gibt?

Antwort: Man kann die Funktionsweise eines nicht deterministischen endlichen Automaten als Operieren auf Zustands*mengen* ansehen, indem der Automat alle möglichen Folgezustände gleichzeitig durchläuft. Das Durchlaufen der Zustands*mengen* ist deterministisch. Fasst man also die Teilmengen eines vorgegebenen nicht deterministischen endlichen Automaten als Zustände eines *neuen* Automaten auf, dann ist dieser neue Automat automatisch deterministisch und spiegelt gleichzeitig das Verhalten des nicht deterministischen Automaten wider. Endzustände des neuen Automaten sind dann jeweils diejenigen Zustandsmengen, die einen Endzustand des ursprünglichen Automaten enthalten. $\qquad\square$

Frage 137 Was ist ein nicht deterministischer endlicher Automat mit ε-Übergängen?

Antwort: Ein Automat mit ε-Übergängen erlaubt Zustandsübergänge ohne ein Eingabezeichen.

Aus nicht deterministischen Automaten mit ε-Übergang lässt sich leicht ein äquivalenter nicht deterministischer Automat ohne ε-Übergang (unter Beibehaltung aller Zustände) gewinnen. Hierzu werden, ausgehend von den Zustandsübergängen *mit* Verarbeitung von Zeichen, solche Zuständsübergänge mit Verarbeitung jeweils derselben Zeichen hinzugenommen, die man unter Zuhilfenahme von vor- oder nachgeschalteten ε-Übergängen erhält. $\square$

Frage 138 Welche praktische Rolle spielen nicht deterministische endliche Automaten mit ε-Übergang?

Antwort: Solche Automaten dienen als erster Zwischenschritt bei der Umsetzung von regulären Ausdrücken in deterministische endliche Automaten. $\square$

Frage 139 Skizzieren Sie den Algorithmus der Überführung eines regulären Ausdrucks in einen zugehörigen deterministischen endlichen Automaten.

Antwort: Die Gewinnung eines endlichen deterministischen Automaten aus einem regulären Ausdruck geschieht in drei (bzw. vier) Schritten:

1. Systematische Konstruktion eines nicht deterministischen endlichen Automaten mit ε-Übergang synchron zum Aufbau des regulären Ausdrucks,

2. Elimination der ε-Übergänge,

3. Überführung in einen deterministischen endlichen Automaten und gegebenenfalls

4. Minimierung der Zustände des gewonnenen endlichen Automaten. $\square$

Frage 140 Skizzieren Sie die Konstruktion eines nicht deterministischen endlichen Automaten mit ε-Übergang ausgehend von einem beliebigen regulären Ausdruck.

Antwort: Die Konstruktion erfolgt synchron zum rekursiven Aufbau des gegebenen regulären Ausdrucks. Es werden also auf unterster Ebene zunächst die endlichen Automaten der einfachsten Ausdrücke $\emptyset, \varepsilon$ und $a \in \Sigma$ gebildet. Sie haben jeweils genau einen Endzustand. Liegen für reguläre Ausdrücke r und s bereits endliche Automaten A_r und A_s mit jeweils einem einzigen Endzustand vor, dann können diese Automaten systematisch wie folgt als Bausteine für die Ausdrücke rs, $r|s$ und r^* benutzt werden. Auch diese zusammengesetzten Automaten A_{rs}, $A_{r|s}$ und A_{r^*} haben jeweils einen einzigen Endzustand.

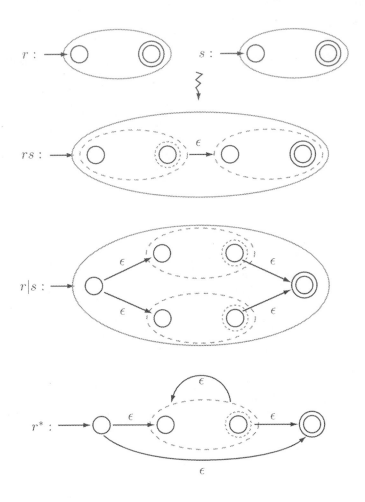

Frage 141 Warum werden beim schrittweisen Aufbau von endlichen Automaten jeweils zusätzliche neue Endzustände (und auch Anfangszustände) eingebaut und nicht einfach die schon vorhandenen benutzt? Die Anzahl der Zustände würde dadurch doch drastich vermindert.

Antwort: Die neu hinzukommenden Endzustände dienen gewissermaßen als Schutz vor nicht beabsichtigten „Abkürzungen" innerhalb des neu gebildeten Automaten. Würde man z. B. für den regulären Ausdruck $ab(cb)^*$ einen „optimierten" korrekten Automaten benutzen, dann würde z. B. beim Verzicht auf einen neuen Anfangs- und Endzustand ein nicht mehr korrekter Automat resultieren.

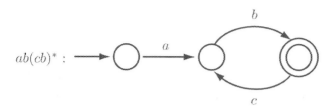

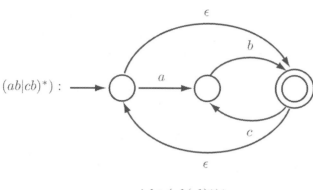

nicht $\left(ab(cb)^*\right)^*$

Letzterer entspräche *nicht* mehr dem regulären Ausdruck $\left(ab(cb)^*\right)^*$. Denn offensichtlich würde dieser Automat auch *cb* akzeptieren.   □

Frage 142 Auf welche Weise kann man zu einem endlichen Automaten den hierzu äquivalenten **minimalen endlichen Automaten** gewinnen, und welches Theorem liegt dem entsprechenden Algorithmus zugrunde?

Antwort: Ein endlicher Automat ist dann nicht minimal, wenn es zwei unterschiedliche Zustände q, q' gibt, sodass er für beliebige Wörter w $\delta(q, w)$ genau dann einen Endzustand liefert, wenn auch $\delta(q', w)$ einen Endzustand ergibt. In diesem Fall können nämlich q und q' verschmolzen werden, ohne dass dies an der Akzeptanz oder Nichtakzeptanz eines Wortes etwas ändert. Da nur Wörter w einer begrenzten Länge (entsprechend der Anzahl der Zustände des endlichen Automaten) betrachtet werden müssen, kann daraus ein effizienter Algorithmus von quadratischer Komplexität entwickelt werden.

Diesem Algorithmus liegt der Satz von Myhill und Nerode zugrunde.   □

Frage 143 Was besagt der Satz von Myhill und Nerode?

Antwort: Ausgehend von einer formalen Sprache L werden zwei beliebige Wörter w, w' äquivalent genannt (in Zeichen $w \sim_L w'$), wenn für beliebige Wörter v das resultierende Wort wv genau dann zu L gehört, wenn auch das Wort $w'v$ zu L gehört.

Der Satz von Myhill und Nerode besagt nun, dass L genau dann regulär ist, wenn die beschriebene Äquivalenzrelation $\sim_L$ nur endlich viele Äquivalenzklassen besitzt. Diese Äquivalenzklassen bilden die Zustände eines minimalen endlichen Automaten.   □

Frage 144 Wie kann man zeigen, dass jedem endlichen (deterministischen oder nicht deterministischen) Automaten umgekehrt ein regulärer Ausdruck entspricht, dass also die von einem beliebigen endlichen Automaten akzeptierte Sprache durch einen regulären Ausdruck beschrieben werden kann?

Antwort: Einen zu einem vorgegebenen endlichen Automaten gehörenden regulären Ausdruck erhält man durch geeignete induktive Analyse des Automaten. Zur technischen Vorbereitung nummeriert man die Zustände von 1 an beginnend aufwärts ($Q = \{q_1, q_2, \ldots\}$). Der Zustand mit der Nummer 1 ist der Startzustand. Es werden induktiv über $k = 0, 1, \cdots$ Teilausdrücke $r_{i,j}^k$ für jeweils alle Indexpaare (i, j) konstruiert.

Im ersten Schritt zur Konstruktion von $r_{i,j}^0$, fasst man alle diejenigen Zeichen $a, b, \ldots (\in \Sigma)$, die einen Zustandsübergang von q_i nach q_j induzieren (für die also $\delta(q_i, a) = \delta(q_i, b) = \cdots = q_j$ gilt), zum regulären Ausdruck

$$r_{i,j}^0 = a|b| \cdots \left(\text{ergänzt um } \varepsilon, \text{wenn } i = j\right)$$

zusammen.

In den nächsten Schritten bildet man induktiv

$$r_{i,j}^{k+1} = r_{i,j}^k \big| r_{i,k+1}^k \left(r_{k+1,k+1}^k\right)^* r_{k+1,j}^k.$$

Die regulären (Teil-)Ausdrücke lassen damit bezogen auf den endlichen Automaten folgende Lesart zu:

$r_{i,j}^k$ *beschreibt diejenigen Zeichenfolgen, die ausgehend vom Zustand q_i letztlich in den Zustand q_j führen, unter der Randbedingung, dass abgesehen von q_i und q_j selbst dabei keine Zustände durchlaufen werden mit einem Index größer als k.*

Den gesuchten regulären (Gesamt-)Ausdruck für den endlichen Automaten mit den Endzuständen $F = \{q_{e_1}, q_{e_2}, \ldots\}$ erhält man damit in der Form

$$r = r_{1,e_1}^n | r_{1,e_2}^n | \cdots$$ □

Frage 145 Überführen Sie beispielhaft folgenden endlichen Automaten in einen regulären Ausdruck.

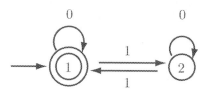

Antwort: Bereits auf den ersten Blick stellt man sofort fest, dass der Automat genau diejenigen Wörter akzeptiert, die eine gerade Anzahl von Einsen und eine beliebige Anzahl von Nullen in beliebiger Reihenfolge enthalten. Mit dem obigen rekursiven Algorithmus erhalten wir systematisch:

$$r_{1,1}^0 = 0|\varepsilon$$
$$r_{1,2}^0 = 1$$
$$r_{2,1}^0 = 1$$
$$r_{2,2}^0 = 0|\varepsilon$$

$$r_{1,1}^1 = r_{1,1}^0 | r_{1,1}^0 (r_{1,1}^0)^* r_{1,1}^0 = (0|\varepsilon)|(0|\varepsilon)(0|\varepsilon)^*(0|\varepsilon) = 0^*$$
$$r_{1,2}^1 = r_{1,2}^0 | r_{1,1}^0 (r_{1,1}^0)^* r_{1,2}^0 = 1|(0|\varepsilon)(0|\varepsilon)^*(0|\varepsilon) = 1|0^*1 = 0^*1$$
$$r_{2,1}^1 = r_{2,1}^0 | r_{2,1}^0 (r_{1,1}^0)^* r_{1,1}^0 = 1|1(0|\varepsilon)^*(0|\varepsilon) = 10^*$$
$$r_{2,2}^1 = r_{2,2}^0 | r_{2,1}^0 (r_{1,1}^0)^* r_{1,2}^0 = (0|\varepsilon)|1(0|\varepsilon)^*1 = 0|\varepsilon|10^*1$$

$$r_{1,1}^2 = r_{1,1}^1 | r_{1,2}^1 (r_{2,2}^1)^* r_{2,1}^1 = 0^*|(0^*1)(0|\varepsilon|10^*1)^*(10^*) = 0^*|(0^*10^*10^*)^*$$

$r_{1,1}^2$ ist nun ein zum endlichen Automaten gehöriger regulärer Ausdruck, und es ist $r_{1,1}^2 = r = 0^*|(0^*10^*10^*)^*$. □

Frage 146 Unter welchen mengentheoretischen Operationen sind die regulären Sprachen abgeschlossen?

Antwort: Die regulären Sprachen sind abgeschlossen unter den mengentheoretischen Operationen

- der Vereinigung
- des Durchschnitts
- der Komplementbildung

Darüber hinaus sind die regulären Sprachen angeschlossen unter den algebraischen Operationen

- der Konkatenation
- dem Bilden der Kleene'schen Hülle.

Dass Vereinigung, Konkatenation und Kleene'sche Hülle regulär sind, folgt unmittelbar aus der Definition regulärer Ausdrücke.

Dass das Komplement einer regulären Sprache L wieder regulär ist, lässt sich am einfachsten über die Existenz eines zugehörigen endlichen Automaten M_L zeigen, der durch einfachen Rollentausch zwischen Endzuständen und Nicht-Endzuständen ohne weitere Modifikationen zu einem zur komplementären Sprache $\overline{L}$ gehörigen Automaten wird.

Die Abgeschlossenheit bzgl. des Durchschnitts folgt sofort mithilfe der de Morgan'schen Gesetze und der Abgeschlossenheit bzgl. Vereinigung und Komplement.

Die Menge der regulären Sprachen bildet also insbesondere eine Boole'sche Algebra innerhalb von 2^{Σ^*}.   □

Frage 147 Ist die Boole'sche Algebra der regulären Sprachen vollständig?

Antwort: Nein, denn eine vollständige Boole'sche Algebra ist abgeschlossen bzgl. beliebiger Vereinigung und beliebigem Durchschnitt. Da eine Sprache bestehend aus einem einzelnen Wort w regulär ist, würde bei einer Abgeschlossenheit bzgl. beliebiger Vereinigung und beliebigem Durchschnitt *jede* Sprache regulär sein, was nicht der Fall ist.

Reguläre Sprachen sind nicht einmal bzgl. einer *abzählbaren* Vereinigung abgeschlossen, wie man am Beispiel der Sprache $L = \{0^i 1^i | i \geqq 0\} = \bigcup_{i=0}^{\infty} \{0^i 1^i\}$ sieht.   □

Frage 148 Welche Entscheidbarkeitsfragen bzgl. der regulären Sprachen lassen sich aufgrund der Synchronizität der regulären Ausdrücke und der endlichen Automaten positiv beantworten?

Antwort: Folgende Fragen sind für reguläre Sprachen entscheidbar:

- Das *Wortproblem* mit der Fragestellung: Gehört ein vorgegebenes Wort w zu einer regulären Sprache $L \subset \Sigma^*$? Hierzu bildet man den zum (die reguläre Sprache beschreibenden) regulären Ausdruck gehörenden endlichen Automaten M und lässt das Wort w vom Automaten M verarbeiten.
- Das *Leerheitsproblem* mit der Fragestellung: Ist die von einem regulären Ausdruck r beschriebene Sprache L_r ungleich der leeren Sprache $\emptyset$? Hierzu untersucht man einen zugehörigen endlichen Automaten einfach auf die Existenz eines Pfades vom Anfangszustand zu einem Endzustand.

- Das *Endlichkeitsproblem* mit der Fragestellung: Ist die zu einem regulären Ausdruck r gehörige Sprache L_r endlich oder unendlich? Hierzu untersucht man einen zu L_r gehörenden endlichen Automaten daraufhin, ob er Pfade mit einem Zyklus beinhaltet, der vom Anfangszustand erreichbar ist und von dem aus ein Endzustand erreicht werden kann.

- Das *Schnittproblem* mit der Fragestellung: Ist $L_r \cap L_s = \emptyset$ für zwei reguläre Sprachen L_r und L_s entscheidbar? Da

$$L_r \cap L_s = \overline{\overline{L_r} \cup \overline{L_s}}$$

und sich für die rechte Seite auf einfache Weise ein zugehöriger endlicher Automat konstruieren lässt, kann diese Frage direkt auf das Leerheitsproblem reduziert werden.

- Das *Äquivalenzproblem* mit der Fragestellung: Sind zwei durch reguläre Ausdrücke r und s beschriebene Sprachen L_r und L_s gleich? Diese Frage kann beantwortet werden, indem man jeweils die zu L_r und L_s zugehörigen minimalen Automaten erzeugt und diese auf Isomorphie (Strukturgleichheit) hin vergleicht.   □

Frage 149 Wie lautet und worauf beruht das **Pumping-Lemma** für reguläre Sprachen?

Antwort: Ist eine reguläre Sprache L gegeben, so gibt es hierzu eine Zahl $n > 0$, sodass sich bei Vorhandensein von Wörtern $w \in L$ mit einer Länge $|w| \geq n$ sich Teilwörter von w vervielfachen („aufpumpen") lassen, ohne dass man die Sprache L verlässt. M. a. W. gibt es dann eine Zerlegung von w in Teilwörter der Form $w = xyz$, sodass xy höchstens n und y mindestens ein Zeichen umfasst und alle Wörter der Form xy^iz ($i \geq 1$) wiederum zu L gehören. Das „Aufpumpen" findet also innerhalb der ersten n Zeichen des Wortes w statt. Formal lautet das Pumping-Lemma damit wie folgt:

$$\exists\, n_L \forall w \in L \;\; |w| \geq n_L \exists\, x,y,z \;\; w = xyz \;\wedge\; |xy| \leq n \;\wedge\; |v| \geq 1 \;\forall i \;\; xy^iz \in L.$$

Nachweisen lässt sich das Pumping-Lemma anhand eines zu L gehörigen endlichen Automaten M. Die Anzahl der Zustände dieses Automaten kann dann in die Rolle des n für das Pumping-Lemma gesetzt werden. Denn ein von M akzeptiertes Wort der Mindestlänge n muss vor Erreichen des Endzustandes (mindestens) einen Zustand zweimal besucht, also einen Zyklus durchlaufen haben. Das auf diesem Zyklus liegende Teilwort kann dann offensichtlich die Rolle von y spielen.   □

Frage 150 Welche Rolle spielt das Pumping-Lemma, d. h., für welche Zwecke wird es i. A. benutzt?

Antwort: Das Pumping Lemma wird benutzt, wenn man zeigen will, dass eine Sprache *nicht* regulär ist.

Am einfachsten lässt sich dies mit der Sprache $L = \{0^i 1^i | i \geq 0\}$ zeigen. Denn die Annahme, dass L regulär ist, hätte dann zur Folge, dass ab einem gewissen $i_0 \geq n$ einige Nullen aus dem ersten Teil des Wortes $0^{i_0} 1^{i_0}$ vervielfacht werden könnten. Damit erhielten wir aber Wörter, die eine unterschiedliche Anzahl von Nullen und Einsen enthielten. $\square$

4.2   Formale Grammatiken

Frage 151 Was ist eine formale **Grammatik**?

Antwort: Traditionelle Grammatiken für natürliche Sprachen, die selbst in natürlicher Sprache formuliert sind, beschreiben den Aufbau und die Anordnung von sogenannten Satzgliedern wie Subjekt, Prädikat oder adverbiale Bestimmung. Die Satzglieder fungieren hier gewissermaßen als „Variable", die als einzelne Wörter oder als Gruppen von Wörtern realisiert werden können.

In der modernen Linguistik ebenso wie in der Informatik wurde das traditionelle Konzept einer Grammatik formalisiert. Unter einer formalen Grammatik versteht man in der Informatik ein 4-Tupel

$$G = (V, \Sigma, P, S)$$

bestehend aus einer Variablenmenge V (entsprechend den Satzgliedern), einem Objektalphabet Σ (entsprechend den Wörtern), den Produktionsregeln P und einer Startvariablen $S (\in V)$. Die Elemente aus Σ heißen *Terminale* oder *Terminalsymbole*. Die Elemente aus V heißen auch *Nichtterminale* oder *Nichtterminalsymbole*. Die Regeln haben das allgemeine Format $(V \cup \Sigma)^* \to (V \cup \Sigma)^*$, also

$$\text{Zeichenfolge aus } V \cup \Sigma \to \text{Zeichenfolge aus } V \cup \Sigma$$

und stehen für die Ersetzung der Zeichenfolge links vom Pfeil durch die Zeichenfolge rechts vom Pfeil. Eine Produktionsregel aus P kann geschrieben werden als

$$w_1 \to w_2$$

mit $w_1, w_2 \in (V \cup \Sigma)^*$.

Mit einer solchen Grammatik kann man durch geeignete Ersetzungen Zeichenfolgen erzeugen, die nur Zeichen aus Σ beinhalten. Die Menge der so erzeugbaren Zeichenfolgen heißt die von der Grammatik G erzeugte Sprache $L = L(G)$. $\square$

Frage 152 Was verstehen wir unter der **Ableitung** eines Wortes $w \in \Sigma^*$?

Antwort: Wir schreiben $u \Rightarrow u'$, wenn sich durch Ersetzung eines Teilworts w_1 von u entsprechend einer Regel $w_1 \rightarrow w_2$ u' ergibt.

Eine Folge von Relationen $\Rightarrow$ beginnend mit dem Startsymbol S

$$S \Rightarrow w_1 \Rightarrow w_2 \Rightarrow \cdots \Rightarrow w_n = w$$

nennen wir eine *Ableitung* von w. Die Folge wird abkürzend notiert mit $S \Rightarrow^* w$. $\Box$

Frage 153 Was versteht man unter der **Chomsky-Hierarchie**?

Antwort: Die Chomsky-Hierarchie, erstmals 1956 von N. Chomsky beschrieben, ist eine Hierarchie von Typen formaler Grammatiken. Sie umfasst vier Grammatiktypen, die sich hinsichtlich der erlaubten Produktionsregeln und damit hinsichtlich ihrer generativen Mächtigkeit unterscheiden:

- *Typ-0-Grammatiken.* Die Produktionsregeln P einer Typ-0-Grammatik unterliegen keiner Einschränkung. Grammatiken von Typ-0 werden daher auch unbeschränkt genannt. Sie umfassen alle definierbaren Grammatiken. Die von Typ-0-Grammatiken erzeugten Sprachen heißen Typ-0-Sprachen.
- *Typ-1-Grammatiken.* Ausgehend von Typ-0-Grammatiken unterliegen die Produktionsregeln einer Typ-1-Grammatik folgender Einschränkung: Für jede Regel $w_1 \rightarrow w_2$ gilt $|w_1| \leq |w_2|$. Aufgrund des Ersetzungsvorgangs darf es also zu keiner Verkürzung der Zeichenfolge kommen. Einzige Ausnahme: Die Regel $S \rightarrow \varepsilon$, wenn $\varepsilon \in L(G)$ sein soll. Grammatiken vom Typ 1 ebenso wie die von ihnen erzeugten Typ-1-Sprachen heißen auch *kontextsensitiv*.
- *Typ-2-Grammatiken.* Ausgehend von Typ-1-Grammatiken unterliegen die Produktionsregeln einer Typ-2-Grammatik folgender Einschränkung: Für jede Regel $w_1 \rightarrow w_2$ gilt $w_1 = v \in V$ und $w_2 \in (V \cup \Sigma)^*$. Auf der linken Seite einer Regel $w_1 \rightarrow w_2$ darf also ausnahmslos nur ein Nichtterminal stehen, sodass jede Regel eine Definition für ein nicht terminales Symbol der Grammatik liefert. Grammatiken vom Typ 2 ebenso wie die von ihnen erzeugten Typ-2-Sprachen heißen auch *kontextfrei*.
- *Typ-3-Grammatiken.* Ausgehend von Typ-2-Grammatiken unterliegen die Produktionsregeln einer Typ-3-Grammatik folgender Einschränkung: Für jede Regel $w_1 \rightarrow w_2$ gilt $w_1 = v \in V$ und stets $w_2 \in V\Sigma^*$ oder stets $w_2 \in \Sigma^*V$. Auf der linken Seite einer Regel steht also immer ein Nichtterminal, das durch ein Terminal oder durch eine Kombination von Terminal und Nichtterminal ersetzt werden kann. In einer Grammatik vom Typ 3 muss das Terminal dabei entweder *immer* links oder *immer* rechts vom Nichtterminal stehen. Entsprechend spricht man von *links-* bzw. von einer *rechtslinearen Grammatik*. Grammatiken vom Typ 3 ebenso wie die von ihnen erzeugten Sprachen heißen auch *regulär*.

$\Box$

Frage 154 Die Chomsky-Hierarchie bietet ein einheitliches Klassifikationsschema. Das Konzept der regulären Ausdrücke fällt aus diesem Schema heraus. Es ist zwar äquivalent zu dem der regulären Grammatik, stellt aber vom Formalismus her ein „dead end" dar. Warum spielen sie dennoch eine große Rolle?

Antwort: Reguläre Ausdrücke sind intuitiv leicht zu verstehen und sind aufgrund ihrer Kompaktheit leichter zu handhaben. Die Beschreibung der lexikalischen Einheiten einer Programmiersprache geschieht deshalb mithilfe regulärer Ausdrücke. Auch in der Textsuche können reguläre Ausdrücke leicht zur Beschreibung der zu suchenden Zeichenfolgen eingesetzt werden. □

Frage 155 Mit welchem Ansatz kann man zeigen, dass die regulären Grammatiken den regulären Ausdrücken entsprechen?

Antwort: Man nimmt den Weg über die endlichen Automaten, indem man zeigt, dass es zu jedem endlichen Automaten eine äquivalente reguläre Grammatik gibt und umgekehrt. Der Weg verläuft dabei (wie bei den regulären Ausdrücken) über den nicht deterministischen endlichen Automaten.

Die grundsätzliche Idee besteht darin, die Zustände q_i des endlichen Automaten in die Rolle von Grammatikvariablen Q_i zu setzen und die Übergangsfunktion δ des Automaten in eine Grammatikregel zu transformieren. Das Schema hierfür lautet:

$$Q_i \rightarrow aQ_j \quad \text{gdw.} \quad \delta(q_i, a) = q_j,$$

wobei Endzustände q_e zusätzliche Regeln der Form

$$Q_e \rightarrow \varepsilon$$

erfordern. □

Frage 156 Gewinnen Sie aus dem folgenden endlichen Automaten

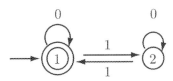

eine reguläre Grammatik.

Antwort: Unser obiges Schema liefert sofort folgende Grammatikregeln:

$$
\begin{aligned}
S &\rightarrow \varepsilon \\
S &\rightarrow 0S \\
S &\rightarrow 1A \\
A &\rightarrow 0A \\
A &\rightarrow 1S
\end{aligned}
$$

Sie beschreiben dieselbe Sprache wie $r = 0^* \mid (0^* 1 0^* 1 0^*)^*$.   □

Frage 157 Was versteht man unter der **Backus-Naur-Form**?

Antwort: Die *Backus-Naur-Form (BNF)* ist ein von J. W. Backus und P. Naur
stammender Formalismus zur kompakten Darstellung von Typ-2-Grammatiken:

1. Produktionsregeln mit demselben Nichtterminal $v \in V$ auf der linken Seite

$$
\begin{aligned}
v &\to w_1 \\
v &\to w_2 \\
&\vdots \\
v &\to w_n
\end{aligned}
$$

werden ersetzt durch

$$v \to w_1 \mid w_2 \mid \cdots \mid w_n$$

2. Die BNF-Regel $v \to w_1[w_2]w_3$ steht als Abkürzung für

$$
\begin{aligned}
v &\to w_1 w_3 \\
v &\to w_1 w_2 w_3
\end{aligned}
$$

3. Die BNF-Regel $v \to w_1\{w_2\}w_3$ schließlich steht als Abkürzung für

$$
\begin{aligned}
v &\to w_1 w_3 \\
v &\to w_1 v' w_3 \\
v' &\to w_2 \\
v' &\to w_2 v'
\end{aligned}
$$
                                                                            □

Frage 158 Geben Sie eine einfache Grammatik für den Aufbau arithmetischer Ausdrücke an.

Antwort: Beschränken wir uns der Einfachheit halber auf die Addition und Multiplikation, dann leistet folgende Grammatik G das Gewünschte:

$$G = (\{S\}, \{x_1, x_2, \ldots, x_n, +, \cdot, (,)\}, P, S)$$

mit P bestehend aus den folgenden Produktionsregeln:

$$
\begin{aligned}
S &\to x_1 \\
S &\to x_2 \\
&\cdots \\
S &\to x_n \\
\\
S &\to (S) \\
S &\to S + S \\
S &\to S \cdot S
\end{aligned}
$$

Sie hat in BNF folgende Form:

$$S \quad \to \quad x_1 | x_2 | \cdots | x_n$$
$$S \quad \to \quad (S) | S + S | S \cdot S \qquad \qquad \Box$$

Frage 159 Die obige Grammatik für die arithmetischen Ausdrücke ist vom Typ 2 und nicht regulär. Könnte man eine reguläre Grammatik für die arithmetischen Ausdrücke finden?

Antwort: Nein, denn die Sprache der arithmetischen Ausdrücke kann aufgrund der beliebig tief schachtelbaren Klammern nicht durch einen endlichen Automaten erfasst werden. Damit kann es auch keine reguläre Grammatik hierfür geben. $\Box$

Frage 160 Könnte man vielleicht unter Verzicht auf eine Klammerung die arithmetischen Ausdrücke durch reguläre Ausdrücke beschreiben?

Antwort: Theoretisch ginge dies. Man hätte es dann allerdings mit arithmetischen Ausdrücken in ausgeklammerter Form zu tun, was extrem unpraktisch wäre. Ein regulärer Ausdruck r hierfür hätte die Form

$$r = \bigl(x_1 | x_2 | \cdots | x_n\bigr)\bigl((+| \cdot)(x_1 | x_2 | \cdots | x_n)\bigr)^{*}.$$

Die Produktionsregeln einer entspechenden regulären Grammatik in der Backus-Naur-Form lauten dann:

$$S \quad \to \quad x_1 \mid x_2 \mid \cdots \mid x_n$$
$$S \quad \to \quad x_1 A \mid x_2 A \mid \cdots \mid x_n A$$
$$A \quad \to \quad (+ \mid \cdot)B$$
$$B \quad \to \quad x_1 A \mid x_2 A \mid \cdots \mid x_n A$$
$$B \quad \to \quad x_1 \mid x_2 | \cdots \mid x_n. \qquad \qquad \Box$$

4.3   Normalformen kontextfreier Grammatiken

Frage 161 Welche **Normalformen** kontextfreier Grammatiken kennen Sie?

Antwort: Wichtige Normalformen kontextfreier Grammatiken sind die *Chomsky-Normalform* und die *Greibach-Normalform*. Jede kontextfreie Grammatik kann in jede dieser beiden Normalformen überführt werden.

■ Die Chomsky-Normalform ist dadurch charakterisiert, dass alle Regeln aus P von der speziellen Form sind:

$$A \to BC \quad \text{mit } A, B, C \in V$$

oder

$$A \to a \quad \text{mit } a \in \Sigma.$$

■ Die Greibach-Normalform zeichnet sich dadurch aus, dass die Regeln folgende Form haben:

$$A \to aB_1 B_2 \cdots B_n \quad \text{mit } a \in \Sigma. \qquad \square$$

Frage 162 Wie kann eine reguläre Grammatik als Normalform für eine kontextfreie Grammatik einer Typ-3-Sprache fungieren?

Antwort: Typ-3-Sprachen können von Typ-2-Grammatiken erzeugt werden. So erzeugt die folgenden Produktionsregeln einer Typ-2-Grammatik:

$$
\begin{aligned}
S &\to A \mid B \\
A &\to \varepsilon \mid 0A \\
B &\to \varepsilon \mid BB \\
B &\to ACACA \\
C &\to 1
\end{aligned}
$$

diejenige Sprache, die gleichzeitig dem regulären Ausdruck $0^* \mid (0^* 10^* 10^*)^*$ entspricht und die deshalb auch von einer regulären Grammatik beschrieben werden kann. $\qquad \square$

Frage 163 Welchen Vorteil bieten Normalformen?

Antwort: Die Durchführung gewisser Algorithmen auf kontextfreien Grammatiken setzen entweder Normalformen voraus oder werden bei Vorliegen von Normalformen erleichtert. (So wie die Addition von Brüchen leichter ist, wenn diese in der Normalform eines *Dezimal*bruchs vorliegen.)

Beispielsweise wird der Algorithmus zum Lösen des Wortproblems für kontextfreie Sprachen, also die Entscheidung, ob ein Wort $w \in L(G)$ für eine Typ-2-Grammatik G, sehr viel einfacher, wenn G in Chomsky-Normalform vorliegt. Anstelle eines exponentiellen Aufwandes kann dann ein Algorithmus (*CYK-Algorithmus*) mit nur polynomialen Aufwand benutzt werden.

Ähnlich erleichtert die Greibach-Normalform die Konstruktion eines geeigneten *Kellerautomaten*, dessen Rolle (analog dem endlichen Automaten für reguläre Sprachen) darin besteht, kontextfreie Grammatiken zu erkennen. $\qquad \square$

Frage 164 Beschreiben Sie den **Cocke-Younger-Kasami-Algorithmus** (CYK-Algorithmus).

Antwort: Die Idee des *CYK-Algorithmus* besteht darin, die Ableitbarkeit eines Wortes $w = x_1 x_2 \cdots x_n$ systematisch auf die Ableitbarkeit zweier Teilwörter $x_1 \cdots x_j$ und $x_{j+1} \cdots x_n$ zurückzuführen. Liegen die Informationen über die Ableitbarkeit dieser Teilwörter vor, können bei vorliegender Chomsky-Normalform leicht Informationen über die Ableitbarkeit des Gesamtwortes gewonnen werden.

Der Algorithmus beginnt mit Teilwörtern der Länge 1. Man sucht also diejenigen Variablen $A \in V$, aus denen die einzelnen x_i abgeleitet werden können. Fasst man diese Variablen jeweils zu einer Menge $V_{i,1}$ zusammen, dann kann eine Variable $A \in V$ dann und nur dann zu $V_{i,1}$ gehören, wenn es eine Regel $A \to x_i$ aus P gibt.

Ausgehend von $V_{i,1}$ kann man nun die Menge $V_{i,2}$ bilden, die aus denjenigen Variablen besteht, aus denen Teilwörter der Länge 2 abgeleitet werden können, also die Teilwörter der Form $x_i x_{i+1}$. Damit ist klar, dass $V_{i,2}$ eine Funktion der beiden Mengen $V_{i,1}$ und $V_{i+1,1}$ ist: Eine Variable A ist dann und nur dann aus $V_{i,2}$, wenn es je eine Variable $B \in V_{i,1}$ und $C \in V_{i+1,1}$ gibt zusammen mit einer Regel $A \to BC$ aus P.

Allgemein erhält man also die Variablenmenge $V_{i,k}$ (bestehend aus denjenigen Variablen aus V, aus denen $x_i x_{i+1} \cdots x_{i+k-1}$ abgeleitet werden kann) durch

$$V_{i,k} = \{A \mid \text{es gibt } A \to BC \text{ in } P \text{ mit } B \in V_{i,j}, C \in V_{i+j,k-j}\}.$$

Der hierauf aufbauende rekursive Algorithmus ist von kubischer Komplexität. $\square$

Frage 165 Skizzieren Sie den Algorithmus der Überführung einer Typ-2-Grammatik (also einer kontextfreien Grammatik) in Chomsky-Normalform.

Antwort: Geht man davon aus, dass die vorliegende Typ-2-Grammatik $G = (V, \Sigma, P, S)$ keine „nutzlosen" Variablen (d. h. Variablen, die in keiner Ableitung eines Wortes $w \in \Sigma^*$ auftauchen) und für $A \neq S$ keine Regeln der Form $A \to \varepsilon$ beinhaltet, werden zunächst alle Regeln der Form $A \to B$ eliminiert. Dies geschieht dadurch, dass im ersten Schritt alle Variablen $B_1, \cdots B_k$, die einen „Ringschluss" erlauben, für die also Regeln der Form

$$B_1 \to B_2,\ B_2 \to B_3,\ \cdots,\ B_k \to B_1$$

existieren, durch eine einzige Variable B ersetzt werden.

Im nächsten Schritt nummeriert (indiziert) man die verbliebenen Variablen als $A_1, A_2, \cdots$, und zwar so, dass $A_i \to A_j$ nur im Fall $i < j$ auftreten kann. Dies ist möglich, da es nach dem ersten Schritt keine „Ringschlüsse" mehr gibt. Ist j_m der größte hierbei vorkommende Index, müssen alle Regeln mit A_{j_m} auf der linken Seite ausnahmslos von der Form

$$A_{j_m} \to w \quad \text{mit } |w| > 1, \text{ falls } w \text{ ein Nichtterminal enthält}$$

sein. Dann kann aber auch für jedes A_i mit $A_i \to A_j \to \cdots A_{j_m}$ die Regel $A_i \to A_j$ ersetzt werden durch

$$A_i \to w.$$

Ab diesem Zeitpunkt hat man nur noch Regeln $A \to a$ mit $a \in \Sigma$ oder $A \to w$ mit $w \in (\Sigma \cup V)^*$ und $|w| > 1$.

Im dritten (vorletzten) Schritt bringen wir alle Regeln der Form $A \to w$ mit $w \in (\Sigma \cup V)^*$ und $|w| > 1$ in eine Form, bei der die in w ggf. vorkommenden Terminale a ersetzt werden durch neue Variablen B. Hinzu kommen die Regelergänzungen $B \to a$. Alle Regeln, die ab diesem Zeitpunkt noch nicht in Chomsky-Normalform sind, haben jetzt ausnahmslos die Form

$$A \to B_1 B_2 \cdots B_k \text{ mit } k > 2 \text{ (und } B_i \in V).$$

Klammert man $B_1 B_2 \cdots B_k$ als $(B_1(B_2(B_3 \cdots (B_{k-1}B_k) \cdots)))$ und setzt (für neue Variablen C_j) $C_j = j$-te Klammer, dann erhält man abschließend für $A \to B_1 B_2 \cdots B_k$ die äquivalenten Regeln

$$
\begin{aligned}
A &\to B_1 C_2 \\
C_2 &\to B_2 C_3 \\
&\vdots \\
C_{k-1} &\to B_{k-1} B_k.
\end{aligned}
$$ $\qquad\square$

Frage 166 Skizzieren Sie die Überführung einer Typ-2-Grammatik in Greibach-Normalform.

Antwort: Man beginnt mit einer in Chomsky-Normalform überführten Typ-2-Grammatik. Auch hier werden die Variablen aus V zunächst nummeriert. Wir haben es jetzt also mit Regeln der Form $A_i \to A_j A_k$ bzw. $A_i \to a$ mit $a \in \Sigma$ zu tun.

Wir beginnen mit der Betrachtung von A_1 und den Regeln mit A_1 auf der linken Seite. Es gibt zwei Möglichkeiten:

1. Es gibt keine Regel mit $A_1 \to A_1 A_j$. Dann brauchen wir hier nichts weiter zu unternehmen.

2. Es gibt (mindestens) eine Regel $A_1 \to A_1 A_j$. In diesem Fall wird die Links-rekursivität unter Einbeziehung einer neuen Variable B_1 ersetzt durch äquivalente rechtsrekursive Regeln:

$$
\begin{aligned}
A_1 \to a|b| \cdots |A_1 A_j| A_1 A_k| \cdots \;\; &\longmapsto \;\; A_1 \to a|b| \cdots |a B_1|b B_1| \cdots \\
& B_1 \to A_j|A_k| \cdots |A_j B_1|A_k B_1| \cdots
\end{aligned}
$$

Nach diesem ersten Schritt gilt also für alle Regeln mit $A_1 \to A_j \cdots$, dass $1 < j$. Mit einem analogen Ziel gehen wir für A_2 vor:

1. Gibt es keine Regel $A_2 \to A_i A_j$ mit $i \leq 2$, braucht wieder nichts unternommen zu werden.

2. Jede Regel $A_2 \to A_1 A_j$ kann durch diejenigen Regeln ersetzt werden, die man durch Einsetzen der (im ersten Schritt gewonnenen neuen) Regeln von A_1 erhält, also z. B. durch die Regeln $A_2 \to aA_j|bA_j|\cdots$ sowie $A_2 \to aB_1 A_j|bB_1 A_j|\cdots$ usw.

3. Die vorhandenen (oder ggf. neu entstandenen) linksrekursiven Regeln $A_2 \to A_2 \cdots$ werden wiederum durch Einsatz einer neuen Variable in äquivalente rechtsrekursive Regeln überführt mit $B_2 \to A_j \cdots B_2$.

Induktiv erhält man Regeln, bei denen für Regeln der Form $A_i \to A_j \cdots$ ausnahmslos $i < j$ ist. Dies erlaubt, beginnend mit dem A_j mit dem größten Index j und den zugehörigen Regeln $A_j \to a(\cdots)_1$, ein äquivalentes Ersetzen der Regeln $A_i \to A_j(\cdots)_2$ durch $A_i \to a(\cdots)_1 (\cdots)_2$.

Analog verfährt man im Anschluss mit den Regeln der neuen Variablen B_i der Form $B_i \to A_j \cdots B_i$.

Damit sind nunmehr alle Regeln in Greibach-Normalform. $\square$

Frage 167 Überführen Sie folgende Grammatik sowohl in Chomsky- als auch in Greibach-Normalform:
$$S \to x \mid (S)$$

Antwort: Da wir es hier nur mit Regeln der Form $A \to a$ mit $a \in \Sigma$ oder $A \to w$ mit $w \in (\Sigma \cup V)^*$ und $|w| > 1$ zu tun haben, fügen wir vorletzten Schritt die Regelergänzungen $L \to ($ und $R \to)$ ein. Als Zwischenergebnis erhalten wir damit:
$$\begin{aligned} S &\to x \mid LSR \\ L &\to (\\ R &\to). \end{aligned}$$

Die endgültige Chomsky-Normalform erhalten wir nun mit den zusätzlichen Regeln $S \to LC$ und $C \to SR$:
$$\begin{aligned} S &\to x \mid LC \\ C &\to SR \\ L &\to (\\ R &\to). \end{aligned}$$

Zum Erhalt einer Greibach-Normalform wählen wir eine geeignete Nummerierung der Variablen und erhalten so z. B.

$$A_1 \rightarrow x$$
$$A_1 \rightarrow A_2 A_3$$
$$A_3 \rightarrow A_1 A_4$$
$$A_2 \rightarrow ($$
$$A_4 \rightarrow).$$

Wir haben noch die Regel $A_3 \rightarrow A_1 A_4$ umzuformen und erhalten $A_3 \rightarrow xA_4 \mid A_2 A_3 A_4$ und letztlich $A_3 \rightarrow xA_4 \mid (A_3 A_4$.

Für jede Regel der Form $A_i \rightarrow A_j$ ist jetzt $i < j$. Im letzten Schritt ersetzen wir (mit generell absteigenden Indizes) in $A_1 \rightarrow A_2 A_3$ die Variable A_2 durch das Terminal (entsprechend der Regel $A_2 \rightarrow$ (. Damit erhalten wir als Greibach-Normalform:

$$A_1 \rightarrow x$$
$$A_1 \rightarrow (A_3$$
$$A_3 \rightarrow xA_4$$
$$A_3 \rightarrow (A_3 A_4$$
$$A_4 \rightarrow).$$

Die Grammatik ist fast regulär, aber eben nur fast. Klar ist, dass es wegen der Klammerstruktur von $S \rightarrow x \mid (S)$ keine reguläre Grammatik hierfür geben kann. □

4.4 Syntaxbäume und Pumping-Lemma

Frage 168 In welcher Beziehung stehen Typ-2-Gramatiken und Syntaxbäume zueinander?

Antwort: Ein zu einer Grammatik $G = (V, \Sigma, P, S)$ gehörender Syntaxbaum repräsentiert die Ableitung eines Wortes $w \in L(G)$, also eines Wortes der zu G gehörenden Sprache.

Die Umsetzung einer Ableitung $S \rightarrow w_1 \Rightarrow \cdots \Rightarrow w_{n-1} \Rightarrow w_n = w$ in einen Syntaxbaum verläuft folgendermaßen:

1. Die Wurzel wird aus dem Startsymbol S gebildet.

2. Eine Regel der Form $A \rightarrow aBcD$ induziert einen Teilbaum mit Wurzel A und Nachfolgerknoten a, B, c, D.

3. Die Blätter des Baums liefern von links nach rechts gelesen das abgeleitete Wort w.

Eine Traversierung eines Syntaxbaums spiegelt eine spezielle Ableitung wider. Da es i. A. unterschiedliche Traversierungen eines Baums gibt, können unterschiedliche Ableitungen zu demselben Syntaxbaum führen. □

Frage 169 Bilden Sie den Syntaxbaum, der folgender Ableitung entspricht:

$$S \Rightarrow (S) \Rightarrow (S \cdot S) \Rightarrow ((S + S) \cdot S) \Rightarrow \cdots \Rightarrow ((x + y) \cdot z).$$

Antwort:

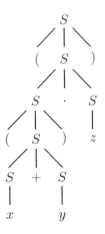

□

Frage 170 Was versteht man unter einer **Rechtsableitung** und was unter einer **Linksableitung**? Geben Sie ein Beispiel.

Antwort: Bei einer *Rechtsableitung* werden die jeweils am weitesten rechts stehenden Variablen ersetzt, bei einer *Linksableitung* die am weitesten links stehenden.

Technisch gesprochen wird bei einer Rechtsableitung der zugehörige Syntaxbaum „depth first right to left" und bei einer Linksableitung „depth first left to right" aufgebaut.

Eine Rechtsableitung für $x_1 \cdot x_2 + x_3$ finden wir in der Folge

$$S \Rightarrow S + S \Rightarrow S + x_3 \Rightarrow S \cdot S + x_3 \Rightarrow S \cdot x_2 + x_3 \Rightarrow x_1 \cdot x_2 + x_3.$$

Eine Linksableitung hat folgende Form:

$$S \Rightarrow S + S \Rightarrow S \cdot S + S \Rightarrow x_1 \cdot S + S \Rightarrow x_1 \cdot x_2 + S \rightarrow x_1 \cdot x_2 + x_3.$$ □

Frage 171 Was versteht man unter einer **mehrdeutigen** Grammatik?

Antwort: Eine kontextfreie Grammatik heißt *mehrdeutig*, wenn es für ein und dasselbe Wort Ableitungen mit *unterschiedlichen* Syntaxbäumen gibt.

Gibt es zu einer kontextfreien Sprache ausschließlich mehrdeutige Grammatiken, kann also m. a. W. eine kontextfreie Sprache nur mit einer mehrdeutigen Grammatik erfasst werden, dann nennt man diese Sprache *inhärent mehrdeutig*. □

Frage 172 Ist folgende Grammatik mehrdeutig?

$$S \rightarrow x_1|x_2|\cdots|x_n$$
$$S \rightarrow (S)|S+S|S \cdot S$$

Antwort: Ja, denn für das Wort $x_1 \cdot x_2 + x_3$ gibt es unterschiedliche Syntaxbäume, nämlich

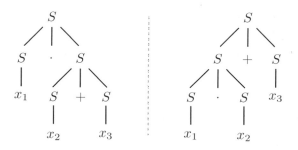

Die zugehörige Sprache ist aber nicht inhärent mehrdeutig, da es auch eine eindeutige Grammatk für sie gibt, nämlich

$$S \rightarrow E \mid E + E$$
$$E \rightarrow T \mid T \cdot T$$
$$T \rightarrow (S) \mid x_1|x_2|\cdots|x_n.$$

□

Frage 173 Welche besonderen Formen haben Syntaxbäume, die aus Grammatiken in Chomsky- bzw. Greibach-Normalformen resultieren?

Antwort: Im Falle von Chomsky-Normalformen erhalten wir *binäre Bäume*. Liegt eine Greibach-Normalform vor, dann sind die zugehörigen Syntaxbäume rechtslastig und im Grenzfall regulärer Grammatiken zu einer nach rechts geneigten linearen Kette entartet. □

Frage 174 Formulieren Sie das Pumping-Lemma für kontextfreie Sprachen und skizzieren Sie dessen Herleitung.

Antwort: Ist eine reguläre Sprache L gegeben, so gibt es hierzu eine Zahl $n > 0$, sodass sich bei Vorhandensein von Wörtern $w \in L$ mit einer Länge $|w| \geqq n$ sich Teilwörter von w vervielfachen („aufpumpen") lassen, ohne dass man die Sprache L verlässt. Genauer: Es lässt sich in w ein Teilwort der Länge kleiner oder gleich n finden, dessen vorderer und/oder hinterer Teil simultan beliebig vervielfältigt werden kann. Formal lautet das Pumping Lemma für kontextfreie Sprachen wie folgt:

$$\exists n_L \forall \ w \in L \ |w| \geqq n_L$$
$$\exists \ u, v, x, y, z \ w = uvxyz \ \wedge \ |vxy| \leqq n \ \wedge \ |vy| \geqq 1 \forall i \ uv^i xy^i z \in L.$$

In der Herleitung des Pumping-Lemmas für kontextfreie Sprachen spielen die Grammatikvariablen eine Rolle vergleichbar den Zuständen von endlichen Automaten bei der Herleitung des Pumping-Lemmas für reguläre Sprachen. Die Beweisidee setzt auf dem Syntaxbaum von w auf: Ab einer gewissen Länge von w muss es Pfade im Syntaxbaum geben, die so lang sind, dass (mindestens) eine Grammatikvariable mehrfach in ihrem Verlauf auftreten muss. Damit aber eröffnet sich die Möglichkeit, über diese Variable induktiv denjenigen Teilbaum, der unter dem oberen Vorkommen der Variable hängt, an das untere Vorkommen derselben Variable anzuhängen. Dies zeigt, dass geeignet vervielfachte Wörter ableitbar sind.

Pfad mit zweimaligem Auftreten der Variablen A

Frage 175 Wie kann man mithilfe des Pumping-Lemmas zeigen, dass die Sprache $L = \{a^i b^i c^i | i \in \mathbb{N}\}$ nicht kontextfrei sein kann?

Antwort: Man zeigt die Behauptung mittels eines Widerspruchbeweises.

Wir nehmen an, L sei kontextfrei. Sei $n = n_L$ die kritische Wortlänge des Pumping-Lemmas für L. Das Wort $w = a^n b^n c^n$ hat dann eine Gesamtlänge $3n > n$. Für w gibt es demnach eine Zerlegung $w = uvxyz$ mit $|vxy| \leq n$. Im Teilwort vxy von w kommen aufgrund seiner beschränkten Länge nur maximal zwei der drei Elemente aus der Zeichenmenge $\{a, b, c\}$ vor. Beim Vervielfältigen können also auch nur maximal zwei der drei Elemente a, b, c zum Zuge kommen.

Damit enthält das verfielfältigte Wort notwendigerweise eine ungleiche Anzahl der Zeichen a, b, c und gehört nicht mehr zu L. Damit kann es für L keine kontextfreie Grammatik geben. $\square$

Frage 176 Wie kann man das Pumping-Lemma für kontextfreie Sprachen so erweitern, dass man mit dieser Erweiterung auch für Sprachen wie z. B. $L = \{a^i b^j c^k d^l \mid j = k = l \text{ oder } i = 0\}$ nachweisen kann, dass sie nicht kontextfrei sind?

Antwort: Es gibt eine Verallgemeinerung des Pumping-Lemmas für kontextfreie Sprachen in Form von *Ogden's Lemma*.

Auch in Ogden's Lemma kann ein genügend langes Wort geeignet vervielfältigt werden. Im Gegensatz zum Pumping-Lemma kann man den Bereich, in dem die Vervielfältigung stattfindet soll, vorher eingrenzen. Formal gilt:

$$\exists \, n_L \forall w \in L \; |w| \geq n_L \; w \text{ an mind. } n \text{ Positionen markiert}$$
$$\exists \, u, v, x, y, z \quad w = uvxyz \quad vxy \text{ enthält höchstens } n \text{ mark. Zeichen,}$$
$$vy \text{ enthält mind. ein mark. Zeichen } \forall \, i \; uv^i xy^i z \in L.$$

Der Beweis erfolgt mit einer im Vergleich zum Pumping-Lemma ähnlichen Methodik.

Wendete man Ogden's Lemma nun auf das Wort $a^n b^n c^n d^n$ aus der Sprache L an und markierte genau alle n Zeichen b, dann würden nach Ogden's Lemma ausschließlich die b vervielfältigt, und wir erhielten ein Wort $a^n b^m c^n d^n$ mit $n \neq m$. Dieses Wort gehörte aber nicht mehr zu L. $\square$

Frage 177 In welchem Sinne ist das Pumping-Lemma für kontextfreie Sprachen ein Spezialfall des Ogden's Lemma?

Antwort: Markiert man in Ogden's Lemma alle Zeichen eines Wortes, ergibt sich die Aussage des Pumping-Lemma. $\square$

4.5   Kellerautomaten

Frage 178 An welchem Punkt scheitert der Versuch, aus einer Greibach-Normalform einen endlichen Automaten zu gewinnen, der sich an der Konstruktion eines endlichen Automaten ausgehend von einer regulären Grammatik orientiert?

Antwort: Der Übergang zwischen einer regulären Grammatik und einem endlichen Automaten orientiert sich daran, den endlich vielen Grammatikvariablen aus V die endlich vielen Zustände eines endlichen Automaten entsprechen zu lassen. Die Regeln einer regulären Grammatik können nur deshalb direkt auf Zustandsübergänge des Automaten abgebildet werden, weil in den Grammatikregeln links und rechts jeweils höchstens eine Grammatikvariable auftritt.

In kontextfreien Grammatiken in Greibach-Normalform hingegen stehen i. A. auf der rechten Seite einer Regel mehrere Variablen. Die für eine reguläre Grammatik mögliche Weise der Umsetzung in einen zugehörigen endlichen Automaten steht uns jetzt also nicht mehr zur Verfügung. Der für kontextfreie Sprachen passende Automat ist der sogenannte Kellerautomat.   □

Frage 179 Was ist ein **Kellerautomat**?

Antwort: Ein Kellerautomat unterscheidet sich von einer Turingmaschine i. W. durch die andere Organisation seines Speichermediums. Der Speicher eines Kellerautomaten fungiert als *Kellerspeicher* (*stack* mit der Eigenschaft last in first out), in dem Zeichen eines speziellen Kelleralphabets Γ abgelegt werden, und in dem sich zu Beginn ein spezielles Zeichen $\$ \in \Gamma$ befindet. Das Eingabewort befindet sich wie beim endlichen Automaten auf einem sequenziellen Lesemedium.

Formal lässt sich ein Kellerautomat M damit wieder beschreiben als ein Tupel:
$$M = (Q, \Sigma, \Gamma, \delta, q_0, \$, F),$$
mit einem $\delta : Q \times (\Sigma \cup \{\varepsilon\}) \times \Gamma \to 2^{Q \times \Gamma^*}$.

M ist ein nicht deterministischer Automat. $(q', A_1 A_2 \cdots A_k) \in \delta(q, a, A)$ bedeutet: Wenn das Eingabezeichen a ist, wenn das oberste Zeichen auf dem Stack gleich A ist und wenn sich der Automat im Zustand q befindet, dann kann unter Verarbeitung des Eingabezeichens a der Automat in den Zustand q' wechseln und das oberste Element A des Kellerspeichers wird durch die Zeichen $A_1, A_2, \cdots, A_k$ ersetzt, sodass A_1 die oberste Stelle zu liegen kommt.

Haben wir es mit $\delta(q, \varepsilon, A)$ zu tun, also mit dem leeren Wort ε anstelle eines Zeichens $a \in \Sigma$, dann kann der Kellerautomat (ähnlich dem endlichen Automaten mit ε-Übergängen) ohne Verarbeitung eines Eingabezeichens in einen neuen Zustand übergehen und eine Ersetzung im Kellerspeicher vornehmen.   □

Frage 180 Welche Besonderheiten bzgl. der Akzeptanz von Wörtern besitzt der Kellerautomat gegenüber dem endlichen Automaten?

Antwort: Ein Kellerautomat akzeptiert ein Wort $w \in \Sigma^*$, wenn sich der Automat nach Verarbeitung aller Zeichen von w in einem Endzustand befinden kann, unabhängig davon, ob der Kellerspeicher geleert wurde. Eine von einem Kellerautomaten M auf diese Weise akzeptierte Sprache L wird wie gewohnt als $L = L(M)$ notiert.

Ein Kellerautomat kann ein Wort w aber auch akzeptieren, wenn nach Verarbeitung aller Zeichen von w der Kellerautomat einen leeren Kellerspeicher aufweist, unabhängig davon, ob ein Endzustand erreicht wurde. Eine von einem Kellerautomaten M per leerem Stack akzeptierte Sprache L wird als $L = N(M)$ bezeichnet.

Ist $L = L(M)$ für einen Kellerautomaten M, so gibt es einen modifizierten Kellerautomaten M' mit $L = N(M')$ und umgekehrt. Akzeptieren mittels Endzustand ist also äquivalent dem Akzeptieren mittels leerem Kellerspeicher. $\square$

Frage 181 Was verstehen wir unter der Konfiguration eines Kellerautomaten, und welche Relationen bestehen zwischen einzelnen Konfigurationen eines Kellerautomaten?

Antwort: Die Konfiguration eines Kellerautomaten stellt eine Momentbeschreibung seines Gesamtzustandes dar, bestehend aus dem momentanen Zustand $q \in Q$, den (noch) zu verarbeitenden Eingabesymbolen $w \in \Sigma^*$ sowie den im Kellerspeicher befindlichen Zeichen $\gamma \in \Gamma^*$. Eine Konfiguration kann also dargestellt werden durch ein Tripel

$$(q, w, \gamma) \in Q \times \Sigma^* \times \Gamma^*.$$

Wir definieren eine Relation $\vdash$ auf der Menge der Konfiguration durch

$$(q, aw', A\gamma) \vdash (q', w', \alpha'\gamma) \quad \text{gdw.} \quad (q', \alpha') \in \delta(q, a, A).$$

Die reflexive und transitive Hülle von $\vdash$ wird wie üblich mit $\vdash^*$ notiert. Es ist also $(q, w, \alpha) \vdash^* (q', w', \alpha')$ gdw. die Konfiguration (q', w', α') über eine Folge von Operationen des Kellerautomaten ausgehend von der Konfiguration (q, w, α) erreicht werden kann. $\square$

Frage 182 Warum wird i. d. R. mit nicht deterministischen Kellerautomaten gearbeitet?

Antwort: Kellerautomaten sind äquivalent zur Klasse der kontextfreien Sprachen. In der Klasse der kontextfreien Sprachen gibt es aber Sprachen, für die es keinen deterministischen Kellerautomaten gibt. Einfachstes Beispiel hierfür ist die Sprache aller Palindrome (w^R bezeichne die Umkehrung von w):

$$L = \{ww^R | w \in \Sigma^*\}.$$

Deterministische Kellerautomaten erfassen also nicht alle kontextfreien Sprachen.□

Frage 183 Worin besteht die Beweisidee der Äquivalenz zwischen Kellerautomaten und kontextfreien Sprachen?

Antwort: Der Übergang zwischen Kellerautomaten und kontextfreien Grammatiken lässt sich am leichtesten anhand der Greibach-Normalform bewerkstelligen.

Liegt eine Grammatik in Greibach-Normalform vor, dann spielen die Grammatikvariablen die Rolle des Kelleralphabets. Aus den Grammatikregeln der Form

$$A \to a\, B\, C \cdots Z$$

wird dann

$$\delta(q, a, A) \ni (q, B\, C \cdots Z).$$

Der Kellerautomat akzeptiert in diesem Fall per leerem Kellerspeicher und kommt mit einem einzigen Zustand q aus.

Haben wir umgekehrt einen Kellerautomaten vorliegen, verläuft der Übergang zu einer äquivalenten Grammatik i. W. in umgekehrter Richtung. Da aber nicht davon ausgegangen werden kann, dass der Automat nur einen einzigen Zustand q besitzt, muss die Möglichkeit unterschiedlicher Zustände in die Grammatikvariablen mit „hineincodiert" werden. Dies geschehe in der Form $A_{q'}^{q}$. Die Bezeichnung $A_{q'}^{q}$ soll zum Ausdruck bringen, dass das endgültige Entfernen (nicht Ersetzen) von A aus dem Kellerspeicher ausgehend vom Zustand q zum Zustand q' führt. Aus

$$\delta(q, a, A) = \{(q_1, B\, C \cdots Z), \ldots\}$$

wird demnach

$$A_{q'}^{q} \to a\, B_{q_2}^{q_1}\, C_{q_3}^{q_2} \cdots Z_{q'}^{q_n}.$$ □

4.6   Deterministische kontextfreie Sprachen

Frage 184 Gibt es in Programmiersprachen Kontextabhängigkeiten, und wenn ja, bieten dann die kontextsensitiven Sprachen nicht den natürlichen Rahmen für die Programmiersprachen?
Antwort: In Programmiersprachen müssen Variablen typischerweise deklariert werden, bevor sie in Ausdrücken, Zuweisungen etc. verwendet werden dürfen. Damit verlässt man eigentlich den Bereich kontextfreier Sprachen.

Dennoch bieten kontextsensitive Sprachen keinen geeigneten Rahmen für Programmiersprachen. Denn die Analyse kontextsensitiver Sprachen ist NP-vollständig, für praktische Zwecke also viel zu komplex.   □

Frage 185 Warum sind auch kontextfreie Sprachen nicht ohne weitere Einschränkungen als Basis für Programmiersprachen geeignet?

Antwort: Kontextfreie Sprachen benötigen i. A. Analysealgorithmen von kubischer Komplexität. Diese nur polynomiale Komplexität ist vom theoretischen Standpunkt aus zwar nicht schlecht, praktisch ist sie dennoch zu hoch: Wird ein bestimmtes Programm in einer Sekunde analysiert, dann benötigt derselbe Analysealgorithmus für ein nur 10-mal so großes Programm schon fast 20 Minuten. □

Frage 186 Was versteht man unter einer deterministischen kontextfreien Sprache und warum ist eine solche für Programmiersprachen das Mittel der Wahl?

Antwort: Eine Sprache L heißt deterministisch kontextfrei, wenn es einen deterministischen Kellerautomaten M gibt, der L per Endzustand akzeptiert.

Die Analyse einer solchen Sprache ist von linearer Komplexität. Dies ist für praktische Zwecke äußerst attraktiv. □

Frage 187 Erläutern Sie das Konzept der $LR(1)$-Eigenschaft für deterministische kontextfreie Sprachen.

Antwort: Deterministisch kontextfreie Sprachen sind genau diejenigen Sprachen, die die sogenannte $LR(1)$-Eigenschaft besitzen. Damit ist gemeint, dass zu jedem Zeitpunkt während des Prozesses einer Rechtsableitung die *letzte* Rechtsableitung stets eindeutig identifiziert und damit wieder rückgängig gemacht werden kann. Zur eindeutigen Identifizierung dieser letzten Rechtsableitung ist dabei höchstens ein Terminalzeichen als „lookahead" zu berücksichtigen, nämlich dasjenige Zeichen, das sich rechts an die im letzten Schritt ersetzte Variable anschließt.

Formal bedeutet dies also: Wenn

$$S \Rightarrow^* uAx_1x_2\cdots x_m \Rightarrow uwx_1x_2\cdots x_m$$

und

$$S \Rightarrow^* u'A'x_1y_2\cdots y_l \Rightarrow uwx_1y_2'\cdots y_m'$$

dann ist notwendig $u = u'$, $A = A'$ und $y_i = y_i'$ (x_1 spielt hier die Rolle des „lookahead"). □

Frage 188 Warum lässt sich das Verfahren, aus nicht deterministischen endlichen Automaten einen äquivalenten deterministischen endlichen Automaten zu gewinnen, nicht auf Kellerautomaten übertragen?

Antwort: Bei nicht deterministischen endlichen Automaten hat man stets die Option, als neue Zustände eines äquivalenten endlichen Automaten die Potenzmenge der ursprünglichen Zustände zu nehmen. Diese Menge ist stets auch endlich.

Ein analoger Ansatz für Kellerautomaten müsste nun neben den Zuständen des Kellerautomaten auch die Inhalte des Kellerspeichers einbeziehen. Die vom nicht deterministischen Automaten parallel zu einem Zeitpunkt jeweils zusammengefassten Inhalte des Kellerspeichers würden sich dann aber zeitgleich an unterschiedlichen Stellen im Kellerspeicher ändern. Damit verließe man aber das Konzept eines Kellerautomaten.   □

4.7   Kontextsensitive Sprachen und allgemeine Regelsprachen

Frage 189 Warum erfordert die Analyse von Typ-1- und Typ-0-Sprachen ein mächtigeres Maschinenkonzept als das der Kellerautomaten?

Antwort: Kellerautomaten können nur kontextfreie Sprachen analysieren. Typ-1- und Typ-0-Sprachen sind aber nicht kontextfrei.   □

Frage 190 Was ist eine **linear beschränkte Turingmaschine** (linear beschränkter Automat)?

Antwort: Ein *linear beschränkter Automat* ist eine Turingmaschine, dem nicht das gesamte potenziell unendliche Arbeitsband zur Verfügung steht. Er kann stattdessen i. W. nur denjenigen Teil des Arbeitsbandes benutzen, der jeweils vom Eingabewort belegt wird.   □

Frage 191 Wie unterscheiden sich (allgemeine) Turingmaschinen und linear beschränkte Automaten bzgl. der von ihnen akzeptierten Sprachklassen?

Antwort: *Turingmaschinen* sind diejenigen Automaten, die den Typ-0-Sprachen entsprechen. M. a. W.: Jede von einer Turinmgmaschine M akzeptierte Sprache $L = L(M)$ ist vom Typ-0. Umgekehrt gibt es zu jeder Typ-0-Sprache L eine Turingmaschine M mit $L = L(M)$.

Linear beschränkte Automaten entsprechen den Typ-1-Sprachen. D. h., jede von einem linear beschränkten Automaten M akzeptierte Sprache $L = L(M)$ ist vom Typ-1. Umgekehrt gibt es zu jeder Typ-1-Sprache L einen linear beschränkten Automaten M mit $L = L(M)$.   □

Frage 192 Worin besteht die Beweisidee der Äquivalenz zwischen Typ-1-Grammatiken oder -Sprachen und linear beschränkten Automaten bzw. zwischen Typ-0-Grammatiken oder -Sprachen und allgemeinen Turingmaschinen?

Antwort: Die Überführung einer Typ-1-Grammatik G in einen linear beschränkten Automaten M ist ebenso wie die Überführung einer Typ-0-Grammatik in eine Turingmaschine M „nur" eine einfache Programmieraufgabe. Diese besteht darin, dass ein Eingabewort $w \in \Sigma^*$ auf dem Band systematisch daraufhin untersucht wird, ob eine der Grammatikregeln „rückwärts" angewendet werden kann. Der Automat akzeptiert das Wort genau dann, wenn auf dem Band das Startsymbol steht. Damit ist $w \in L(G)$ gdw. $w \in L(M)$.

Interessanter ist die umgekehrte Richtung: Ausgehend von M soll eine hierzu passende Grammatik G konstruiert werden. Die Vorgehensweise ist für einen linear beschränkten Automaten und für eine Turingmaschine ähnlich. Wir skizzieren den Weg für einen linear beschränkten Automaten M.

Dazu stellen wir uns vor, dass wir aus M zunächst einen modifizierten Automaten M' gewinnen, dessen Band eine zweite Spur erhält. Zu Beginn liegt das Eingabewort w auf der zweiten Spur kopiert vor. Die Operationen von M' entsprechen denen von M und betreffen nur die erste Spur.

Wir bilden nun eine Grammatik, die in geeigneter Weise auf den Konfigurationen von M' operiert. Hierfür werden verschiedene Typen von Grammatikvariablen benötigt: Neben Variablen, die die Anfangsbelegung des Bandes erzeugen, benutzen wir Variablen in Form der Paare (i, j) der in beiden Spuren übereinanderstehenden Bandsymbole. Diese Variablen notieren wir mit C_j^i. Befindet sich der Schreib-Lese-Kopf über einem Paar (i, j) und befindet sich M im Zustand k, dann wird dies durch eine Variable $Q_j^{i,k}$ wiedergegeben. Hinzu kommen einige technische Anpassungen für die Einträge am Bandende. Hierfür benutzen wir die Variablen $\hat{C}_j^i$ bzw. $\hat{Q}_j^{i,k}$.

Die Grammatikregeln leiten sich aus dem Verhalten von M' ab. Die erste Regelgruppe simuliert die Anfangsbelegung des Bandes:

$$\begin{aligned} S &\rightarrow \hat{Q}_i^{i,0} \\ S &\rightarrow A \, \hat{C}_i^i \\ A &\rightarrow A \, C_i^i \\ A &\rightarrow Q_i^{i,0}. \end{aligned}$$

Die zweite Regelgruppe simuliert (kontextabhängig) die Funktionsweise von M':

$$\begin{aligned} Q_j^{i,k} \, C_n^m &\rightarrow C_j^{i'} \, Q_n^{m,k'}, \quad \text{wenn } \delta(q_k, i) \ni (q_{k'}, i', R) \quad (\delta \text{ von } M) \\ C_n^m \, Q_j^{i,k} &\rightarrow Q_n^{m,k'} \, C_j^{i'}, \quad \text{wenn } \delta(q_k, i) \ni (q_{k'}, i', R) \quad (\delta \text{ von } M). \end{aligned}$$

Anloge Regeln gelten für die Variablen $\hat{C}$ und $\hat{Q}$.

Die dritte Regelgruppe bildet den Abschluss:

$$C_j^i \quad \to \quad j$$
$$Q_j^{i,e} \quad \to \quad j, \quad \text{wenn } q_e \text{ Endzustand.}$$

Analoge Regeln gelten für $\hat{C}$ und $\hat{Q}$.

Es können damit genau die Wörter der Grammatik erzeugt werden, die vom ursprünglichen M akzeptiert werden. Denn ansonsten hätten wir stets noch Variablen $Q_j^{i,k}$ vorliegen, für die q_k kein Endzustand ist, für die also keine Regel zur Erzeugung eines terminalen Symbols vorliegt. $\qquad\square$

Frage 193 Bilden Sie die Grammatik zur Turingmaschine M mit folgendem δ:

$$\delta(q_0, 1) \quad = \quad \{(q_0, 1, R)\}$$
$$\delta(q_0, \hat{1}) \quad = \quad \{(q_e, \hat{1}, L)\}.$$

Antwort: Man sieht, dass M genau die Wörter akzeptiert, die aus einer Folge von Einsen bestehen.

Dies muss sich auch aus der formal erzeugten Grammatik ergeben: Nehmen wir aus der Grammatik alle nutzlosen Variablen (nämlich die, die sich auf das Zeichen 0 beziehen) heraus, dann bleiben folgende Grammatikregeln:

$$S \quad \to \quad \hat{Q}_1^{1,0}$$
$$S \quad \to \quad A\,\hat{C}_1^1$$
$$A \quad \to \quad A\,C_1^1$$
$$A \quad \to \quad Q_1^{1,0}$$

$$Q_1^{1,0}\,C_1^1 \quad \to \quad C_1^1\,Q_1^{1,0}$$
$$Q_1^{1,0}\,\hat{C}_1^1 \quad \to \quad C_1^1\,\hat{Q}_1^{1,0}$$
$$C_1^1\,\hat{Q}_1^{1,0} \quad \to \quad Q_1^{1,e}\,\hat{C}_1^1$$

$$C_1^1 \quad \to \quad 1$$
$$\hat{C}_1^1 \quad \to \quad 1$$
$$Q_1^{1,e} \quad \to \quad 1.$$

Lassen wir der Einfacheit halber bei den Variablen die Indizes (mit Ausnahme von e) weg, dann erhalten wir mit der Regelgruppe für die Anfangsbelegung die Ableitung

$$S \Rightarrow^* Q\,C\,C \cdots C\,\hat{C},$$

und mit den weiteren operativen Regeln erhalten wir hieraus

$$S \Rightarrow^* C\,C \cdots C\,Q\,\hat{C} \Rightarrow C\,C \cdots C\,\hat{Q} \Rightarrow C\,C \cdots C\,Q^e\,\hat{C}.$$

Die Abschlussregeln liefern die erwartete Folge von Einsen (und nur diese). □

5 Datenstrukturen

„Form follows function"
Gestaltungsleitsatz in der Architektur (Louis Sullivan)

Der Begriff *Datenstruktur* ist in der Informatik weniger normiert als der Begriff *Datentyp*, mit dem er vieles gemeinsam hat. Er kennzeichnet das, was den endlosen Folgen von Nullen und Einsen, mit denen man auf Hardwareebene letztlich immer zu tun hat, eine Gliederung, eine Ordnung und damit eine Struktur verleiht. Solche Strukturen können rekursiv linear oder verzweigt aufgebaut sein und auf diese Weise den Anforderungen spezieller Algorithmen angepasst werden. So können aus wenigen Bausteintypen und Konstruktonsprinzipien beliebig komplexe Datenstrukturen komponiert werden (ganz so, wie wir es in der Chemie der Makromoleküle beobachten könnten). Selbstverständlich bieten moderne Programmiersprachen geeignete Beschreibungsmittel – das Typkonzept – für die übersichtliche Darstellung komplexer Strukturen und damit eine Basis für deren Klassifizierung.

Datenytpen sind verbunden mit Operationen. Im Konzept des abstrakten Datentypen ist diese Verbindung besonders eng. Moderne Programmiersprachen nutzen diese Möglichkeit einer engen Kopplung von Datenstrukturen und Operationen im Konzept der Objektorientierung, wie wir in einem späteren Kapitel sehen.

Aber nicht nur deshalb werden *Datenstrukturen* in einem Atemzug mit *Algorithmen* genannt. Denn häufig legen Algorithmen zum Zwecke der Effizienz spezielle Strukturen nahe, in der die Daten repräsentiert werden sollten. In anderen Fällen, etwa in der Datenbankmodellierung, sind die Datenstrukturen einheitlich, als Tabellen, strukturiert.

Die Behandlung der Datenstrukturen gehört damit zum Kernbereich der Informatik und wird in einer Reihe einschlägiger Monografien und Lehrbüchern umfassend behandelt. Stellvertretend sei hier auf [10] und [41] hingewiesen.

5.1 Elementare Datenstrukturen

Frage 194 Nach welchem grundlegenden Kriterium werden Datentypen unterschieden?

Antwort: Datentypen können elementar (atomar) oder zusammengesetzt sein. Dementsprechend unterscheidet man z. B. in der Programmiersprache Java *pri-*

mitive und *Referenz-Typen.*

Es bestehen folgende Analogien zur Chemie:

getypte Daten $\widehat{=}$ Stoff
atomarer Typ $\widehat{=}$ Atomsorte
zusammengesetzter Typ $\widehat{=}$ Molekülsorte

$\square$

Frage 195 Mit welchen elementaren Konstruktionsprinzipien können Datenstrukturen (zusammengesetzte Datentypen) gebildet werden?

Antwort: Zusammengesetzte Datentypen können im einfachsten Fall entweder mithilfe von Arrays, Records oder Structs gewonnen werden. Ein Array beschreibt eine Folge von Daten gleichen Typs, ein Record oder Struct besteht aus Datenelementen von i. d. R. unterschiedlichem Typ.

Alternativ zum Array, logisch jedoch äquivalent, ist das Konzept einer verketteten Liste von Elementen gleichen Typs.

Für Chemiker: In Analogie zur Chemie entspricht ein Array einem Polymer, bestehend aus Bausteinen gleichen Typs (Monomeren), und ein Record einem Protein, bestehend aus Bausteinen unterschiedlichen Typs (verschiedenen Aminosäuren). $\square$

Frage 196 Worin betehen die praktischen Unterschiede zwischen einem Array und einer verketteten Liste?

Antwort: Ein Array erlaubt einen schnellen Zugriff auf die einzelnen Elemente mithilfe eines Index. Eine Ergänzung des Arrays um zusätzliche Elemente oder eine Verkleinerung des Arrays ist jedoch mit größerem Aufwand, insbesondere mit vielen Kopiervorgängen verbunden. Umgekehrt kann eine verkettete Liste leicht modifiziert werden, wohingegen der direkte Zugriff auf einzelne Elemente einen größeren Zeitaufwand erfordert. $\square$

Frage 197 Woran erkennen wir, dass wir das Alphabet mental als einfach (vorwärts) verkettete Liste und nicht als Array abgespeichert haben?

Antwort: Wir können das Alphabet stets nur in einer Richtung automatisch aufsagen. Hätten wir es vor- *und* rückwärtsverkettet gelernt und auf diese Weise geistig abgespeichert, dann könnten wir reflexhaft für jeden Buchstaben des Alphabets sofort auch den vorangehenden nennen.

Dasselbe wäre der Fall, wenn man indiziert über die Zahlen 1 bis 26 auf die

Buchstaben des Alphabets zugreifen würde, wenn also das Alphabet über eine gedankliche Assoziation mit Zahlen gelernt worden wäre. Auch dann wäre das Rückwärtsaufsagen des Alphabets problemlos möglich.   □

Frage 198 Programmieren Sie in Java einen geeigneten Datentyp, mit dem ein Alphabet (einfach) verkettet abgespeichert werden kann.

Antwort: Für den geforderten Zweck genügt eine einfache Klasse `AlphabetZeichen` mit folgenden Komponenten (Attributen):

```
class AlphabetZeichen{
    public char zeichen;
    public AlphabetZeichen nachfolgendesZeichen;
}
```

Für eine doppelt verkettete Liste müsste der Klasse ein weiteres Attribut mitgegeben werden:

```
class AlphabetZeichen{
    public char zeichen;
    public AlphabetZeichen nachfolgendesZeichen;
}
```
                                                                              □

Frage 199 Programmieren Sie in Java einen Algorithmus zur Benennung der Zeichen des Alphabets.

Antwort: Mit einer vorgegebenen Referenzvariablen `begin`, die auf das erste Zeichen des Alphabets verweist, und einer Ausgaberoutine **ausgeben** leistet folgender Algorithmus das Verlangte:

```
AlphabetZeichen temp = begin;

do{
    ausgeben(temp.zeichen);
    temp = temp.nachfolgendesZeichen;
}while(temp != null)
```
                                                                              □

Frage 200 Programmieren Sie in Java einen Algorithmus zum Rückwärtsaufsagen des Alphabets bei gegebener Vorwärtsverkettung.

Antwort: Gehen wir davon aus, dass die beiden Referenzvariablen `begin` und `tempEnd` auf das erste bzw. letzte Element der verketteten Liste veweisen, bietet sich folgender Algorithmus an:

```
AlphabetZeichen temp; // Hilfsvariable

// letzes Zeichen des Alphabets ausgeben
ausgeben(tempEnd.zeichen);

while(tempEnd != begin){
    temp = begin;

    // suchen des Vorgängers vom letztausgegebenen Zeichen
    while(temp.nachfolgendesZeichen != tempEnd)
        temp = temp.nachfolgendesZeichen;
    }
    tempEnd = temp; // tempEnd verweist auf gefundenen Vorgänger

    //Vorgänger des letztausgegebenen Zeichens ausgeben
    ausgeben(tempEnd.zeichen);
}                                                              □
```

Frage 201 Programmieren Sie in Java einen Algorithmus zum Rückwärtsverketten einer vorwärts verketteten Liste.

Antwort: Die Listenelemente seien mit folgender Klasse gebildet worden:

```
class ListenElement{
    public MyType elem;
    public ListenElement next;
}
```

Folgender Algorithmus leistet das Gewünschte:

```
ListenElement reversed, nextToReverse, next;
//Hilfsvariablen

reversed = null; nextToReverse = begin;

while(nextToReverse != null){
    next              = nextToReverse.next;
    nextToReverse.next = reversed;
    reversed          = nextToReverse;
    nextToReverse      = next;
}

begin = reversed;
```

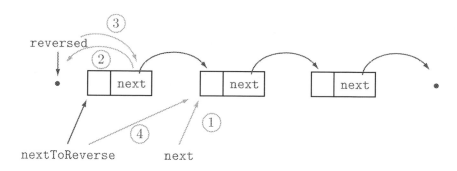

Ergebnis:

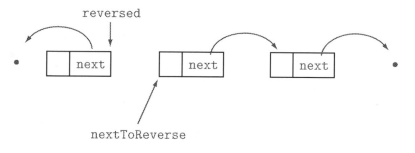

Frage 202 Beschreiben (codieren) Sie einen Algorithmus zum Entfernen eines Listenelements.

Antwort: Seien `toBeRemoved` und `previous` zwei Variablen, die auf das zu entfernende Listenelement bzw. dessen Vorgänger verweisen. Dann leistet folgender Algorithmus das Gewünschte:

```
previous.next = toBeRemoved.next;
toBeRemoved = null;
```

Im Falle einer doppelt verketteten Liste mit zugehöriger Klasse

```
class ListenElement{
    public MyType elem;
    public ListenElement next;
    public ListenElment previous;
}
```

benötigen wir nur eine einzige Variable `toBeRemoved`:

```
toBeRemoved.previous.next = toBeRemoved.next;
toBeRemoved.next.previous = toBeRemoved.previous;
```
☐

Frage 203 Beschreiben (codieren) Sie einen Algorithmus zum Einfügen eines neuen Listenelements.

Antwort: Wenn das neue Listenelement `toBeInserted` im Anschluss an ein Listenelement `previous` eingefügt werden soll, kann folgender Algorithmus benutzt werden:

```
toBeInserted.next = previous.next;
previous.next = toBeInserted;
```

Im Falle einer doppelt verketteten Liste liefert folgender Algorithmus das Gewünschte:

```
toBeInserted.next = previous.next;
toBeInserted.previous = previous;

previous.next.previous = toBeInserted;
previous.next = toBeInserted;
```

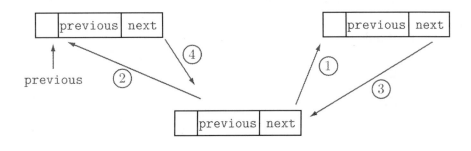

☐

5.2 Abstrakte Datentypen

Frage 204 Was versteht man – umgangssprachlich formuliert – unter einem **abstrakten Datentypen**?

Antwort: Bei der Beschreibung eines *abstrakten Datentypen* liegt der Fokus auf dem äußeren, systemischen Verhalten. *Abstrahiert* wird also von der Implementierung, die dieses äußere Verhalten zum Vorschein bringt.

Die Idee des abstrakten Datentypen nimmt ihren Anfang bei der axiomatischen Beschreibung der natürlichen oder der reellen Zahlen. Aus Benutzersicht sind diese Zahlsysteme damit eindeutig bestimmt.

Wie eine hierzu passende Implementierung aussieht, ob also die natürlichen Zahlen durch Mengenobjekte ausgehend von der leeren Menge repräsentiert werden oder die reellen Zahlen als (Äquivalenzklassen von) Cauchyfolgen angesehen werden, oder ob die Zahlen wie bei den Griechen durch analoge Längen dargestellt werden, ist für den Benutzer irrelevant. Er braucht die Implementierung nicht zu kennen, um mit Zahlen umgehen zu können.

In diesem Sinne bilden abstrakte Datentypen axiomatische Beschreibungen von Datentypen, die nur auf das äußere Verhalten Bezug nehmen, ohne auf Implementierungsdetails einzugehen. □

Frage 205 Inwiefern lässt sich eine Armbanduhr aus Nutzersicht als abstrakter Datentyp ansehen?

Antwort: Die Armbanduhr weist ein normiertes Verhalten der Zeigerbewegung auf und bietet die definierte Zugriffsfunktion der korrigierenden Zeiteinstellung. Das systemische Verhalten der Armbanduhr ist damit aus Nutzersicht hinreichend dargestellt.

Die Implementierung dieses Verhaltens, z. B. mit einem Automatik-Werk, einem Schwingquartz oder einer Funkübertragung (sogar eine verborgene Miniatursanduhr wäre denkbar) ist dem Benutzer verborgen. Und wie bei allen abstrakten Datentypen in der Software konnte der Uhrmechanismus theoretisch ausgetauscht werden, ohne dass der Benutzer am äußeren Verhalten hiervon etwas bemerkt. □

Frage 206 Welche klassischen Datenstrukturen nimmt man gerne als paradigmatische Beispiele abstrakter Datentypen, und wie lässt sich umgangssprachlich deren äußeres Verhalten beschreiben?

Antwort: Standardbeispiele für abstrakte Datentypen sind der *Stack* („Stapel") und die *Queue* („Warteschlange"). Beide dienen als Speichermedien mit jeweils charakteristischem Zugriffs- und Entnahmeverhalten.

Die Funktionsweise des Stack ist durch das *Last-in-First-out*-Prinzip (LIFO) gekennzeichnet. Das zuletzt abgelegte Datenelement wird also als Erstes wieder entnommen.

Die Funktionsweise der Queue entspricht dem *First-in-First-out*-Prinzip (FIFO). Das zuerst abgelegte Datenelement wird auch als Erstes wieder entnommen. □

Frage 207 Worin unterscheidet sich die **Priority-Queue** von Stack und Queue?

Antwort: Im Gegensatz zu Stack und Queue werden die gespeicherten Datenelemente nicht in Abhängigkeit der Reihenfolge ihres Einlesens entnommen. Es wird also weder das LIFO- noch das FIFO-Prinzip verwendet.

Stattdessen sind bei einer Priority-Queue die zu speichernden Datenelemente jeweils mit einem numerischen Schlüsselattribut versehen. Die Werte dieser Attribute sind es nun, die die Reihenfolge der Entnahme der Datenelemente bestimmen: Entnommen wird jeweils das Element mit dem höchsten Schlüsselwert. Die Schlüsselattribute repräsentieren demnach die *Priorität* für die Entnahmereihenfolge.

Würden also in einer Priority-Queue Elemente mit fortlaufend fallenden Schlüsselwerten gespeichert, dann zeigte die Priority-Queue hierfür das Verhalten einer Queue. Im umgekehrten Fall, beim Abspeichern mit laufend wachsenden Schlüsselwerten, zeigte die Priority-Queue das Verhalten eines Stacks. □

Frage 208 Wie lässt sich der Stack als abstrakter Datentyp axiomatisch spezifizieren?

Antwort: Das Verhalten des Stacks wird mittels vier Funktionen beschrieben, deren Definitions- und Wertebereich u. a. die Menge der Stackzustände S und Datenelemente X umfassen. Ein spezieller Zustand $\emptyset \in S$ repräsentiert den leeren Stack:

$isEmpty : S \rightarrow \{true, false\}$
$top : S \setminus \emptyset \rightarrow X$
$pop : S \setminus \emptyset \rightarrow S$
$push : S \times X \rightarrow S$

Damit diese Funktionen systemisch einen Stack beschreiben, müssen sie folgende Eigenschaften erfüllen:

i) $isEmpty(\emptyset) = true$
ii) $isEmpty(push(s, x)) = false, \forall s \in S, x \in X$
iii) $top(push(s, x)) = x, \forall s \in S, x \in X$
iv) $pop(push(s, x)) = s, \forall s \in S, x \in X$ □

Frage 209 Wie kann die Queue als abstrakter Datentyp axiomatisch spezifiziert werden?

Antwort: Das Verhalten der Queue lässt sich in Analogie zum Verhalten des Stacks mittels der Zustandsmenge Q (inkl. der Konstanten $\emptyset$) beschrieben und mittels der Funktionen:

$isEmpty : S \rightarrow \{true, false\}$
$head : Q \setminus \emptyset \rightarrow X$
$dequeue : Q \setminus \emptyset \rightarrow Q$
$enqueue : Q \times X \rightarrow Q$

Hierfür müssen nun folgende Gleichungen gelten:

i) $isEmpty(\emptyset) = true$

ii) $isEmpty(enqueue(q,x)) = false$

iii) $head(enqueue(q,x)) = \begin{cases} x, & q = \emptyset; \\ head(q), & \text{sonst.} \end{cases}$

iv) $dequeue(enqueue(q,x)) = \begin{cases} \emptyset, & q = \emptyset; \\ enqueue(dequeue(q),x), & \text{sonst.} \end{cases}$

$\square$

Frage 210 An welchen Stellen unterscheidet sich die axiomatische Spezifikation der Priority-Queue von der Queue?

Antwort: Die Funktion *head* der Queue wird ersetzt durch eine Funktions na-mens *max*. Der systemische Unterschied zwischen *max* und *head* wird in den leicht modifizierten Axiomen im Verbund mit den Funktionen *enqueue* und *dequeue* deutlich. Bei ansonsten analogen Definitions- und Wertebereichen der betrachte-ten Funktionen erhalten wir:

$$max(enqueue(q,x)) = \begin{cases} x, & q = \emptyset; \\ x, & q \neq \emptyset \wedge x > max(q); \\ max(q), & \text{sonst.} \end{cases}$$

sowie

$$dequeue(enqueue(q,x)) = \begin{cases} \emptyset, & q = \emptyset; \\ q, & q \neq \emptyset \wedge x > max(q); \\ enqueue(dequeue(q),x), & \text{sonst.} \end{cases}$$

Sieht man also von der Namensänderung ab, so besteht der Unterschied zur Queue im Hinzufügen einer zusätzlichen Bedingung, nämlich $q \neq \emptyset \wedge x > max(q)$, für die Spezifikationen von $max(enqueue(q,x))$ und $dequeue(enqueue(q,x))$. $\square$

Frage 211 Mit welchen programmiersprachlichen Mitteln wird die Programmierung abstrakter Datentypen unterstützt?

Antwort: Abstrakte Datentypen lassen sich auf natürliche Weise mithilfe des Klassenkonzepts objektorientierter Sprachen implementieren. Hierbei werden i. d. R. diejenigen Operationen, an denen das Verhalten festzumachen ist, als public Methoden definiert, deren Implementierung auf `private` Attributen beruhen. Das „Wie" der Implementierung bleibt dem Nutzer der Methode verborgen. Der Programmierer hat nur dafür zu sorgen, dass die Implementierung das zugesicherte Verhalten der Methode, also das „Was" gewährleistet. □

Frage 212 Programmieren Sie eine Klasse Stack, deren Methoden das systemische Verhalten eines Stacks realisieren und hierbei auf eine einfach verkettete Liste als private Datenstruktur zurückgreifen.

Antwort:

```
class Stack{
    private Listenelement s;

    public Stack(){ // Konstruktor
        s = null;
    }

    public boolean isEmpty(){
        return s == null;
    }

    public MyType top(){
        if(s == null){
            throw new NullPointerException("leerer Stack:
                                        kein top-Element");
        }
        else return s.elem;
    }

    public void pop(){
        if(s == null){
            throw new NullPointerException("leerer Stack:
                                        keine pop-Funktion");
        }
        else s = s.next;
    }

    public void push(MyType x){
        Listenelement temp = new Listenelement();
        temp.elem = x;
        temp.next = s;
        s = temp;
    }
}
```

Auf ähnliche Weise kann mithilfe einer verketteten Liste eine Klasse `Queue` programmiert werden, die auf effiziente Weise einen abstrakten Datentyp Queue implementiert.

Für eine effiziente Implementierung des abstrakten Datentyps Priority-Queue ist eine verkettete Liste jedoch nicht das Mittel der Wahl, sondern der *Heap*. □

Frage 213 Gegeben sei eine Klasse `Matrix` mit einem Konstruktor, dem Arrays übergeben werden können, sowie die Matrixoperationen `matrixAdd`, `matrixMult` und `matrixInvers` als public Methoden.

Programmieren Sie einen abstrakten Datentypen `Complex` für die komplexen Zahlen, ohne dass es für den Benutzer erkenntlich ist, dass Sie die ganze Arbeit an die Klasse `Matrix` delegieren, indem Sie sich die Isomorphie zwischen den komplexen Zahlen in der Darstellung $a + i \cdot b$ und den Matrizen der Form

$$\begin{pmatrix} a & -b \\ b & a \end{pmatrix}$$

zunutze machen.

Antwort: Folgende Klasse leistet das Gewünschte (ohne *exception handling*):

```
class Complex{
    private Matrix m;

    public Complex(double a, double b){ // Konstruktor
        m = new Matrix({a,-b},{b,a});
    }

    public void add(Complex x){
        m.matrixAdd(x.m);
    }

    public void mult(Complex x){
        m.matrixMult(x.m);
    }

    public void inv(Complex x){
        m.matrixInvers();
    }
}
```

Der Quotient $\dfrac{a + i \cdot b}{c + i \cdot d}$ lässt sich mit dieser Klasse wie folgt berechnen:

```
Complex x = new Complex(a,b);
Complex y = new Complex(c,d);
Complex erg = x.mult(y.inv());
```                                                                            □

5.3   Baumstrukturen

Frage 214 Was ist ein **Baum**?

Antwort: Die Bausteine eines Baums sind *Knoten* und *Kanten*. Eine Kante verbindet jeweils zwei Knoten. Der Aufbau eines Baums ist induktiv wie folgt definiert:

i) Ein Knoten w (ohne Verbindung zu einem anderen Knoten) ist ein (einfacher) Baum t. w heißt *Wurzel eines Baumes* des Baums t.

ii) Sind $t_1, t_2, \cdots, t_n$ Bäume mit Wurzeln $w_1, w_2, \cdots, w_n$, dann erhält man durch Hinzufügen eines neuen Knotens w und n neuer Kanten, die w mit $w_1, w_2, \cdots, w_n$ verbinden, einen neuen Baum t. Dieser neue Baum hat die Wurzel w. Die Knoten $w_1, w_2, \cdots w_n$ sind im neuen Baum keine Wurzeln mehr.

Hierbei werden folgende Sprachregelungen getroffen: Der Knoten w heißt *Vorgänger* der Knoten w_i, die Knoten w_i heißen *Nachfolger* des Knotens w. Ein Knoten ohne Nachfolger heißt *Blatt*. Ein Knoten mit Nachfolger und mit Vorgänger heißt *innerer Knoten*.

Ein Baum hat also folgende Eigenschaften: Jeder Knoten hat höchstens einen Vorgänger. Jeder innere Knoten hat genau einen Vorgänger. Die Wurzel eines Baumes t ist derjenige (eindeutig bestimmte) Knoten von t, der keinen Vorgänger hat. Jeder Knoten kann beliebig viele Nachfolger haben.

Ein *binärer Baum* ist ein Baum, der dadurch charakterisiert ist, dass jeder Knoten höchstens zwei Nachfolger hat.

Eine verkettete Liste kann als entarteter binärer Baum aufgefasst werden, also als Baum, bei dem jeder Knoten (außer dem Blatt) nur noch einen Nachfolger hat.

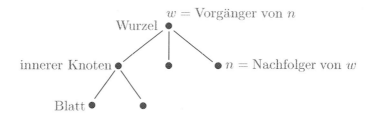

Frage 215 Programmieren Sie eine Klasse Node, die als Baustein eines Baumes fungieren kann.

Antwort: Folgende Klasse leistet das Gewünschte:

```
class Node{
    public MyType elem;
    public Node[] successors;
    public Node predecessor;
}
```

Die Klasse Node beinhaltet implizit also auch die Kanten in Form geeigneter Attribute vom Typ Node oder Node[]. In dieser Form haben wir eine Analogie zur doppelt verketteten Liste. Verzichtet man auf das Attribut predecessor, so entspräche dies der einfach verketteten Liste.

Bei einem binären Baum kann man anstelle eines Attributs vom Typ Node[] zwei einzelne Attribute vom Type Node benutzen. Unter Benutzung eines neuen Klassennamens BinNode steht uns für binäre Bäume damit auch folgende Klasse zur Verfügung:

```
class BinNode{
    public MyType elem;
    public BinNode successor1;
    public BinNode successor2;
    public BinNode predecessor;
}
```

Frage 216 Welche Strategien zur Traversierung eines Baumes kennen Sie?

Antwort: Es lassen sich die Depth-First- und die Breadth-First-Strategie unterscheiden.

Bei der Depth-First-Strategie werden rekursiv zunächst die „linken" Nachfolger eines Knotens besucht. Bei der Breadth-First-Strategie werden zunächst *alle*

Nachfolger eines Knotens und dann alle Nachfolger der Nachfolger etc. besucht.

Die rekursive Depth-First-Strategie passt besser zum rekursiven Baumaufbau und kann deshalb leichter programmiert werden:

```
void traverse (Node w){
    for (int i = 0; i < w.successors.length; i++){
        traverse(w.successor[i]);
    }
}
```

Frage 217 Benutzen Sie den Depth-First-Traversierungalgorithmus, um die maximale Tiefe eines Baumes zu berechnen.

Antwort: Folgende Modifikation der traverse-Funktion liefert das Gewünschte (unter Benutzung einer Hilfsfunktion max):

```
int getDepth (Node w){
    int depth = 0;
    for (int i = 0; i < w.successors.length; i++){
        depth = max(depth, getDepth(w.successor[i]));
    }
    return depth + 1;
}
```

Frage 218 Benutzen Sie die Depth-First-Strategie, um als Truppführer eines Spähtrupps bei Nacht mit den Mitteln der „inneren Führung" den Überblick über Ihre verbliebene Mannschaft zu behalten.

Antwort: Wir modellieren den Spähtrupp als verkettete Liste mit der Klasse TruppAngehoeriger, also als entarteten Baum, für den wir die obige Funktion getDepth durch eine angepasste Funktion durchzaehlen ersetzen:

```
class TruppAngehoeriger{
    public TruppAngehoeriger next;

    public String durchzaehlen(int i){
        if (next != null){
            return next.durchzaehlen(i + 1);
        }
        return i + "durch";
    }
}
```

Der Aufruf vom Spähtruppführer erfolgt in diesem Fall mit dem Befehl
durchzaehlen(1) an seinen Hintermann. Als Antwort erhält er nach einer gewissen Zeit von seinem Hintermann die Antwort "n durch", woraus er schließen
kann, dass noch insgesamt n Teilnehmer beim Spähtrupp verblieben sind.

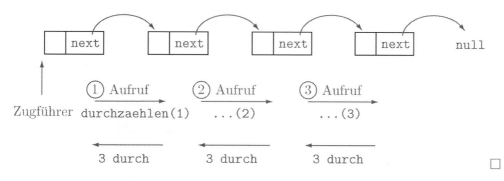

Frage 219 Eine Vertriebsfirma sei klassisch hierarchisch in Form eines Baumes organisiert. Wie kann der Vertriebsleiter sich mithilfe der Depth-First-Strategie einen
Überblick über die Umsatzzahlen verschaffen?

Antwort: Wir modifizieren den Traversierungsalgorithmus, indem die Umsatzzahlen auf jeder Organisationseinheit rekursiv aggregiert werden. Wir benutzen
die Klasse:

```
class OrgUnit{
    public int value;
    public OrgUnit[] subordinates;
    public OrgUnit superior;
}
```

und die Funktion (die eine vorherige Initialisierung des Attributs value voraussetzt):

```
int revenueOrgUnit(OrgUnit w){
    for (int i = 0; i < w.successors.length; i++){
        w.value = w.value + revenueOrgUnit(w.successor[i])
    }
    return w.value;
}
```

Frage 220 Wie sieht ein Breadth-First-Algorithmus zur Traversierung eines Baumes
aus?

Antwort: Da der rekursive Aufbau eines Baumes „orthogonal" zum Breadth-First-Traversieren liegt, wird der Baumdurchlauf mithilfe einer eigenen Datenstruktur organisiert. Hierfür bietet die Queue die passenden Eigenschaften. Unter Benutzung einer geeigneten Klasse Queue liefert folgende Funktion das Gewünschte:

```
void traverseBreadthFirst(Node w){
    Queue q = new Queue();
    q.enqueue(w);
    while(!q.isempty()){
        q.dequeue();
        for(int i = 0; i < w.successors.length; i++){
            q.enqueue(w.successors[i];
        }
    }
}
```
□

Frage 221 Wie erhält man aus dem Breadth-First-Algorithmus einen nicht rekursiven Depth-first-Algorithmus?

Antwort: Es genügt, die Queue durch den Stack zu ersetzen:

```
void traverseDepthFirst(Node w){
    Stack s = new Stack();
    s.push(w);
    while(!s.isempty()){
        s.pop();
        for(int i = 0; i < w.successors.length; i++){
            s.push(w.successors[i]);
        }
    }
}
```
□

Frage 222 Was ist ein **Heap-geordneter** Baum?

Antwort: Ein Baum (z. B. mit Knotentyp Node, wobei der Einfachheit halber elem den Typ int haben möge) ist *Heap-geordnet*, wenn für jedes Knotenobjekt w (nebst allen zulässigen Indizes i) folgende Bedingung true ergibt:

```
w.elem >= w.successors[i].elem;
```
Der Wert des Attributs elem, der als „Schlüsselattribut" fungiert, ist also nicht kleiner ist als die Werte des Schlüsselattributs in den Nachfolgerknoten.   □

Frage 223 Geben Sie ein Beispiel eines Heap-geordneten Baumes an.

Antwort: Die mittels der Klasse `OrgUnit` aufgebaute Vertriebsfirma ergibt nach der Traversierung mittels `revenueOrgUnit` einen Heap-geordneten Baum.

Auch die Einführung eines anderen Schlüsselattributs `int gehalt` wird (vermutlich) in jeder Vertriebsorganisation eine Heap-geordnete Baumstruktur zur Folge haben.   □

Frage 224 Was versteht man unter einem **Heap** im Zusammenhang mit einem Heap-geordneten Baum?

Antwort: Ein *Heap* ist die Repräsentation eines vollständigen *binären* Heap-geordneten Baumes in einem Array `heapArray`. Die Baumelemente sind dabei im Array wie folgt organisiert:

`heapArray[0]` enthält die Wurzel des Baumes.
`heapArray[i/2]` enthält den Vorgänger des Elements `heapArray[i]`.
($i/2 = \lfloor \frac{i}{2} \rfloor$)

Damit enthalten `heapArray[2*i]` bzw. `heapArray[2*i + 1]` den ersten bzw. zweiten Nachfolger des Elements `heapArray[i]`.

Der binäre Baum ist also m. a. W. entsprechend einer Breadth-First-Traversierung im Array abgespeichert.   □

Frage 225 Welchen Vorteil birgt die Darstellung eines binären Heap-geordneten Baums in einem Heap, also in einem Array?

Die Abbildung des Baumes in einem Array eröffnet die Möglichkeit, die Indexoperationen des Arrays für eine schnelle Baumtraversierung zu benutzen. Dies ist insbesondere für die Wiederherstellung der Heap-Bedingungen nach vorausgegangenen Array-Operationen relevant.   □

Frage 226 Welche Operationen auf einem Heap sind von besonderem Interesse?

Antwort: Die Notwendigkeit von Heap-Operationen lässt sich auf zwei Fälle zurückführen: die Vergrößerung und die Verkleinerung eines Schlüsselwertes. Beides hat i. A. zur Folge, dass die Baumelemente im Heap ihren Platz ändern müssen, damit die Heap-Bedingungen erfüllt bleiben:

1. Die Vergrößerung des Schlüsselwertes erfordert das Aufsteigen des Elementes.

2. Die Verkleinerung des Schlüsselwertes erfordert das Absinken des Elements.

Im ersten Fall spricht man von *bottom-up heapify*, im zweiten Fall von *top-down heapify*. Beide Operationen lassen sich (mit einer Hilfsfunktion `exchangeValues(int a, int b)` auf dem Heap leicht programmieren:

```
void heapifyBottomUp(int[] heapArray, int i){
    while(i > 1 && heapArray[i/2]<heapArray[i]){
        exchangeValues(heapArray[i],heapArray[i/2]);
        i = i/2;
    }
}
```

sowie

```
void heapifyTopDown(int[] heapArray, int i){
    while(2*i <= heapArray.length){
        if(2*i < heapArray.length && heapArray[2*i] < a[2*i + 1]){
            if((heapArray[i] >= heapArray[2*i + 1])) break;
        }
        exchangeValues(heapArray[i],heapArray[2*i + 1]);
        i = 2*i + 1;
    }
}                                                                      □
```

Frage 227 Programmieren Sie eine Klasse `PriorityQueue`, deren Methoden das systemische Verhalten einer Priority-Queue realisieren und hierbei auf einen Heap als private Datenstruktur zurückgreifen.

Antwort:

```
class PriorityQueue{
    private int[] heapArray;
    private int n;

    public PriorityQueue(int max){ // Konstruktor
        heapArray = new int[max + 1];
        n = 0;
    }

    public boolean isEmpty(){
        return n == 0;
    }

    public int dequeue(){
        exchangeValues(heapArray[1], heapArray[n]);
```

```
        heapifyTopDown(heapArray, 1);
        return heapArray[n--];
    }

    public void enqueue(int x){
        heapArray[++n] = x;
        heapifyBottomUp(heapArray, n);
    }
}
```

□

6 Algorithmen

„Und ist es auch Wahnsinn – so hat es doch Methode."
(Shakespeare – Hamlet)

Algorithmen begegnen einem in der Informatik zweimal: Als Präzisierung des Konzepts der Berechenbarkeit in der theoretischen Informatik und als Sammlung spezieller wichtiger und in Anwendungen immer wiederkehrender Algorithmen in der praktischen Informatik. Das Verständnis des Konzepts der Berechenbarkeit (ver)führt gerne zu der Vorstellung, nun sei „alles" – zumindest im Prinzip – gelöst. Tatsächlich fangen die eigentlichen Probleme dann erst an: Die konkrete Strukturierung, das praktische Auffinden, das Programmieren von Algorithmen vor dem Hintergrund spezieller Anforderungen, die i. A. nicht aus der Informatik selbst kommen.

Augenfällig ist dies in der Behandlung der Komplexität. In der praktischen Informatik hören die Komplexitätsklassen da auf, wo die der theoretischen Informatik erst so richtig beginnen. Denn alles das, was in der praktischen Informatik hier sinnvoll unterschieden wird, wird in der theoretischen Informatik zu einem Begriff, dem der polynomialen Komplexität, zusammengefasst.

Schon der Entwurf effizienter Sortieralgorithmen, also etwas, das man gemeinhin höchstens als eine bessere Fleißaufgabe ansieht, stellt uns vor eine Reihe analytischer und nicht immer leicht zu lösender Probleme. Die starke Konzentration auf den Bereich Sortier- und Suchalgorithmen hat dabei mehrere Gründe. Die Algorithmen selbst spielen in den mannigfachsten Anwendungen eine wichtige Rolle, und ihre Methoden finden sich in anderen Algorithmen wieder.

Selbstverständlich gibt es darüber hinaus eine unüberschaubare Vielzahl spezieller Algorithmen, insbesondere im Bereich der höheren numerischen Mathematik für Spezialanwendungen z. B. für die Lösung von Differenzialgleichungen wie sie beispielsweise dem Wettergeschehen oder der Strömungsmechanik zugrunde liegen. Hier muss der Informatiker Hand in Hand mit dem Mathematiker arbeiten. Algorithmen dieser Art gehören in Spezialgebiete und nicht zum Standardwissen eines jeden Informatikers.

Das Gebiet der Algorithmen ist im Lehrbuchbereich hervorragend abgedeckt. Von daher ist es mehr eine Frage der besonderen, einer speziell entgegenkommenden Art der Darstellung, welches Lehrbuch sich für die Prüfungsvorbereitung als besonders hilfreich herausstellt. Für den Prüfungstrainer haben wir selbst gerne auf die schon erwähnten Lehrbücher [10] und [41] zurückgegriffen. Als weitere Referenzen erwähnen wir [32] und *den* Klassiker von D. Knuth [18].

6.1   Allgemeine rekursive Algorithmen

Frage 228 Welche einfachen Beispiele **rekursiver Funktionen** kennen Sie?

Antwort: Das klassische Beispiel für die rekursive Programmierung einer Funktion ist die Fakultät:

```
int facult(int n){ // n >= 0 vorausgesetzt
    if (n == 0) return 1;
    return n*facult(n-1);
}
```

Aber auch bereits die Addition der natürlichen Zahlen kann rekursiv programmiert werden:

```
int add(int n, int m){ // n,m >= 0 vorausgesetzt
    if (m == 0) return n;
    return add(n,m-1)+1;
}
```
□

Frage 229 Geben Sie eine rekursive Programmierung des **Euklid'schen Algorithmus** an.

Antwort: Folgende Funktion leistet das Gewünschte:

```
int euklid(int a, int b){ // a >= b >= 0 vorausgesetzt
    if (b == 0) return a;
    return euklid(b, a%b);
}
```
□

Frage 230 Was verstehen wir unter einem **Divide-and-Conquer-Algorithmus**?

Antwort: Der Divide-and-Conquer-Ansatz besteht darin, ein Problem so zu zerlegen, dass die dabei zu lösenden Teilprobleme analog sind zum Ursprungsproblem jedoch von geringerer Komplexität.

Divide-and-Conquer-Algorithmen bestehen deshalb in der Regel aus rekursiven Aufrufen, in denen die Teilprobleme separat gelöst und danach zu einer Lösung des ursprünglichen Problems kombiniert werden.

Bekannte Beispiele dieses Vorgehens sind gewisse Sortierverfahren wie der *Mergesort-Algorithmus* oder der Lösungsalgorithmus für die *Türme von Hanoi*.
□

Frage 231 Programmieren Sie einen Divide-and-Conquer-Algorithmus zur Bestimmung eines größten Array-Elements.

Antwort: Nehmen wir der Einfachheit halber einen Array mit Integer-Elementen, dann liefert der folgende Algorithmus das Gewünschte:

```
int findMax(int[] a, int leftIndex, int rightIndex){
    if(leftIndex == rightIndex) return a[leftIndex];

    int mediumIndex = (leftIndex + rightIndex)/2;
    int leftMax = findMax(a, leftIndex, mediumIndex);
    int rightMax = findMax(a, mediumIndex + 1, rightIndex);

    if(leftMax > rightMax)
        return leftMax;
    return rightMax;
}
```
□

Frage 232 Formulieren Sie den Divide-and-Conquer-Algorithmus zur Lösung des bekannten Problems der **Türme von Hanoi**.

Antwort: Gesucht ist ein Verfahren zum Transport eines Turms bestehend aus n einzelnen Scheiben scheibchenweise von einem Platz 1 zu einem Platz 2 unter Benutzung eines Zwischenspeichers Platz 3. Den (rekursiven) Algorithmus erhält man durch folgende Zerlegung des Gesamtproblems:

Teilproblem1a: Transportiere die obersten $n-1$ Scheiben von Platz 1 nach Platz 3.

Teilproblem2: Transportiere die unterste Scheibe von Platz 1 nach Platz 2.

Teilproblem1b: Transportiere die obersten $n-1$ Scheiben von Platz 3 nach Platz 2.

Die Anzahl der einzelnen Scheibentransporte ist bei diesem Algorithmus gleich $2^n - 1$ und stellt das Minimum eines jeden Lösungsalgorithmus der Türme von Hanoi dar. □

Frage 233 Warum ist der naheliegende rekursive Algorithmus zur Berechnung der **Fibonaccizahlen** kein Divide-and-Conquer-Algorithmus?

Antwort: Die direkte Umsetzung der rekursiven Definition in das Programm:

```
int fibonacci(int i){ // i als nicht negativ vorausgesetzt
    if ( i <= 1) return i;
    return fibonacc(i-1) + fibonacci(i-2);
}
```

führt zu einer häufigen Wiederholung identischer Funktionsaufrufe. Die beiden Funktionsaufrufe `fibonacci(i-1)` und `fibonacci(i-2)` stellen demnach keine wirkliche Zerlegung des Ursprungsproblems in zwei (unabhängige) Teilprobleme dar. □

Frage 234 Welche Methode benutzt man zur Lösung von Problemen, für die (wie bei den Fibonaccizahlen) der naheliegende rekursive Algorithmus eine nicht akzeptable Anzahl von Doppel- und Mehrfachberechnungen beinhaltet?

Antwort: Das Mittel der Wahl in solchen Fällen ist die sogenannte *dynamische Programmierung*. Bei ihr werden die Lösungen der Teilprobleme (häufig *bottom-up*) nur jeweils einmal berechnet und zur weiteren Verwendung zwischengespeichert.

Ein schneller Algorithmus zur Berechnung der i-ten Fibonaccizahl nach der Methode der dynamischen Programmierung hat damit folgende Form:

```
int fibonacci(int i){
    if ( i < 1) return 0;

    int temp1 = 0;
    int temp2 = 1;

    for(int k = 2; k <= i; k++){
        temp  = temp2;
        temp2 = temp1 + temp2;
        temp1 = temp;
    }
    return temp2;
}
```
□

Frage 235 Beschreiben Sie einen Algorithmus zur Berechnung der Binomialkoeffizienten mit den Mitteln der dynamischen Programmierung.

Antwort: Man nehme als Medium zur Speicherung bereits berechneter Zwischenergebnisse das Pascal'sche Dreieck in der naheliegenden Form eines zweidimensionalen Arrays `int[][] pascalDreieck`. Die Elemente dieses Arrays können jetzt bottom-up in zwei geschachtelten Schleifen mittels

```
pascalDreieck[k][l] = pascalDreieck[k-1][l-1]+pascalDreieck[k-1][l];
```

berechnet werden. Diese stimmen mit den Binomialkoeffizienten überein. □

Frage 236 Skizzieren Sie den **Dijkstra-Algorithmus**.

Antwort: Der Dijkstra-Algorithmus löst das Problem des kürzesten Weges innerhalb eines Graphen $G = (V, E)$ mit positiv gewichteten Kanten $d : E \to \mathbb{R}^+$. Gesucht wird dabei ausgehend von einem festen Knoten $u \in V$ der kürzeste Weg zu jeweils allen anderen Knoten w des Graphen.

Der Algorithmus gehört zur Klasse der sogenannten *Greedy-Algorithmen*. Diese sind dadurch charakterisiert, dass sie zu jedem Zeitpunkt die jeweils kurzfristig beste Alternative wählen.

Im Falle des Dijkstra-Algorithmus kann man sich folgendes Optimalitätsprinzip zunutze machen: Ist der Weg $p = (v_1, v_2, \cdots v_n)$ der kürzeste von $u = v_1$ nach $w = v_n$, dann ist gleichzeitig der Weg $(v_1, \cdots v_j), j \leq n$ der kürzeste Weg von v_1 nach v_j.

Im Graphen lässt sich damit eine Baumstruktur mit v_1 als Wurzel isolieren, dessen Wege ausnahmslos kürzeste Pfade darstellen, und zwar alle von v_1 ausgehenden kürzesten Pfade.

Der Dijkstra-Algorithmus gewinnt diesen Baum ausgehend von der Wurzel aus. Stellt man während des Traversierens jeweils fest, dass ein Nachbarknoten v_i eines besuchten Knotens auf unterschiedlichen Wegen erreicht werden kann, dann werden diejenigen unmittelbar zu v_i führenden Kanten gekappt, die nicht auf dem kürzesten Weg von v_1 nach v_i liegen. Sind alle Knoten untersucht worden, ist aus dem Graphen durch systematische Elimination von Zyklen ein Baum geworden. □

Frage 237 Warum „funktionieren" Greedy Algorithmen nicht beim **Travelling-Salesman-Problem**?

Antwort: Beim Travelling-Salesman-Problem muss der kürzeste Weg durch einen Graphen gefunden werden unter der zusätzlichen Bedingung, *alle* Knoten zu besuchen. Ein hierfür modifizierter Dijkstra-Algorithmus würde beispielsweise ausgehend vom ersten Knoten stets den lokal nächstliegenden Knoten aussuchen. Dies könnte zu einer Zickzacklinie führen, die nicht dem kürzesten Weg entspräche. □

6.2 Komplexitätsanalyse von Algorithmen

Frage 238 Was meinen wir mit der Feststellung, dass eine Funktion $f(n) = O(g(n))$ ist?

Antwort: Die Notation $O(g(n))$ beschreibt eine Klasse von Funktionen, die alle die gemeinsame Eigenschaft haben, ein zu $g(n)$ vergleichbares qualitatives Wachstumsverhalten für große n zu besitzen. Formal legt man fest:

$$f(n) = O(g(n)) \quad \text{: gdw.} \quad \exists\, c_f, N_f \ \forall\, n > N_f \ f(n) < c_f \cdot g(n).$$

Die Benutzung des Gleichheitszeichens ist etwas ungenau – korrekt müsste es heißen $f(n) \in O(g(n))$ –, aber sehr praktisch. Die Bezeichnungen c_f und N_f bedeuten, dass die Konstanten in Abhängigkeit von f zu wählen sind. $\square$

Frage 239 Könnte man nicht auf die Einschränkung „$\forall\, n > N_f$" zugunsten von „$\forall\, n$" verzichten, indem man die Konstante c_f notfalls einfach höher ansetzt?

Antwort: In den meisten praktischen Fällen ja. Theoretisch könnte $g(n)$ jedoch für einige n gleich null sein. An solchen Stellen würde ein Hochsetzen von c_f evtl. nichts helfen, um $f(n) < c_f \cdot g(n)$ für *alle* n zu erzwingen.

Da es bei der Charakterisierung der $f(n)$ mittels der O-Notation nur um das langfristige, das asymptotische Verhalten geht, wäre die definitorische Optimierung – obgleich praktisch möglich – nicht von praktischem Interesse. $\square$

Frage 240 Welche Eigenschaften haben die mittels der O-Notation beschriebenen Klassen?

Antwort: Die O-Notation definiert eine (partielle) Quasiordnung auf der Menge aller Funktionen $f(n)$. Setzen wir nämlich

$$f(n) \leq_O g(n) \quad \text{: gdw.} \quad f(n) = O(g(n))$$

dann gilt:

i)$f(n) \leq_O f(n)$
ii)$f(n) \leq_O g(n)$ und $g(n) \leq_O h(n)$ implizieren $f(n) \leq_O h(n)$.

Die Feststellung, dass $f(n) = O(g(n))$ ist, bedeutet nicht, dass $g(n)$ eine kleinste obere Schranke ist und muss deshalb nicht die Eigenschaft eines Infimums widerspiegeln.

Praktisch wählt man im Falle von $f(n) = O(g(n))O$ allerdings häufig ein $g(n)$ mit eben einer solchen Infimumseigenschaft. Man benutzt dabei $O(g(n))$ im Sinne der Notation $\Theta(g(n))$, wobei $f(n) = \Theta(g(n))$ nicht nur $f(n) = O(g(n))$ bedeutet, sondern auch $g(n) = O(f(n))$. Dies induziert auf kanonische Weise eine Äquivalenzrelation. $\square$

Frage 241 Mit welchen Komplexitätsklassen, mit welchen $g(n)$ also, haben wir es in der praktischen Informatik meistens zu tun? Nennen Sie jeweils einfache Beispiele zugehöriger Algorithmen.

Antwort: Folgende Komplexitätsklassen sind in der praktischen Informatik von besonderem Interesse:

- $O(1)$ – *konstante Komplexität.* Operationen auf dem Stack sind von dieser konstanten Komplexität, also unabhängig von der jeweiligen Größe n des Stacks.
- $O(\log(n))$ – *logarithmische Komplexität.* Das binäre Suchen in einem lexikografisch geordneten Wörterbuch hat logarithmische Komplexität.
- $O(n)$ – *lineare Komplexität.* Das Suchen in einer ungeordneten Liste ist von linearer Komplexität.
- $O(n \cdot \log(n))$ – *linear-logarithmische Komplexität.* Optimierte Sortieralgorithmen, wie z. B. der *Mergesort* gehören zu dieser Komplexitätsklasse. Der bekannte *Quicksort* ist nur im *statistischen Mittel* $O(n \cdot \log(n))$.
- $O(n^2)$ – *quadratische Komplexität.* Einfache Sortierverfahren wie der bekannte *Bubblesort* weisen quadratische Komplexität auf.
- $O(n^3)$ – *kubische Komplexität.* Parsing-Algorithmen für kontextfreie Sprachen wie der *CYK*-Algorithmus sind von kubischer Komplexität. Ebenso der Multiplikationsalgorithmus quadratischer Matrizen in der klassischen Implementierung.
- $O(2^n)$ – *exponentielle Komplexität.* Der Lösungsalgorithmus der *Türme von Hanoi* hat exponentielle Komplexität.

Spezielle Algorithmen, wie etwa die Matrixmultiplikation nach Strassen, führen zu Komplexitätsklassen mit gebrochenen Exponenten wie $O(n^{\log(7)} = O(n^{2.81})$.□

Frage 242 Zu welchen Komplexitätsklassen gehören die Operationen dequeue bzw. enqueue der Klasse `PriorityQueue`?

Antwort: Sowohl dequeue als auch enqueue sind von der Komplexität $O(\log(n))$.

□

Frage 243 Zu welchen Komplexitätsklassen gehörten dieselben Operationen, wenn die Klasse `PriorityQueue` auf ein Array (das nicht als Heap organisiert ist) bzw. eine verkettete Liste zurückgreift?

Antwort: Sind Array bzw. Liste geordnet, dann ist enqueue jeweils von der Komplexität $O(n)$ und dequeue jeweils von der Komplexität $O(1)$.

Sind Array bzw. Liste nicht geordnet, dann ist es umgekehrt, d. h., enqueue ist jeweils von der Komplexität $O(1)$ und dequeue jeweils von der Komplexität $O(n)$.□

6.3   Elementare Sortieralgorithmen

Frage 244 Nennen Sie drei der wichtigsten elementaren Sortieralgorithmen.

Antwort: Unter die elementaren Sortieralgorithmen fallen der

- *Selectionsort*
- *Insertionsort*
- *Bubblesort*   □

Frage 245 Was kennzeichnet die elementaren Sortieralgorithmen?

Antwort: Diese Algorithmen sind intuitiv, zeichnen sich durch eine sehr einfache Implementierung aus und sind für das Sortieren kleiner Mengen auch praktisch geeignet. Ihnen gemeinsam ist jedoch, dass die Komplexität des Sortiervorgangs qudaratisch mit der Anzahl der zu sortierenden Objekte wächst.   □

Frage 246 Worin liegt die Idee des **Selectionsort**, und wie sieht seine Implementierung aus?

Der *Selectionsort* sucht in mehreren Durchgängen jeweils das kleinste, zweitkleinste, drittkleinste etc. Element und plaziert dieses an der ersten, zweiten, dritten etc. Stelle.

```
void selectionSort(int[] a, int l, int r){
    for(int i = l; i < r; i++){
        int tempMin = i;
        for(int j = i+1, j <= r; j++){
            if(a[j] < a[tempMin]) tempMin = j;
        }
        exchangeValues(a[i], a[tempMin]);
    }
}
```
                                                                           □

Frage 247 Beschreiben Sie den **Insertionsort** und seine Implementierung.

Antwort: Der *Insertionsort* geht wie ein Skatspieler vor, der nacheinander die Karten vom Kartendeck aufnimmt und sie jeweils durch Vergleich mit den bereits aufgenommenen Karten an der richtigen Stelle einordnet.

```
void insertionSort(int[], int l, int r){
    for(int i = l+1; i <= r; i++){
        for(int j = i, j > l; j--){
            if(a[j-1] > a[j]) exchangeValues(a[j-1], a[j]);
```

```
        }
    }
}
```

□

Frage 248 Worin besteht der Unterschied zwischen dem **Bubblesort** und dem Insertionsort, und wie äußert sich dies in den jeweiligen rekursiven Definitionen?

Antwort: Beim *Bubblesort* würde der Skatspieler zunächst sämtliche Karten aufnehmen, um erst danach, beginnend mit der letzten Karte, die sukzessiven Vergleiche durchzuführen. Der Bubblesort sieht rekursiv programmiert wie folgt aus:

```
void bubbleSort(int[] a, int l, int r){
    if(l == r) return;

    for(int j = r; j > l; j--){
        if(a[j-1] > a[j]) exchangeValues(a[j-1], a[j]);
    }
    bubbleSort(a, l+1, r);
}
```

Die rekursive Variante des Insertionsort hat hingegen folgende Form:

```
void insertionSortRec(int[] a, int l, int r){
    if(l == r) return;

    insertionSortRec(a, l, r-1);
    for(int j = r; j > l; j--){
        if(a[j-1] > a[j]) exchangeValues(a[j-1], a[j]);
    }
}
```

□

Frage 249 Was bedeutet es, dass ein Sortierverfahren **stabil** genannt wird?

Antwort: Ein Sortierverfahren ist *stabil*, wenn bei Sortierschlüsselgleichheit zweier Objekte die relative Reihenfolge zwischen ihnen nicht verändert wird.

Praktisch relevant ist die Notwendigkeit eines stabilen Sortierverfahrens, wenn einer schon bestehenden Ordnung eine andere Ordnung überlagert werden soll: Nehmen wir z. B. an, es läge eine alphabetisch geordnete Menge von Firmen vor. Sollen die Firmen nun nach den Namen ihrer Standorte geordnet werden, sodass die Firmen an ein und demselben Standort alphabetisch geordnet bleiben, muss das hierzu benutzte Sortierverfahren stabil sein.

Die Sortierverfahren Insertionsort und Bubblesort sind stabil.

□

Frage 250 Zeigen Sie an einem einfachen Beispiel, dass der Selectionsort nicht stabil ist und skizzieren Sie, wie er zu einem stabilen Verfahren gemacht werden könnte.

Antwort: Das einfachste Beispiel besteht aus einem dreielementigen Array {2,2,1}. Die Tauschoperation der 1 mit der vorderen 2 nach dem ersten Durchlauf vertauscht auch die relative Reihenfolge der beiden zweien untereinander, die beim zweiten (und gleichzeitig letzten) Durchlauf bestehen bleibt.

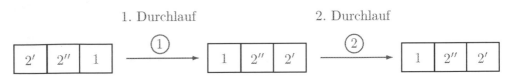

Offensichtlich wird die Verletzung der Stabilität verursacht durch die Vertauschoperation (`exhangeValues`). Ein Selectionsort, der den Array nicht „in place" sortiert, der also für den sortierten Array über *zusätzlichen* Speicherplatz verfügt, käme ohne die Vertauschoperation aus und wäre somit stabil. □

Frage 251 Wie verhalten sich die elementaren Sortierverfahren in Bezug auf ihre Performanz zueinander?

Antwort: Alle drei Verfahren, der Selectionsort, der Insertionsort und der Bubblesort, sind jeweils von quadratischer Komplexität.

Eine genaue Analyse zeigt, dass der Insertionsort etwa doppelt so schnell ist wie die beiden anderen Sortierverfahren. Man kann ebenfalls zeigen, dass der Bubblesort i. W. nie besser ist als der Selectionsort.

Zusammenfassend lässt sich sagen, dass der Insertionsort der schnellste und Bubblesort der langsamste Algorithmus ist. □

Frage 252 In welchem der elementaren Verfahren steckt das meiste Verbesserungspotenzial?

Antwort: Der Insertionsort, der in der Grundversion schon das beste Verhalten zeigt, hat zugleich das meiste Verbesserungspotenzial.

Die Anzahl der notwendigen Vertauschungsoperationen kann nämlich im Schnitt stark reduziert werden, wenn in diversen Vorläufen Elemente mit festen Abständen verglichen und gegebenenfalls vertauscht werden. Dieses Vorgehen entspricht dem *Shellsort.*

Bei geeigneter Wahl der jeweiligen Abstandsintervalle ist die Komplexität nur noch $O(n^{4/3})$ (u. U. sogar nur $O(n \cdot (\log(n))^2)$ und somit nur unwesentlich größer als bei fortgeschrittenen Sortiermethoden.

Aus denselben Gründen wie beim Selectionsort ist der Shellsort jedoch nicht mehr stabil. ☐

6.4 Fortgeschrittene Sortieralgorithmen

Frage 253 Beschreiben Sie die Idee des **Quicksort**.

Antwort: Der *Quicksort* zerlegt eine zu sortierende Menge in zwei Teilmengen, wobei die Elemente der einen Teilmenge ausnahmslos kleiner als alle Elemente der zweiten Menge sind. Dieser Zerlegungsprozess wird für die entstehenden Teilmengen rekursiv durchgeführt, bis zum Schluss eine durchgehend sortierte Menge vorliegt.

Der Quicksort gehört damit zu den Divide-and-Conquer-Algorithmen und hat folgende Form:

```
void quickSort(int[] a, int l, int r){
    if(r <= l) return;

    int m = vorSortieren(a, l, r);
    quickSort(a, l, m-1);
    quickSort(a, m+1, r);
}
```

Die Funktion vorsortieren ordnet dabei die Array-Elemente so um, dass a[i] <= a[m] für i < m und dass a[m] <= a[i] für m < i. ☐

Frage 254 Beschreiben Sie die Idee des **Mergesort**.

Im Gegensatz zum Quicksort zerlegt der *Mergesort* den zu sortierenden Array ohne Vorsortierung rekursiv. Die sortierten Teil-Arrays werden *danach* wieder durch geeignetes „Mischen" zusammengeführt. Dies geschieht, indem nur das jeweils Größte der beiden vorderen Elemente der beiden Teil-Arrays in einen Zwischenpuffer geschrieben wird. Der Mergesort hat damit folgende Struktur:

```
void mergeSort(int[] a, int l, int r){
    if(r <= l) return;

    int m = (r + l)/2;
    mergeSort(a, l, m);
```

```
    mergeSort(a, m+1, r);
    zusammenfuehren(a, l, m, r);
}
```

zusammenfuehren(a, l, m, r) erhält also die für sich bereits sortierten Teil-Arrays mit den Indizes l bis m bzw. mit den Indizes m+1 bis r für die weitere Sortierung durch Mischen.   □

Frage 255 Wie kann das Konzept der Priority-Queue bzw. des Heaps für ein effizientes Sortierverfahren genutzt werden?

Ist die Priority-Queue mit hinreichend schnellen Methoden enqueue und dequeue versehen wie bei der Klasse PriorityQueue, dann ist folgender Ansatz geeignet: Im ersten Durchlauf wird ausgehend von dem zu sortierenden Array mittels enqueue eine Priority-Queue aufgebaut, und im zweiten Durchlauf wird mittels dequeue jeweils das größte Element entnommen. So erhält das Verfahren folgende Form:

```
void priorityQueueSort(int[] a, int l, int r){
    PriorityQueue pq = new PriorityQueue(a.length);

    for (int i=l; i <= r; i++) pq.enqueue(a[i]); // 1. Pass

    for (int i=l; i <= r; i++) a[i] = pq.dequeue(); // 2. Pass
}
```

Da die effiziente Implementierung der Klasse PriorityQueue auf dem Konzept des Heaps basiert, dem ein geeignet organisierter Array zugrunde liegt, kann man die Klasse PriorityQueue „kurzschließen", indem man das zu sortierende Array selbst als Trägerstruktur für den zu erstellenden Heap benutzt:

```
void makeHeap(int[] a){
    for(int i = a.length/2, i >= 1; i--) heapifyTopDown(a, i);
}
```

Die Entnahme des jeweils größten Elements und Ersetzen dieses Elements durch das jeweils letzte Element mit anschließendem topDownHeapify liefert die Elemente der Größe nach. Hierbei kann man den ursprünglichen Array selbst nutzen, indem die entnommenen Elemente von hinten nach vorne im Array wieder abgelegt werden. Der Teil des Arrays, der als Träger für den Heap dient, wird dabei sukzessiv kleiner. Die Funktion heapifyTopDown muss hierfür in ihrer Signatur und Implementierung (leicht) angepasst werden.   □

Frage 256 Von welcher Komplexität sind die fortgeschrittenen Sortieralgorithmen?

Antwort: Die Komplexität von Quicksort, Mergesort und Heapsort ist jeweils $O(n \log(n))$.

Das Sortieren mittels eines Heap-geordneten Baumes erfordert für den ersten Durchlauf nach genauer Analyse $O(n)$ Schritte. Die im zweiten Durchlauf durchgeführten einzelnen Operationen haben eine Komplexität $O(\log(n)) + O(\log(n - 1)) + \cdots O(\log(1)) = O(n \cdot (n - 1) \cdots 1) = O(n!)$, was nach der Stirling'schen Formel sogar unter $O(n \cdot \log(n))$ liegt. □

Frage 257 Worin liegt der qualitative Unterschied zwischen Insertionsort und dem Sortieren mittels einer Priority-Queue?

Antwort: Implementierte man die Priority-Queue mit einer (geordneten) verketteten Liste und nicht mit einem Heap-geordneten Baum, dann wäre die enqueue-Operation auf dieser verketteten Liste einfach nur Teil des Insertionsort-Verfahrens. Das Sortieren mit einer Prioity-Queue unterschiede sich dann nur oberflächlich vom Insertionsort.

Es ist die Organisation der Priority-Queue als Heap-geordneter Baum (oder als Heap), die die Steigerung der Effizienz verursacht. Die Baumstruktur ermöglicht durch ihre Verzweigungen ein schnelleres, gewissermaßen gezielteres Aufsteigen der Elemente als der Insertionsort. □

6.5 Suchalgorithmen

Frage 258 Was ist eine **Symboltabelle**? Geben Sie Beispiele aus dem Alltagsleben.

Antwort: Eine Symboltabelle ist eine Datenstruktur, die Datenelemente jeweils mit einem Schlüsselfeld verbindet, sodass über die Werte des Schlüsselfelds die eigentlichen Datenelemente effizient gesucht und gefunden werden können.

Frühe Beispiele des Einsatzes von Symboltabellen in der Informatik finden sich beim Compilerbau zum Zwecke des Type-Checking und der symbolischen Adressierung.

Ein Beispiel aus dem Alltagsleben bietet das Telefonbuch mit Namen und Adresse als Schlüssel und der Telefon*nummer* als eigentliches Datenelement. Bei der gesetzlichen Rentenversicherung dienen umgekehrt die Sozialversicherungs*nummer* als Schlüssel und Name und Adresse (nebst weiteren Angaben) als Datenelement. □

Frage 259 Welche Suchverfahren werden für Symboltabellen typischerweise benutzt?

Antwort: Das einfachste, aber auch zeitaufwendigste Verfahren ist die *sequenzielle Suche*. Sie entspricht der Suche in einem lexikografisch ungeordneten Telefonverzeichnis.

In einem nach Schlüsseln geordneten Telefonbuch wird man ganz automatisch effizient lexikografisch suchen, was näherungsweise einer *binären Suche* entspricht.

Das schnellste Verfahren besteht in der Nutzung des Schlüssels als Index für einen Array (*indexbasierte Suche*). Der Schlüssel bietet in diesem Fall einen Direktzugriff.

Für Literaturverzeichnisse sind sowohl lexikografische Schlüssel als auch Zahlen (für den Direktzugriff) im Gebrauch. □

Frage 260 Von welcher Komplexität sind die Verfahren der sequenziellen Suche, der binären Suche und der indexbasierten Suche?

Antwort: Die genannten Suchverfahren sind von der Komplexität $O(n)$ (sequenzielle Suche), $O(\log(n))$ (binäre Suche) bzw. $O(1)$ (indexbasierte Suche). □

Frage 261 An welche Voraussetzungen ist die Nutzung eines Arrays für die indexbasierte Suche gebunden?

Antwort: Die Schlüsselwerte müssen kleine Zahlen sein bzw. aus einem kleinen Wertebereich stammen. Sind die Schlüsselwerte zu groß, um als Indexwerte eines Arrays benutzt werden zu können, muss der Schlüssel als eigenes Feld des Datenelements implementiert werden. Für diesen Fall käme noch die binäre Suche in Betracht oder die sequenzielle Suche (die immer eine Option ist). □

Frage 262 Welche Datenstrukturen kommen für die binäre Suche infrage?

Antwort: Damit wie in einem Telefonbuch die binäre Suche funktioniert, müssen die Einträge nach ihren Schlüsselwerten *geordnet* in der Symboltabelle eingetragen sein.

Darüber hinaus muss ein *schneller Zugriff auf die jeweils mittleren Schlüsselwerte* (bzw. Datenelemente mit mittleren Schlüsselwerten) zum weiteren Vergleich gewährleistet sein. Diese Erfordernis macht verkettete Listen, selbst wenn sie sortiert sind, für die binäre Suche ungeeignet.

Die Notwendigkeit einer bereits erfolgten Sortierung kann bei sich häufig ändernden Einträgen im Rahmen von Arrays ein Problem bedeuten. Denn die beim

Entfernen und Einfügen von Einträgen notwendigen Verschiebeoperationen innerhalb eines Arrays können dann sehr zeitaufwendig werden. Für Anwendungen, in
denen man es mit eher statischen Einträgen zu tun hat, z. B. bei demografischen
Daten, ist dies im Gegensatz zu Daten mit hoher Änderungsfrequenz wie z. B.
bei Buchungsdaten kein Problem.

Im Falle des Einsatzes von Arrays kann die binäre Suche, ähnlich der persönlichen
Vorgehensweise bei der Suche im Telefonbuch, durch geeignete Interpolation bei
der Intervallteilung optimiert werden: So wird man bei der Suche nach einem
Namen, der mit „A" beginnt, das Telefonbuch vorne aufschlagen und nicht in der
Mitte. Die durchschnittliche Suchzeit in einer Symboltabelle mit n Einträgen ist
bei dieser *interpolierten Suche* dann nicht $O(\log(n))$, sondern nur $O(\log(\log(n)))$.
Dies setzt aber voraus, dass die Schlüsselwerte gleichmäßig über den Definitions-
bereich verteilt sind, dass also die Möglichkeit zur Interpolation besteht. $\square$

Frage 263 Welche Datenstruktur verbindet die Vorteile einer Unterstützung der binären Suche mit einer vergleichsweise schnellen Änder- und Erweiterbarkeit?

Antwort: Organisiert man die Symboltabelle als binären Baum, und zwar so,
dass der Schlüsselwert eines Knotens stets größer ist als der seines linken und
stets kleiner als der seines rechten Nachfolgers, dann erhalten wir einen effizienten
binären Suchbaum.

Wählt man folgende Klasse für die Knoten eines binären Suchbaums

```
class BinSearchNode{
    public MyType elem;
    public int key;

    public BinSearchNode leftSucc;
    public BinSearchNode rightSucc;
}
```

so erhält man eine einfache und schnelle rekursive Funktion `insertLeaf`:

```
void insertLeaf(BinSearchNode localRoot, BinSearchNode newEntry){
    if (localRoot == null){
        localRoot = newEntry;
        return;
    }
    if (newEntry.key < localRoot.key)
        insertLeaf(localRoot.leftSucc, newEntry);
    else insertLeaf(localRoot.rightSucc, newEntry);
}
```

Die Funktion isertLeaf fügt einen neuen Eintrag jeweils als neues Blatt im Baum ein. $\square$

Frage 264 Programmieren Sie einen Suchalgorithmus für einen binären Suchbaum.

Antwort: Folgende Funktion liefert das Gewünschte:

```
MyType searchBinTree(BinSearchNode w, int searchKey){
    if(searchKey == w.key) return w.elem;

    if(searchKey < w.key && w.leftSucc != null)
        return searchBinTree(w.leftSucc, searchKey);

    if(searchKey > w.key && w.rightSucc != null)
        return searchBinTree(w.rightSucc, searchKey);

    return null;
}
```
                                                                                           $\square$

Frage 265 Wie kann man es erreichen, dass der binäre Suchbaum **balanciert** wird oder bleibt, also nicht zu einer linearen Liste mit den damit verbundenen Nachteilen entartet?

Antwort: Ein vorliegender binärer Suchbaum kann nachträglich (rekursiv) balanciert werden, indem der Medianknoten zum Wurzelknoten gemacht wird.

Einen Suchbaum kann man während des Aufbaus annähernd balanciert halten, indem zufallsgesteuert neue Einträge entweder konventionell als Blatt oder als Wurzelknoten eingefügt werden. Hierbei wird auf dieselbe Art und Weise wie beim Ausbalancieren vorgegangen. $\square$

Frage 266 Beschreiben Sie die Idee des **Hash-Verfahrens**.

Antwort: In denjenigen Fällen, in denen die Schlüssel k_i der Datenelemente nicht direkt als Index für einen Array infrage kommen, kann man stellvertretend den Funktionswert $h(k_i)$ einer *Hash-Funktion*

$$h : \{k_1, k_2, k_3, \cdots\} \quad \rightarrow \quad [0, N]$$

als Index benutzen.

Soll die Hash-Funktion h besonders schnell sein, kann sie die Bitkombination des Schlüssels als Integer-Zahl verarbeiten und z. B. eine Modulo-Operation $h(k_i) = k_i \bmod N$ durchführen. Die Hash-Funktion verteilt dann die Funktionswerte der Schlüssel mehr oder weniger gleichmäßig über den potenziellen

Indexbereich $[0, N]$. N wird dabei als Primzahl gewählt.

Die Funktion h ist nicht notwendig injektiv, sodass es zu Doppelbelegungen („Kollisionen") kommen kann: Unterschiedlichen Schlüsseln könnte derselbe Index zugewiesen werden. Das Hash-Verfahren benötigt also eine zweite Komponente neben der Hash-Funktion, die solche Doppelbelegungen auflöst. $\square$

Frage 267 Wie groß ist die statistische Wahrscheinlichkeit, dass eine Hash-Funktion mit gleichmäßiger Werteverteilung genau m von einer Gesamtmenge von M verschiedenen Schlüsseln ein und denselben Index zuweist?

Antwort: Die Wahrscheinlichkeit, dass ein bestimmter Schlüssel auf einen bestimmten Index abgebildet wird, ist gleich $1/N$ und entsprechend gleich $1 - 1/N$, dass er nicht auf diesen Index abgebildet wird. Betrachten wir also m fest gewählte Schlüssel und einen fest gewählten Index, dann ist die Wahrscheinlichkeit, dass von den M Schlüsseln genau m Schlüssel auf diesen Index abgebildet werden (und die restlichen $M - m$ deshalb nicht auf diesen Index abgebildet werden), gleich

$$\left(\frac{1}{M}\right)^m \left(1 - \frac{1}{M}\right)^{M-m}$$

Es können nun auf $\binom{M}{m}$ verschiedene Weisen m aus M Schlüssel auf ein und denselben Index abgebildet werden, sodass sich die Gesamtwahrscheinlichkeit zu

$$\binom{M}{m} \left(\frac{1}{N}\right)^m \left(1 - \frac{1}{N}\right)^{M-m}$$

ergibt. In der Approximation dieses Wertes durch die Poissonverteilung erhalten wir hierfür mit $\alpha = M/N$ als *load factor*:

$$\frac{\alpha^m e^{-\alpha}}{m!}.$$

$\square$

Frage 268 Welche Verfahren der Kollisionsauflösung beim Hash-Verfahren kennen Sie?

Antwort: Es gibt zwei grundlegende Strategien zur Kollisionsauflösung:

1. das Verketten der Schlüssel mit demselben Schlüsselwert,

2. die sogenannte „offene Adressierung".

Die offene Adressierung zeichnet sich dadurch aus, dass im Falle schon vergebener Indizes systematisch nach noch freien Indizes gesucht wird. Dies kann durch Hochzählen der Indizes in Einser-Schritten geschehen (*Linear Probing*) oder mit höheren Schrittweiten, bei dem insbesondere das *Double Hashing* erwähnenswert ist.

Der besondere Vorteil des *Double Hashing* gegenüber dem *Linear Probing* besteht im Vermeiden gewisser *Cluster* und einem (viel) geringeren Performanzverlust bei wachsendem *load factor*.   ☐

Frage 269 Die Schlüssel der Datenelemente 'H', 'A', 'S', 'H' seien gleich dem ASCII-Code des jeweiligen Zeichens. Welche Indizes erhalten diese Datenelemente für einen Array der Länge 7, wenn die Hash-Funktion sie aus dem ASCII-Code modulo 7 berechnet und ein Double Hashing mit Schrittweite 3 benutzt wird?

Antwort: Das Zeichen 'H' wird durch die Hash-Funktion h abgebildet auf 72 mod $7 = 2$. 'A' würde zunächst ebenfalls auf 2, nämlich 65 mod 7 abgebildet. Da dieser Wert schon besetzt ist, wird mit Schrittweite 3 der Indexwert 5 genommen. Für 'S' erhielte man schließlich $6 = 83$ mod 7.   ☐

Frage 270 Was ist ein **B-Baum**, und wo findet man ihn im Alltagsleben?

Antwort: Ein *B-Baum* ist ein Baum mit folgenden Eigenschaften:

- Jeder Knoten kann maximal N Nachfolger haben.
- Vom Wurzelknoten abgesehen hat jeder Knoten mindestens $N/2$ Nachfolger. Die Wurzel hat mindestens zwei Nachfolger.
- Ein Knoten mit k Nachfolgern enthält $k-1$ Schlüsselwerte $s_1, \cdots s_{k-1}$, die dem B-Baum die Eigenschaft eines *Suchbaums* verleihen.
- Alle Blätter haben dasselbe Niveau, d. h., der Baum ist balanciert.

Die Suchbaumeigenschaft bedeutet hier, dass alle Schlüssel des ersten Nachfolgers kleiner als s_1 sind, alle Schlüssel des i-ten Nachfolgers $(1 < i < k)$ zwischen s_{i-1} und s_i und alle Schlüssel des k-ten Knotens größer s_{k-1} sind. Erst die Blätter haben Verweise auf Datenelemente entsprechend den Schlüsseln der Datenlemente.

Die Knoten eines B-Baums können damit folgende Form haben (unter zusätzlicher Berücksichtigung der obigen Beschränkungen):

```
class NodeBTree{
    public NodeBTree[] successors;
    public int[] keys;

    public MyType[] elem; // relevant nur fuer Blaetter
}
```

Ein Lexikon kann als B-Baum aufgefasst werden. Im Falle eines 20-bändigen Lexikons enthielte der Wurzelknoten 19 Schlüsseleinträge und würde damit auf 20 Nachfolgerknoten entsprechend den 20 Lexikonbänden verweisen. Jeder dieser Nachfolgerknoten enthält für jede Seite des Lexikons einen Schlüssel. Diese Nachfolgerknoten enthalten damit jeweils mehrere hundert Knoten.

Fasste man die Stichworte auf einer Seite ebenfalls wieder zu jeweils einem Knoten zusammen, stünde das allerdings im Widerspruch zu den Restriktionen eines B-Baumes: Die Mindestanzahl für Nachfolgerknoten der Seiten-Knoten würde formal unterschritten, da die Anzahl der Stichworte pro Seite im Vergleich zu der Anzahl der Seiten zu gering ist. Machte man sich von dieser Restriktion frei, dann würde jeder Schlüsseleintrag im Seiten-Knoten direkt auf die Beschreibung des jeweiligen Stichwortes, die eigentlichen Daten, verweisen.

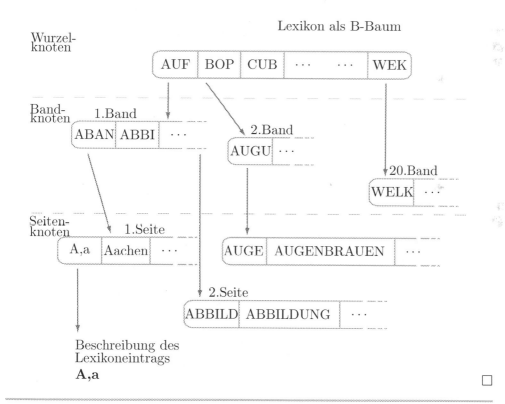

Frage 271 Welche Einsatzszenarien finden wir typischerweise für B-Bäume?

Antwort: Die Konzepte des B-Baumes finden z. B. Anwendung bei der Verwaltung großer Datenmengen auf Plattenspeichern (oder anderen peripheren Speichergeräten) oder auch bei der Implementierung eines virtuellen Speicherkonzepts. Hierbei ist es leichter, auf ganze zusammenhängende Blöcke als auf einzelne Datenelemente im externen Speichermedium zuzugreifen, um sie im Hauptspeicher zur weiteren Analyse abzulegen. Dieses Zugriffsverhalten wird auf natürliche Weise von B-Bäumen unterstützt. □

Frage 272 Programmieren Sie die Suche in einem B-Baum.

Antwort: Folgende Funktion liefert das Gewünschte:

```
MyType searchBTree(NodeBTree w, int key){
    if (w.successors == null){    //Blatt erreicht
        for(int i = 0; i < w.keys.length; i++){
            if(key == w.keys[i]) return elem[i];
        return null;
        }
    else{
        for(int i = 0; i < w.keys.length, i++){
            if(key < w.keys[i])
                return searchBTree(w.successors[i]);
        }
        return searchBTree(w.successors[w.keys.length]);
    }
}
```
□

6.6   Textsuche

Frage 273 Wie könnte man mithilfe der Theorie der endlichen Automaten per Knopfdruck einen schnellen Algorithmus für die Stringsuche in einem Text erhalten?

Antwort: Ist der zu suchende String durch einen regulären Ausdruck r beschrieben und beschreibe s als regulärer Ausdruck eine beliebige Folge von Zeichen, also ganz Σ^*, dann erzeuge man einen endlichen Automaten M zu dem regulären Ausdruck sr.

Die Analyse des Textes durch den Automaten M zeigt genau dann das Auffinden des gesuchten Strings im Text an, wenn der endliche Automat sich (temporär) in einem Endzustand befindet.

Ist der endliche Automat einmal erzeugt, ist der weitere Verlauf des Analysealgorithmus nur von linearer Komplexität und in diesem Sinne optimal. □

Frage 274 Welche Optimierungsmöglichkeiten bieten sich, wenn der zu suchende String durch ein fest vorgegebenes Muster beschrieben werden kann, also durch einen nur mittels Konkatenationen elementarer regulärer Teilausdrücke darstellbar ist?

Antwort: In diesem Fall kann der endliche Automat ohne den Overhead des allgemeinen Konstruktionsschemas schneller erzeugt werden. Dies liegt daran, dass der zugrunde liegende endliche Automat i. W. als lineare Kette gebildet werden kann, deren Endzustand das letzte Glied dieser Kette ist. Die „Rücksprünge" via δ in Richtung des Startzustandes im Falle eines Missmatches werden minimal gehalten mit der Interpretation, dass ein möglichst großer Suffix des schon analysierten Textes noch als Präfix des zu suchenden Strings fungieren kann.

Die Berechnung des δ in dieser gegenüber dem allgemeinen Algorithmus verkürzten Weise kann mit einem Algorithmus der Komplexität $O(m|\Sigma|)$ erfolgen, wobei m die Länge des zu suchenden Strings bedeutet. $\qquad\qquad\qquad\square$

Frage 275 Wie heißen die optimierten Algorithmen zur Stringsuche, die die Berechnung des vereinfachten δ optimieren?

Antwort: Zu erwähnen sind hier der Knuth-Morris-Pratt-Algorithmus. Hier werden die „Rücksprünge" im Zustand q jeweils am längsten Präfix des Suchstrings P festgemacht, der gleichzeitig ein Suffix des Teilstrings P_q (der ersten q Zeichen von P) ist.

Darüber hinaus gibt es den Algorithmus von Boyer und Moore, der mit einem noch etwas schnelleren Algorithmus den Text von hinten nach vorne vergleicht. $\qquad\qquad\qquad\square$

6.7   Kryptologie

Frage 276 Welche kryptografischen Methoden kennen Sie?

Antwort: Man unterscheidet die Verfahren in Abhängigkeit davon, wie und auf welche Weise Nachrichten ver- und entschlüsselt werden.

Im einfachsten Fall werden Daten nur verschlüsselt und in verschlüsselter Form miteinander verglichen, wie bei eingegebenen Passwörtern. In diesem Fall kann die Sicherheit der Verschlüsselung auf der *praktischen* Unumkehrbarkeit der Verschlüsselungsfunktion beruhen, deren Algorithmus durchaus bekannt sein mag.

Hat man es mit Daten zu tun, die nach der Verschlüsselung wieder entschlüsselt werden müssen, gibt es zwei wesentlich unterschiedliche Verfahren: symmetrische und asymmetrische Verfahren.

Erstere benutzen im Gegensatz zu den Letzteren sowohl für die Ver- als auch für die Entschlüsselung ein und denselben Schlüssel. Ihr Vorteil gegenüber den asymmetrischen Verfahren besteht in ihrer um ca. drei Größenordnungen schnelleren Verarbeitungsgeschwindigkeit. Ihr Nachteil besteht darin, dass derselbe Schlüssel beiden Parteien vorliegen muss, den sendenden und den empfangenden. Es besteht also das Risiko, dass der Schlüssel auf dem Weg der Übergabe abgefangen werden kann.

Die symmetrischen Verfahren basieren in der Regel auf einer blockweisen Verschlüsselung eines Textes mittels Methoden, die schon im Altertum benutzt wurden, nämlich Substitutionen und Permutationen. Die Blockgrößen der benutzten (älteren und neueren) Verfahren beträgt 64 Bit oder Vielfaches davon. Die Schlüssellängen betragen 56 Bit beim alten Data Encription Standard (DES) und gehen bis 256 Bit beim modernen Advanced Encryption Standard (AES). $\square$

Frage 277 Welche mathematischen Probleme liegen den asymmetrischen Verschlüsselungsverfahren zugrunde?

Antwort: Die asymmetrischen Verfahren nutzen methodisch die (praktische) Unlösbarkeit algebraischer Probleme. Dies betrifft zum einen das Problem des diskreten Logarithmus in endlichen Gruppen mit g als erzeugendem Element, also das Auffinden einer ganzzahligen Lösung x in der Gleichung

$$m = g^x$$

bei gegebenem m und g.

Ein wichtiges Anwendungsbeispiel hierfür ist das Verfahren von Diffie und Hellman zur asymmtrischen Vereinbarung eines gemeinsamen Schlüssels (der im nächsten Schritt als Basis eines schnellen symmetrischen Verfahrens genutzt werden könnte). Im ersten Schritt potenzieren zwei Partner ein gemeinsames Element g (das öffentlich gemacht werden kann) mit jeweils zufällig gewählten Exponenten a bzw. b und senden sich die Werte g^a bzw. g^b als jeweils öffentliche Schlüssel zu. Exponenten a bzw. b sind daraus aufgrund der praktischen Unlösbarkeit *nicht* zu rekonstruieren. Potenzieren beide Partner die wechselseitig erhaltenen Schlüssel g^b und g^a mit dem jeweils eigenen Exponenten a bzw. b, erhalten beide in Form der Werte $\left(g^b\right)^a$ bzw. $\left(g^a\right)^b$ ein identisches Ergebnis (aufgrund der Kommutativität der Potenzoperationen). Dieser (identische) Wert fungiert als gemeinsamer Schlüssel.

Ein weiteres *praktisch* unlösbares algebraisches Problem besteht in der Faktorisierung großer Zahlen. Die hierin liegenden Schwierigkeiten werden im RSA-Verfahren strategisch ausgenutzt, um eine sichere Verschlüsselung zu gewährleisten. $\square$

Frage 278 Skizzieren Sie den RSA-Algorithmus.

Antwort: Folgende Sätze aus dem Bereich der endlichen Gruppen und Kongruenzen werden benutzt:

Wenn $\varphi(n)$ die Anzahl der zu n relativ primen Zahlen x $(0 < x < n)$ bezeichnet, dann gilt für solche Zahlen x (mit $\mathrm{ggT}\,(x, n) = 1$)

$$x^{\varphi(n)} \equiv 1 \mod n.$$

Wenn n von der speziellen Form $n = p \cdot q$ mit zwei Primzahlen p und q ist, gilt $\varphi(n) = \varphi(p \cdot q) = (p-1)(q-1)$.

Ist also eine Zahl m relativ prim zu $p \cdot q$, dann gilt

$$m^{\varphi(p \cdot q)} \equiv 1 \mod p \cdot q.$$

Wählt man eine zu $(p-1)(q-1)$ relativ prime Zahl e, dann besitzt e ein multiplikatives Inverses modulo $(p-1)(q-1)$, und es gibt demnach ein d mit $d \cdot e \equiv 1$ mod $(p-1)(q-1)$.

Verschlüsselt man nun eine Nachricht codiert als Zahl m mittels

$$m \mapsto m^e \mod (p-1)(q-1),$$

dann erfolgt die Entschlüsselung mittels der Zuweisung

$$s \mapsto s^d \mod (p-1)(q-1).$$

Denn es gilt

$$
\begin{aligned}
(m^e)^d &= m^{e \cdot d} \\
&\equiv m^{1 + k \cdot (p-1)(q-1)} \\
&\equiv m \cdot \left(m^{(p-1)(q-1)} \right)^k \\
&\equiv m \cdot (1)^k \\
&\equiv m
\end{aligned}
$$

Es kann also $(e, n) = (e, p \cdot q)$ ohne Risiko als öffentlich zugänglicher Schlüssel zum *Verschlüsseln* bekannt gegeben werden, solange $(d, n) = (d, p \cdot q)$ als privater Schlüssel zum *Entschlüsseln* geheim bleibt. $\qquad\square$

7 Programmiersprachen

„Die erste Programmiersprache ist wie eine Droge,
man kommt nicht mehr von ihr los."
(Wolfgang Hoyer, Mathematiker und Informatiker)

Pogrammiersprachen sind für den menschlichen Programmierer das Werkzeug zur Formulierung lauffähiger Algorithmen. Theoretisch könnte zwar jeder Algorithmus in Form einer Turingmaschine beschrieben werden. Praktisch ist dieser Weg natürlich nicht durchführbar.

Programmiersprachen haben den Anspruch, den Denkstrukturen der Programmierer entgegenzukommen. Sie sollen das Programmieren erleichtern. Sie können umgekehrt aber auch die Denkstrukturen der Programmierer prägen. Man spricht in diesem Fall von unterschiedlichen Programmierparadigmen. Programmiersprachen, die zu ein und demselben Paradigma gehören, unterscheiden sich häufig nur in syntaktischen Varianten. Beherrscht man eine der Sprachen, ist eine andere aus derselben Sprachfamilie relativ leicht erlernbar.

Wenn auch mit jeder höheren Programmiersprache prinzipiell jeder Algorithmus programmiert werden kann, so gibt es doch Problemklassen, für die besondere Programmiersprachen besonders geeignet und angepasst erscheinen. Am verbreitetsten sind Programmiersprachen vom imperativen und objektorientierten Typus. Ihre prominentesten Vertreter sind Java sowie C/C++ und C#. Sie gehören zum imperativen oder prozeduralen und objektorientierten Paradigma. Programmierhandbücher über die genannten Sprachen gibt es in einer solchen Fülle, dass es schwerfällt, eine Auswahl zu treffen. Zwei, die Referenzen [26] und [22], seien dennoch genannt. Ausnahmsweise soll auch ein Buch über Compilerbau genannt werden [50], verfasst von N. Wirth, einem der Altmeister der Programmiersprachenentwicklung.

Daneben, allerdings weniger verbreitet, gibt es die Programmiersprachen des funktionalen und des logischen Paradigmas, wie z. B. Lisp, APL oder ML sowie Prolog.

7.1   Grundlegende Elemente

Frage 279 Es gibt Programmiersprachen, die **kompiliert** werden, und es gibt Programmiersprachen, die **interpretiert** werden. Worin besteht der Unterschied?

Antwort: An den Programmiersprachen selbst ist der Unterschied nicht bemerkbar: Ein und dieselbe Programmiersprache kann kompiliert oder interpretiert werden. Der Unterschied besteht in der Verarbeitung der Programmiersprache.

- Das zu compilierende Programm wird vor Beginn seiner Ausführung durch einen sogenannten Compiler analysiert und in Maschinensprache übersetzt. Moderne Hochsprachen werden erst in einen Zwischencode übersetzt, der dann in den eigentlichen, ausführbaren Maschinencode compiliert wird.
- Das zu interpretierende Programm wird im Gegensatz hierzu nicht in eine Zielsprache übersetzt, sondern direkt ausgeführt. Die Ausführung erfolgt durch ein separates Programm. Interpretierte Programme sind langsamer in der Ausführung, da der Programmcode nicht vor, sondern während der Laufzeit des Programms analysiert wird.

Der Vorteil von Interpretern liegt darin, dass sie auf jeder Rechnerarchitektur lauffähig sind, sofern der Quellode des Interpreters dort übersetzt werden kann. □

Frage 280 Sie schreiben ein Programm in einer gängigen Programmiersprache. Welche Fehlerarten können auftreten? Vergleichen Sie die Fehler in einem Programm mit Fehlern in einem Deutschaufsatz.

Antwort: Der Aufsatztext kann in Teilen unleserlich sein, was im Programm unbekannten oder unzulässigen Symbolen (z. B. Umlauten) entspräche.

Es können Rechtschreibfehler auftreten. Im Programm wären dies lexikalische Fehler, etwa wenn Schlüsselwörter falsch geschrieben werden.

Es können Grammatikfehler auftreten. Im Programm wären dies Syntax Errors, wenn z. B. vergessen wurde, Parameter durch Kommata zu trennen.

Es können semantische Fehler auftreten, etwa durch Verwendung eines unpassenden Begriffs. Im Programm könnte dies einer unzulässigen Zuweisung eines Wertes an eine Variable mit unverträglichem Typ entsprechen.

Es können Kontextfehler auftreten, indem z. B. ein Argument diskutiert wird, ohne dass es als These überhaupt eingeführt wurde. Im Programm würde dies der Benutzung einer Variablen vor ihrer Definition entsprechen.

Es können inhaltliche Fehler auftreten, z. B. in Form fehlerhafter Argumente oder unzulässiger Schlüsse. Im Programm entspräche dies der Benutzung fehlerhafter Algorithmen, z. B. bei der Berechnung von Nullstellen oder beim Sortieren von Objekten.

Man kann das Thema verfehlen. Es kann also alles perfekt sein: Das Schriftbild, die Rechtschreibung, die Grammatik, die verwendeten Begriffe, die Gliederung und der rote Faden, die saubere Argumentation – aber man hat eine Lösung präsentiert, nach der gar nicht gefragt wurde. □

Frage 281 Zu welchen Fehlerklassen bieten die sogenannten höheren Programmiersprachen (bzw. die zugehörigen Compiler) automatische Fehlerhinweise und verhindern diese somit?

Antwort: Fehler können bis zur Ebene der Kontextfehler automatisch entdeckt werden. Viele Probleme der Programmierung mit maschinennahen Sprachen, z. B. falsch geladene Register, können damit vermieden werden. □

Frage 282 Worin besteht der weitere Vorteil der höheren Programmiersprachen, und welche Nachteile haben sie im Vergleich zu Maschinen- oder maschinennahen Sprachen?

Antwort: Höhere Programmiersprachen bieten den Vorteil, sich stärker auf das zu lösende Problem denn auf das Vehikel der Problemlösung zu konzentrieren. (Vergleichbar dem Fahren in einem modernen Auto mit vielfältigem rechnerunterstütztem Fahrzeugmanagement.)

Der höhere Komfort fordert einen gewissen Preis, etwa in Form gewisser Leistungseinbußen und der Verzicht auf direkte Kontrolle: Assemblerprogrammierer haben den Computer „voll im Griff". (Analog haben Fahrzeuge ohne den Komfort einer Getriebeautomatik etc. tendenziell einen höheren Benzinverbrauch, und für die den Assemblerprogrammierern entsprechenden „Herrenfahrer" beginnt die „Freude am Fahren" mit den *selbst* durchzuführenden Schaltvorgängen.) □

Frage 283 Nehmen Sie ein Programmierhandbuch einer höheren Programmiersprache zur Hand. Welche Gliederung und welchen Aufbau des Buches werden Sie tendenziell vorfinden?

Antwort: Ein Buch zur Beschreibung einer Programmiersprache spiegelt im Aufbau häufig die geschilderten Sprachebenen wider, beginnend mit den lexikalischen Einheiten über die Syntax und Semantik von komplexeren Ausdrücken und Anweisungen bis hin zur Unterstützung der Modularisierung. □

Frage 284 Warum gibt es so viele unterschiedliche Programmiersprachen und nicht eine einzige universelle „lingua franca"?

Antwort: Programmiersprachen haben, ähnlich wie natürliche Sprachen, die Funktion von Kommunikations*werkzeugen*. Wie bei anderen Werkzeugen auch werden aus Effizienzgründen in besonderen Situationen bevorzugt Spezialwerkzeuge benutzt. Dies können in der Programmierung Sprachen mit speziellen Konstrukten sein, mit denen gewisse Sachverhalte einfacher zu formulieren sind. □

7.2   Bausteine der Datenmodellierung

Frage 285 Was ist ein **Datentyp**?

Antwort: Ein *Datentyp* ist eine Zusammenfassung von Werten und den auf ihnen
zulässigen Operationen. Obwohl die Elemente eines Datentyps auf der Hardwareebene als einfache Bitfolgen repräsentiert werden, können diese Bitfolgen aufgrund
ihrer Zugehörigkeit zu einem Datentyp nur auf eine ganz spezifische Weise interpretiert und verarbeitet werden.

Für Algebraiker: Bitfolgen bilden – in der Sprechweise der abstrakten Datentypen – die *Trägermenge* eines Datentyps.   □

Frage 286 Vergleichen Sie das **Typisieren von Variablen** mit Sicherungsmaßnah-
men, wie man sie in der Technik benutzt.

Antwort: Datentypen geben einer Variablen eine logische Form, die verglichen
werden kann mit der geometrischen Form eines Kabelsteckers. Aufgrund einer
besonderen Form kann verhindert werden, dass der Stecker in eine falsche Steck-
dose gesteckt wird und der elektrische Strom Schaden verursacht. In diesem Sinne
kann durch das Typisieren von Variablen verhindert werden, dass ihr Wert auf
eine falsche Variable übertragen wird und der resultierende Datenstrom zu feh-
lerhaften Rechnungen führt.

Typisierung trägt damit zur Sicherheit von Programmen bei.   □

Frage 287 Was kennzeichnet die sogenannten **primitiven Datentypen** (oder **elementaren Datentypen**) einer Programmierprache wie Java?

Antwort: Für das Operieren mit *Zahlen* und mit *Wahrheitswerten* sind in der
Programmiersprache Java (wie auch in anderen vergleichbaren Sprachen) sogenannte *primitive Datentypen* vordefiniert. Elemente primitiver Datentypen sind
in einem wichtigen Sinne „atomar". Sie sind also nicht aus elementaren Bestand-
teilen aufgebaut und unterscheiden sich hierin von nicht primitiven Datentypen,
den *Referenzdatentypen*.

In der Handhabung gibt es einen wichtigen Unterschied zwischen primitiven
Datentypen und Referenzdatentypen. Denn Variable primitiver Datentypen enthalten unmittelbar die betreffende Zahl oder den Wahrheitswert. Variable von
Referenzdatentypen beinhalten nur einen Verweis (eine *Referenz*) auf die eigentlichen Daten.   □

Frage 288 Wie lassen sich die primitiven Datentypen in einer Typenhierarchie an-
ordnen und was bedeutet dies für ihre Verträglichkeit?

Antwort: Neben dem Datentyp `boolean` haben wir es mit Datentypen für die Speicherung von Zahlen zu tun. Letztere sind aufwärtskompatibel in Richtung der gestrichelten Pfeile, eine Variabel von Typ `byte` kann also einer Variablen von Typ `short`, eine Variable vom Typ `short` kann einer Variablen vom Typ `int` zugewiesen werden usw.:

$$\text{byte} \dashrightarrow \text{short} \dashrightarrow \text{int} \dashrightarrow \text{long} \dashrightarrow \text{float} \dashrightarrow \text{double}$$

Hinzu kommt der parallel zu `short` liegende Datentyp `char`:

$$\text{char} \dashrightarrow \text{int}$$

□

Frage 289 Warum gibt es neben den primitiven Datentypen `double` und `float` für reelle Zahlen noch die primitiven Datentypen `long` und `int` für ganze Zahlen, wo doch die reellen Zahlen die ganzen Zahlen automatisch mit umfassen?

Antwort: Die Trennung zwischen ganzzahligen Datentypen und reellen Zahlentypen dient einzig der Optimierung. Die Operationen mit Zahlen vom Typ `int` oder `long` sind schneller als die entsprechenden Operationen mit Zahlen vom Typ `double` oder `float`. Sie führen darüber hinaus auch nicht zu Rundungsfehlern, wie dies bei Zahlen vom Typ `double` oder `float` der Fall sein kann.   □

Frage 290 Was versteht man unter **Literalen**? Geben Sie Beispiele.

Antwort: Literale sind „wörtlich" zu verstehende Bezeichner für Zahlen, Wahrheitswerte, Zeichen, Zeichenketten oder Arrays. Anders als Variable oder normale Konstanten haben sie stets ein und dieselbe Bedeutung.

Ganzzahlige Literale sind wie üblich i. W. mit den Ziffern des Dezimalsystems gebildet. Darüber hinaus gibt es Literale für Zahldarstellungen in oktaler oder hexadezimaler Form.

Die Zahl siebzehn kann auf diese Weise außer als übliche Dezimalzahl 17 auch in Form des oktalen Literals 021 (gekennzeichnet durch eine führende Null) oder in Form des hexadezimalen Literals 0x11 dargestellt werden.

Literale vom Datentyp `double` oder `float` haben noch reichhaltigere Darstellungen. So kann die Zahl 3,14 z. B. als 314e1 als 314o 1 oder auch als 3.14d dargestellt werden.

Die Literale der Wahrheitswerte werden durch `true` und `false` gekennzeichnet.

□

Frage 291 Worin besteht der Unterschied zwischen dem Datentyp `int` und `char`?

Antwort: Streng genommen gibt es nur einen Unterschied im *Wertebereich*, denn alle Datenelemente vom Typ `char` sind ganze Zahlen aus einem gegenüber `int` eingeschränkten Zahlenbereich. Dieser Bereich umfasst, entsprechend der 16-Bit-Darstellung, die Zahlen von 0 bis 65535. Elemente aus `char` sind also Zahlen, die bei der Aus- oder Eingabe nur durch einen anderen Literaltyp, ein character-Literal, dargestellt werden.

Für die Zahl neunundvierzig z. B. steht damit neben dem klassischen `int`-Literal 49 auch das `char`-Literal '1' zur Verfügung. □

Frage 292 Wann findet die Typisierung einer Variablen statt, und wie nennt man den Vorgang? Geben Sie einfache Beispiele.

Antwort: Eine Variable wird vor ihrer ersten Benutzung, also vor dem ersten Schreib- und Lesezugriff auf sie, typisiert. Dies geschieht syntaktisch in Form einer sogenannten *Deklaration*. Diese hat die allgemeine Form

<Typ> <Variablenname>;

Die Deklaration einer Variablen für ganze Zahlen, der man den Namen `var` geben möchte, hat also die Form:

```
int var;
```

Andere Deklarationen für Zahlen vom Typ `double` oder für Wahrheitswerte werden analog gebildet:

```
double var1;
boolean truthvalue;
```
  □

Frage 293 Was versteht man unter einer **Variableninitialisierung**? Geben Sie Beispiele.

Antwort: Unter einer *Variableninitialisierung* (kurz: *Initialisierung*) versteht man die erstmalige Wertzuweisung an eine Variable, und zwar bereits zum Zeitpunkt ihrer Deklaration.

Der Vorteil einer Initialisierung liegt darin, dass man nach der Stelle im Programm, wo eine erste Wertzuweisung an die betreffende Variable stattfindet, nicht lange suchen muss. Heutige Compiler prüfen, ob vor einem ersten *Lese*zugriff auf eine Variable dieser vorher ein erster Wert zugewiesen wurde.

Initialisierungen werden syntaktisch wie eine Verschmelzung von Deklaration und

Wertzuweisung gebildet und haben z. B. folgende Form:

```
int i = 1;
```

Eine solche Initialisierung kann als Hintereinanderausführung von den beiden
Anweisungen „`int i;`" und „`i = 1;`" verstanden werden. □

Frage 294 Warum gibt es neben den Variablendeklarationen noch sogenannte **Konstantendeklarationen**? Geben Sie ein Beispiel.

Antwort: Konstante sind Größen, die im Programmablauf unverändert bleiben
sollen. Benutzte man hierfür Literale (was theoretisch möglich und praktisch auch
schon mal getan wird), hätte die Änderung einer Konstanten u. U. eine Vielzahl
von Änderungen im gesamten Programm zur Folge, nämlich überall dort, wo diese Konstante als Literal stehen würde. Dies wäre wartungsunfreundlich und sehr
fehleranfällig.

Konstante werden deshalb mit einem Namen verbunden und unter diesem Namen
im weiteren Programmverlauf benutzt. Sie werden also deklariert und initialisiert
wie Variable. Anders als Variable können sie ihren Wert aber nicht ändern. Deshalb kennzeichnet man Konstante bei ihrer Deklaration z. B. in Java zusätzlich
mit `final`. Damit wird einerseits dem Programmierer oder Leser des Programms
signalisiert, dass diese Größe im späteren Programmablauf kein neuer Wert mehr
zugewiesen werden darf. Gleichzeitig wird der Compiler, da ein Programmierer
sich darüber hinwegsetzen könnte, das Verbot einer neuen Zuweisung überwachen
und verhindern.

Konstanten werden folgerichtig bei ihrer Deklaration initialisiert, wie das folgende Beispiel zeigt:

```
final double e = 2.71;
```
□

Frage 295 Auf welche Weise können primitive Datentypen als Bausteine komplexer
zusammengesetzter Datentypen benutzt werden? Geben Sie Beispiele.

Antwort: Man kann Daten gleichen als auch verschiedenen Typs zu Datenstrukturen zusammenfassen. Diese werden *Arrays* bzw. *Records* genannt. Letztere sind
in modernen Programmiersprachen ein Spezialfall, sogenannte *Objekte*. Arrays
können sowohl ein- als auch mehrdimensional aufgebaut sein.

Der Zugriff auf die Elemente (*Komponenten*) der zusammengesetzten Datenstrukturen geschieht bei Arrays über laufende Indizes, bei Records (bzw. Objekten)
über die Namen der Komponenten. In

```
int[] x = { 1, 2, 3 };
```

bezeichnet x einen eindimensionalen Array mit drei Komponenten, die jeweils mit x[1], x[2], x[3] angesprochen werden.   □

Frage 296 Warum nennt man eine Array-Variable eine **Referenzvariable**, und welche Konsequenzen ergeben sich daraus?

Antwort: Eine Array-Variable x wie in „int[] x = { 1, 2, 3 };" beinhaltet, anders als eine einfache Integer-Variable, nicht unmittelbar die Daten. x steht vielmehr für einen Verweis *auf* die Daten: x alleine (*ohne* Indizes) beinhaltet die *Adresse* der Daten.

Dies bedeutet, dass bei der Deklaration einer Array-Variablen zunächst nur Platz für eine Adresse geschaffen werden muss. Die Größe des Arrays (die Anzahl der Array-Elemente) braucht noch nicht festgelegt zu werden und wird z. B. in „int[] x;" auch nicht festgelegt. In einem solchen Fall wird der Speicherplatz für die eigentlichen Array-Elemente nachträglich mittels eines separaten *Konstruktors* reserviert. Bei dessen Aufruf etwa durch „new int[3];" wird zum einen freier (zusammenhängender) Speicher für drei Integer-Komponenten reserviert (*allokiert*) und zum anderen die Adresse des allokierten Speicherbereichs erfasst und im Rahmen einer Anweisung „x = new int[3]" nach x kopiert.

Diese Art der Speicherorganisation für Arrays bedeutet auch, dass die Zuweisung einer Array-Variablen an eine zweite Array-Variable nur deren Adresse kopiert und *nicht* die eigentlichen Daten.   □

Frage 297 Welche Vor- und welche Nachteile hat die andersartige Behandlung der Wertezuweisung zwischen Referenzvariablen im Gegensatz zur Wertezuweisung zwischen Variablen elementarer Datentypen?

Antwort: Da die Zuweisung zweier Referenzvariablen nur die Adresse auf die eigentlichen Datenelemente kopiert, ist die Zuweisung eine Operation, die nur einen geringen zeitlichen Aufwand erfordert. Andererseits können dieselben Datenelemente nun unter verschiedenen Alias-Namen angesprochen werden. Sie können so unter einem Namen angelegt und unter einem anderen Namen modifiziert werden. Dies erschwert die Lesbarkeit und damit die Wartbarkeit eines Programms.

Beispiel (a) illustriert diesen Fall für den Fall von Referenzvariablen, Beispiel (b) veranschaulicht das davon abweichende Verhalten von Variablen eines primitiven Datentyps:

(a)

```
int[] a = new {1, 2, 3};
// a[0] == 1
int[] b;
b = a;
b[0] = 0;
// a[0] == 0 !
```

(b)

```
int a = 1;
// a == 1;
int b;
b = a;
b = 0;
// a == 1 !
```

□

Frage 298 Wie könnte man auf einfache Weise ein Polynom $y = \sum_{i=0}^{n} a_i x^i$ durch einen Array repräsentieren?

Antwort: Wesentlich am Polynom sind die Koeffizienten a_i. Werden sie, wie im vorliegenden Fall, synchron zu den Exponenten der Unbekannten x indiziert, kann auf die Darstellung der potenzierten x verzichtet werden. Denn sie können aus den Indizes reproduziert werden. Zur eindeutigen Repräsentation des Polynoms genügt also die Repräsentation der Koeffizienten a_i. Dies geschieht praktischerweise in einem eindimensionalen Array mit $n + 1$ Komponenten:

```
double[] a = new double[n+1];
```

Ein Polynom n-ten Grades ist somit nichts anderes als ein $(n + 1)$-dimensionaler Vektor. □

7.3 Bausteine für die Ablaufsteuerung

Frage 299 Welche elementaren Bausteine zur Programmierung von Algorithmen werden von den Programmiersprachen bereitgestellt?

Antwort: Als elementare Bausteine finden wir in Programmiersprachen Zuweisungen, Verzweigungen und Schleifenkonstrukte.

Durch die Brille der Programmiersprachen betrachtet ist jeder Algorithmus aus einer Folge solcher Bausteine aufgebaut. Ein solcher Aufbau ließe sich vereinfacht durch folgende kontextfreie Grammatik beschreiben:

<Programm> → <Anweisungen>

<Anweisungen> → <Anweisung> | <Anweisung><Anweisungen>
<Anweisung> → <Zuweisung> | <Verzweigung> | <Schleife>
<Zuweisung> → <Variablenname> = <Ausdruck>;

<Verzweigung> → if(<Bedingung>) {<Anweisungen>}
                  else{<Anweisungen>}
<Schleife>   → while(<Bedingung>){<Anweisungen>}

                                                    □

Frage 300 Zur übersichtlichen Darstellung eines Programmaufbaus kann man grafische Bausteine, sogenannte **Struktogramme** benutzen. Skizzieren Sie die Struktogrammbausteine und finden Sie eine Grammatik für den formalen Aufbau eines komplexen Struktogramms, das den Aufbau eines Programms widerspiegelt.

Antwort: Für Programm/Block, Anweisung, Verzweigung und Schleife sollen die gewohnten grafischen Bausteine verwendet werden. Dann können wir folgende Grammatik für den grafischen Aufbau eines Struktogramms definieren:

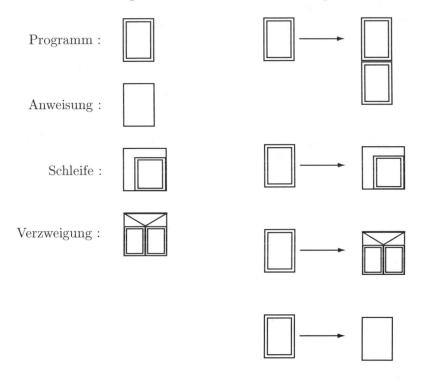

Die Ersetzungsregeln einer kontextfreien Grammatik werden sinngemäß auf das Ersetzen der Teilgrafiken übertragen.   □

Frage 301 Im Zusammenhang mit Programmiersprachen hört man hin und wieder den Ausdruck „syntactic sugar". Kommentieren Sie diesen Ausdruck, und finden Sie Beispiele aus gängigen Programmiersprachen.

Antwort: Obwohl sich mit den vorgestellten Bausteinen prinzipiell jeder Algorithmus beschreiben lässt, lassen sich gewisse Anweisungen manchmal nur umständlich formulieren. So wie sich in natürlichen Sprachen dann über kurz oder lang abkürzende Konstrukte herausbilden, werden auch in Programmiersprachen bequemere Konstrukte bereitgestellt. Deren Zweck ist es, Anweisungen kürzer oder komfortabler ausdrücken zu können. Diese alternativen Ausdrucksweisen nennt man *syntactic sugar*.

Einfache Beispiele finden wir in den alternativen Ausdrucksweisen für Schleifen. So wird das folgende `while`-Schleifenkonstrukt

```
action
while(cond){
    action
}
```
ersetzt durch
```
do {
    action
} while(cond)
```

und das folgende `while`-Konstrukt

```
int i = 1;
while(i <= n) {
    action;
    i = i + 1;
}
```
ersetzt durch
```
for(int i = 1;
    i <= n; i++){
    action
}
```
□

Frage 302 Wie sieht eine stereotypische programmiertechnische Umsetzung zur Berechnung eines Summenausdrucks $\sum_{i=1}^{n} f(i)$ aus?

Antwort: Die Summe wird praktischerweise durch ein `for`-Konstrukt programmiert. Der Summationsindex i wird direkt als *Laufindex* i repräsentiert und, wie in der Summe, mit dem Wert 1 initialisiert. Die obere Grenze des Summationsindex als Abbruchskriterium wird übernommen. Wie in der Summe spielt der Laufindex hier eine Doppelrolle: Er dient der Steuerung der Anzahl der Schleifendurchläufe *und* dem spezifischen Zugriff auf `f(i)`. Das eigentliche Ergebnis der Summenbildung wird in einer Variablen, z. B. `sum`, abgespeichert, die mit 0 initialisiert wird. Wir erhalten damit in der Umsetzung:

```
int sum = 0;
for(int i = 1; i <= n; i++){
    sum = sum + f(i);
}
```
□

Frage 303 Zeigen Sie am Beispiel der Berechnung eines Funktionswerts und der Berechnung der Ableitung eines Polynoms das Zusammenspiel von Array und `for`-Konstrukt.

Antwort: Wird ein Polynom $p(x) - \sum_{i=0}^{n} a_i x^i$ durch den Array a repräsentiert, dann erhalten wir den Funktionswert für einen speziellen Wert von x der Summenformel entsprechend zu:

```
double[] a = new double[n+1];
double x;
// Zuweisung der Werte an x und a[i]

double funktionswert = 0;
for (int i = 0; i <= n; i++){
    funktionswert = funktionswert + a[i] * powerOf(x,i);
}
```

Leitet man das Polynom $\sum_{i=0}^{n} a_i x^i$ ab, so erhält man als Ergebnis das Polynom $\sum_{i=0}^{n-1}(i+1)a_{i+1}x^i = \sum_{i=0}^{n-1} b_i x^i$, mit $b_i = (i+1) \cdot a_{i+1}$. Ausgehend von einem Array a, der das ursprüngliche Polynom repräsentiert, erhält man den Array b für das abgeleitete Polynom einfach durch:

```
double[] b = new double[n];
for(int i = 0; i <= (n-1); i++){
    b[i] = (i+1) * a[i+1];
}
```

7.4 Funktionale Bausteine für die Modularisierung

Frage 304 Welche Vorteile bietet die Modularisierung in der Programmierung?

Antwort:

- Das Gesamtprogramm wird übersichtlicher.
- Man gewinnt wiederverwendbare Programmbausteine.
- Die getrennte Entwicklung von Programmteilen wird erleichtert.
- Programmfunktionalität kann separat lizensiert werden.

Frage 305 Wie heißen die programmiersprachlichen Bausteine, die eine funktionale Modularisierung unterstützen?

Antwort: Die meisten Programmiersprachen bieten hierfür das Konstrukt einer *Funktion* (*function*) oder einer *Prozedur* (*procedure*) an. Allgemein sprechen wir von *Unterprogrammen*.

Eine *Funktion* f kann aufgefasst werden als Implementierung einer mathematischen Abbildung (Funktion)

$$f : M_1 \times M_2 \times \cdots \times M_n \to N.$$

Ber der Programmierung von f wird der Definitionsbereich von f zu einer Parameterliste von f. Jedes M_i wird also durch einen passenden Parametertyp <Paramtypi> ersetzt bzw. der Wertebereich N durch einen Ergebnistyp <Ergtyp>. Die mathematische Funktion $f(x_1, \cdots, x_n)$ wird damit programmiertechnisch ersetzt durch den *Funktionskopf*

```
<Ergtyp> f (<Paramtyp1> x1 , ..., <Paramtypn> xn).
```

Eine *Prozedur* im engeren Sinne ist eine Funktion *ohne* Ergebnistyp. Sie repräsentiert also weniger eine mathematische Abbildung als eine Zusammenfassung von Operationen, die über *Seiteneffekte*, etwa in Form von Datenbankzugriffen, wirken. In neueren Programmiersprachen (Java, C++) wird eine Prozedur durch den „leeren" Ergebnistyp void kenntlich gemacht. □

Frage 306 Machen Sie aus dem Algorithmus zur Berechnung der Ableitung eines Polynoms und aus dem Algorithmus zur Berechnung des Funktionswerts jeweils ein Unterprogramm.

Antwort: Folgende Funktionen leisten das Gewünschte:

```
double[]ableitung(double[] a){
    int n = a.length - 1;
    double[] b = new double[n];
    for(int i = 0; i <= (n-1); i++){
        b[i] = (i+1) * a[i+1];
    }
    return b;
}


double[]pWert(double[] a, double x){
    double funktionswert = 0;
    for (int i = 0; i <= n; i++){
        funktionswert = funktionswert + a[i] * powerOf(x,i);
    }
    return funktionswert;
}
```

Frage 307 Programmieren Sie ein Unterprogramm, das die Nullstelle einer Geraden $\frac{y - y_0}{x - x_0} = m$ liefert, die durch den Punkt (x_0, y_0) verläuft und die Steigung m hat.

Antwort: Die Formel zur Berechnung der Nullstelle x_N einer Geraden durch den Punkt (x_0, y_0) mit Steigung m lautet:

$$x_N = x_0 - \frac{y_0}{m}.$$

Folgende Funktion ergibt damit sofort das Gewünschte:

```
double nstGerade(double x0, double y0, double m){
    return x0 - y0/m;
}
```

Es ist zu beachten, dass diese Implementierung voraussetzt, dass die Steigung der betrachteten Gerade ungleich 0 ist.   □

Frage 308 Kombinieren Sie die Bausteine zur Berechnung der Ableitung eines Polynoms, zur Berechnung eines Funktionswerts eines Polynoms und zur Berechnung der Nullstelle einer Geraden, um das Newton-Verfahren zur näherungsweise Berechnung von Nullstellen von Funktionen zu implementieren.

Antwort: Das iterative Newton-Verfahren verläuft wie folgt:

1. Wähle einen Startwert x und berechne für das betrachtete Polynom den Funktionswert und den Wert der Ableitung an dieser Stelle.

2. Berechne den Schnittpunkt der Tangente des Polynoms an der Stelle x mit der x-Achse.

3. Wähle den Schnittpunkt als neuen Startwert und beginne von vorn.

Das Verfahren soll enden, wenn der Abstand zweier aufeinanderfolgenden Startwerte kleiner ist als ein vorgebenes ε.

Folgende Funktion leistet das Gewünschte:

```
double newton(double x, double[] p, double epsilon){
    double lastx,
    do{
        lastx = x;
        x = nstGerade(x, pWert(x,p), pWert(x,ableitung(p)));
    } while(abs(lastx - x) > epsilon);
    return x;
}
```

Der Kern von `newton` besteht in der Anweisung

```
x = nstGerade(x, pWert(x,p), pWert(x,ableitung(p)));
```

in der die schon vorhandenen Funktionsbausteine `nstGerade`, `pWert` und `ableitung` nur noch geeignet kombiniert werden mussten. ☐

Frage 309 In welchem Sinne ist die Funktion `newton` noch nicht laufzeitoptimiert, und wie könnte man sie verbessern?

Antwort: In der Anweisung

```
x = nstGerade(x, pWert(x,p), pWert(x,ableitung(p)));
```

wird wiederholt die Funktion `ableitung(p)` mit jeweils identischem Ergebnis aufgerufen. Folgende Modifikation führt zu einem optimierten Unterprogramm `newtonOpt`:

```
double newtonOpt(double x, double[] p, double epsilon){
    double lastx,
    double[] abl = ableitung(p); // Optimierung
    do{
        lastx = x;
        x = nstGerade(x, pWert(x,p), pWert(x,abl));
    } while(abs(lastx - x) > epsilon);
    return x;
}
```
☐

Frage 310 Was ist der Unterschied zwischen formalen und aktuellen Parametern?

Antwort: *Formale Parameter* sind die Platzhalter in Funktionsköpfen, denen beim Aufruf der Funktion konkrete Werte als *aktuelle Parameter* mitgegeben werden. ☐

Frage 311 In welchem Sinne unterstützt das Konzept einer Funktion das **Abstraktionsprinzip**? Geben Sie einfache Beispiele.

Antwort: Eine Funktion unterscheidet programmiertechnisch zwischen *Funktionskopf* und *Funktionsrumpf*. Der Funktionsrumpf enthält die Implementierung, die konkrete Realisierung, also das „Wie". Unterschiedliche Implementierungen können dasselbe äußere („funktionale") Verhalten aufweisen. Für den Benutzer ist nur das äußere Verhalten relevant. Die Kenntnis der konkreten Implementierung ist also aus Nutzersicht nicht erforderlich. Von ihr kann deshalb *abstrahiert* werden. Dies geschieht dadurch, dass beim Aufruf des Unterprogramms nur die Kenntnis des Funktionskopfes erforderlich ist. Funktionsrümpfe können damit ausgetauscht werden, ohne dass der Benutzer dies merkt.

Beispiel: Die mathematische Funktion $|x|$ (Absolutwert)

$$| \; | : \mathbb{R} \to \mathbb{R}$$

kann äquivalent auf ganz unterschiedliche Weise implementiert werden. Bei gleichem Funktionskopf, nämlich `double abs(double x)`, sind z. B. folgende unterschiedliche Funktionsrümpfe denkbar:

- `{if( x > 0) return x else return -x;}`
- `{return sqrt(x*x);}`
- `{return max(0,x) - min(0,x);}`   □

7.5   Ausnahmebehandlung

Frage 312 Was ist ein **Laufzeitfehler**?

Antwort: Ein *Laufzeitfehler* ist ein Fehler, der erst zur Laufzeit eines Programms manifest wird und häufig zu einem Programmabbruch führt. Solche Fehler können i. A. vom Compiler nicht vorher erkannt werden, da ihr Auftreten von Dateneingaben abhängen kann, die zur Compile-Zeit nicht bekannt sind. Typische Beispiele sind die Division von Variablen, die im Programmablauf vorher den Wert 0 erhalten haben, oder der Zugriff auf Arrays mittels Indexvariablen, die zu diesem Zeitpunkt einen Wert außerhalb des zulässigen Indexbereichs aufweisen.   □

Frage 313 Warum bieten moderne Programmiersprachen ein eigenes Konzept zur Behandlung von Laufzeitfehlern an? Würde eine hinreichend „defensive" Programmierung seitens des Programmierers nicht genügen?

Antwort: Es gibt Situationen, in denen ein Unterprogramm mit einem aufgetretenen Laufzeitfehler nicht selbst fertig werden kann und das Auftreten dieses Fehlers an das aufrufende Programm melden muss. Hierfür braucht es einen eigenen Kommunikationskanal. In Programmiersprachen wie Java oder C++ gibt es hierfür das Konzept des *exception handling*.   □

Frage 314 Zeigen Sie am Beispiel der Funktion `newtonOpt`, wie ein sinnvolles exception handling für den Fall einer Tangente mit der Steigung 0 aussehen könnte.

Antwort: Das Laufzeitproblem kann beim Aufruf der Funktion `nstGerade` auftreten:

```
x = nstGerade(x, pWert(x,p), pWert(x,abl));
```

Es tritt auf, wenn pWert(x,abl) den Wert 0 an die Funktion nstGerade übergibt. In diesem Fall kann die Funktion nstGerade eine spezifische Ausnahmebedingung signalisieren, sodass die aufrufende Funktion newtonOpt beispielsweise einen anderen Startwert für die Iteration wählen könnte.

In einer sogenannten try-Klausel wird der Aufruf von nstGerade gewissermaßen unter Vorbehalt durchgeführt. Beim Eintreten eines Überlaufs bei der Division durch den mitgegebenen aktuellen Parameter pWert(x,abl), einer *Arithmeticexception*, wird diese Exception in einer sogenannten catch-Klausel aufgefangen und geeignet gehandhabt:

```
double newtonOpt(double x, double[] p, double epsilon){
    double lastx,
    double[] abl = ableitung(p);
    do{
        lastx = x;
        try{
            x = nstGerade(x, pWert(x,p), pWert(x,abl));
        }
        catch(ArithmeticException e){
            x = lastx + 1; // oder anderen neuen Startwert
        }
    } while(abs(lastx - x) > epsilon);
    return x;
}
```
□

Frage 315 Finden Sie ein verbessertes exception handling für den Fall, dass das betrachtete Polynom zufälligerweise eine mehrfache Nullstelle besitzt, dass also die Tangente an der Nullstelle ebenfalls die Steigung 0 hat.

Antwort: Man kann prüfen, ob beim Auftreten der ArithmeticException, wenn also die Steigung des Polynoms sich als 0 herausstellt, das Polynom selbst auch schon den Wert 0 haben könnte:

```
double newtonOpt(double x, double[] p, double epsilon){
    double lastx,
    double[] abl = ableitung(p);
    do{
        lastx = x;
        try{
            x = nstGerade(x, pWert(x,p), pWert(x,abl));
        }
        catch(ArithmeticException e){
            if( abs(pWert(x,p)) <= epsilon) return x;
```

```
            x = lastx + 1; // neuer Startwert
        }
} while(abs(lastx - x) > epsilon);
return x;
}                                                                        □
```

8 Objektorientierte Programmierung

„Das hatte zweifellos den Vorzug, mich vor fruchtlosem Philosophieren über das ,Ding an sich' zu bewahren und mehr für die rationelle Frage: ,Wozu ist es nützlich?' zu interessieren."
(Heinz Barwich, Atomphysiker)

Objektorientierung ist die „Fortsetzung der Programmierung mit anderen Mitteln". Sie bedient sich dabei durch und durch klassischer Sichtweisen. Denn die Vorstellung eines Objektes als eine Entität mit wohldefinierter *Identität* wurde von der modernen Physik zumindest für den Mikrobereich aufgegeben. Von solchen Grenzfällen abgesehen hat die Objektorientierung das programmiertechnische Modellieren von Systemen enorm erleichtert.

Hin und wieder ist dennoch die Rede von „erheblichen geistigen Umstellungen, die das objektorientierte Vorgehensmodell erfodert". Für Programmierer, die ausschließlich die klassischen imperativen Konzepte benutzt haben, mag die Umstellung tatsächlich einen geistigen Aufwand erfordern. Andererseits ist die Denkweise schon eines kleines Kindes automatisch objektorientiert. Insofern erscheint es folgerichtig, in der Programmierausbildung die objektorientierten Konzepte schon von Beginn an einzuführen, wie es zunehmend geschieht.

Es liegt in der Natur der Objektorientierung, auch mit „Artefakten" zu operieren, künstlichen Objekten, vergleichbar juristischen *Personen*. Die hierdurch ins Spiel kommenden Freiheitsgrade in der Modellierung von Objekten machen es deshalb nicht immer leicht, die „richtigen" Objekte zu finden.

Die in diesem Kapitel besprochenen Programmierbeispiele sind in Java codiert. Für dieses Kapitel geben wir keine zusätzliche Literatur an, sondern verweisen auf die früheren Kapitel.

8.1 Grundlegende Begriffe

Frage 316 Welche Rollenverschiebungen oder Reorganisationen charakterisieren den Übergang von der klassischen imperativen zur objektorientierten Programmierung?

Antwort: Die klassische imperative Programmierung ist geprägt von der Unterteilung in *passive* Daten und *aktive* Funktionen, die gewissermaßen von „außen" auf die Daten zugreifen und sie modifizieren.

In der objektorientierten Programmierung werden Daten zu *aktiven* Objekten, indem ihnen gewisse Funktionen fest zugewiesen werden und sie damit zum Ansprechpartner für spezielle Dienstleistungen werden.

Sieht man Objekte damit als „Daten mit einer erweiterten Rolle" und behält das Prinzip der Typisierung von Daten bei, dann führt dies automatisch wieder zur Typisierung der Objekte, d. h. zu einer *Klassifizierung*. Hierfür wird das programmiersprachliche Konzept einer *Klasse* (class) bereitgestellt. $\square$

Frage 317 Welche Konsequenzen ergeben sich aus der Sichtweise, Klassen in der Rolle von Typen zu sehen?

Antwort:

- Man kann Variablen deklarieren, die vom Typ einer Klasse sind:
  `<Klassenname> <Variablenname>;`
- Man hat es mit Ober- und Unterklassen zu tun, analog den verträglichen Datentypen wie double und int.
- Man wird eigene Klassen definieren, da die Freiheitsgrade unterschiedlicher Klassen nicht mehr durch vordefinierte Klassen (auch nur annähernd) erfasst werden können. $\square$

Frage 318 Was unterscheidet die Variablendeklaration mittels einer Klasse von der Variablendeklaration mittels eines primitiven Datentyps?

Antwort: Eine Variable vom Typ einer Klasse ist eine Referenzvariable. Sie erhält bei Bedarf die Adresse des eigentlichen Objekts. Die Deklaration ist daher nur eine Authorisierung für die Variable, auf Objekte eines bestimmten Typs verweisen zu können. Der Verbindung zwischen Variable und Objekt muss separat vorgenommen werden. $\square$

Frage 319 Warum organisiert man die Variablen vom Typ einer Klasse als Referenzvariablen? Könnte man bei einer entsprechenden Deklaration nicht auch wie bei den primitiven Datentypen direkt Speicherplatz für ein Objekt nach den Vorgaben der entsprechenden Klasse reservieren?

Antwort: Ja, möglich wäre dies. Es wäre aber mit gewissen Einschränkungen bzw. Nachteilen verbunden:

1. Eine automatische Objekterzeugung bei der Deklaration lieferte notwendig Objekte, die völlig gleich gestaltet wären. Es wäre aber zweckmäßig, Objekte bei ihrer Erzeugung schon passgenau, gewissermaßen „customisiert", voreinzustellen. Diese Voreinstellung kann ein Objekt als aktives Objekt bei

seiner Erzeugung auch selbst vornehmen. Die hierzu notwendigen Parameter können aber leichter im Rahmen eines speziellen *Objekt-Konstruktors* übergeben werden und zwar ganz losgelöst von der Deklaration.

2. Objekte als aktive Objekte werden häufig sogenannte persistente, also länger lebende Objekte sein. Die Gleichbehandlung mit Daten primitiver Datentypen führte also entweder zu sehr kurzlebigen Objekten (bis zum Beenden einer Funktion beispielsweise) oder erforderte zusätzliche Maßnahmen für das Weiterbestehen der Objekte.

3. Die Identifizierung von Objektvariablen mit den Objekten selbst, wie im Falle primitiver Datentypen, erforderten bei Variablenzuweisungen umfangreiche Kopiervorgänge. Da es aber von der Sache her selten notwendig ist, die Objekte selbst zu kopieren, führte dies zu einer unnötigen Leistungseinbuße.

□

Frage 320 Wie verläuft die Erzeugung eines Objekts vom Typ MyClass, und wie wird sie syntaktisch initiiert?

Antwort: Die Objekterzeugung wird durch die Klasse MyClass veranlasst, die

1. beim Betriebssystem den benötigten Speicherplatz für das Objekt anfordert und reserviert,

2. die Weitergabe der Adresse, unter der das Objekt nun verfügbar ist, veranlasst und

3. mittels eines passenden Konstruktors die Voreinstellungen des Objekts vornehmen lässt.

Syntaktisch erfolgt die Anforderung mittels des Operators new und folgendem Konstruktoraufruf, der namensgleich zur betreffenden Klasse ist:

```
new MyClass(<parameter1>, <parameter2>, ...);
```

Frage 321 Programmieren Sie die Deklaration einer Referenzvariablen mit anschließender Zuweisung eines erzeugten Objekts.

Antwort: Folgende Anweisung leistet das Gewünschte:

```
MyClass o = new MyClass(...);
```

Der new-Operator liefert eine Adresse vom Typ MyClass, die einer Variablen vom selben Typ zugewiesen wird.

Frage 322 Für Objekte gibt es ein „Personalpronomen", ein „ich". Wie lautet das entsprechende Schlüsselwort, und in welchen Situationen wird es z. B. eingesetzt?

Antwort: Ein Objekt kann sich z. B. im Rahmen einer Methode mit dem Schlüsselwort this selbst referenzieren, um beispielsweise Namensgleichheiten von Attributen und Parametern aufzulösen (zu „desambiguieren"):

```
class MyClass{
    private int i;
    ...
    public void myMethod(int i){
        this.i = i; // i = i wäre mehrdeutig
    }
    ...
}
```

8.2   Klassen und ihre Hierarchien

Frage 323 Wie sieht der interne Aufbau einer Klasse aus, sodass sie als Schablone für die Erzeugung von Objekten fungieren kann?

Antwort: Sieht man ein Objekt in der Rolle eines „Dienstleisters", so benötigt es für seine funktionelle Ausgestaltung Operationen, genannt *Methoden*, sowie Daten in Form von *Attributen*. Zur Durchführung der Dienstleistungen benötigt ein Objekt häufig ein „back office" in Form nicht öffentlicher Methoden und Attribute.

Frage 324 Wie werden die zum „front office" bzw. zum „back office" gehörenden Attribute und Methoden eines Objekts syntaktisch gekennzeichnet?

Antwort: Hierzu werden hauptsächlich die Schlüsselwörter public und private verwendet.

Frage 325 Was versteht man unter einer **Nachricht** an ein Objekt?

Antwort: Eine Nachricht an ein Objekt besteht im Aufruf einer Methode dieses Objekts. Dabei kann es sich nur um eine öffentliche, von außen sichtbare Methode des Objekts handeln, also eine Methode des „front office".

Das Objekt selbst reagiert mit dem Start der Methode. In der Folge werden seine Attribute verändert oder weitere interne oder externe Aufrufe initiiert, oder im einfachsten Fall wird das Ergebnis einer Berechnung an den Sender der Nachricht zurückgeliefert.

Frage 326 Wie sieht das Senden einer Nachricht message() an ein Objekt obj syntaktisch aus?

Antwort: Der Aufruf geschieht über obj.message(). Das Objekt wird also zunächst angerufen, und dann wird ihm gesagt, was zu tun ist. Voraussetzung hierfür ist, dass message() als public deklariert ist. □

Frage 327 Betrachten Sie folgende Klassendefinition

```
public class Complex3 {
  private Polynom rep;
  private final static Polynom divisor =
          new Polynom(new double[]{1.0, 0.0, 1.0});
  public Complex3(double reTeil, double imTeil){
     rep = new Polynom(new double[]{reTeil, imTeil});
  }
  private Complex3(Polynom p){ // privater Konstruktor
     rep = p;
  }
  ...
}
```

Es liegt in der Natur eines Konstruktors, typischerweise public zu sein. Was könnte der Grund sein, dass der zweite Konstruktor ausnahmsweise private ist?

Antwort: Der zweite Konstruktor wird nicht von außerhalb der Klasse aufgerufen. Er wird benötigt, um ein Objekt direkt aus einer internen Repräsentation heraus zu erzeugen, wie z. B. in folgender Methode:

```
public Complex3 multiply(Complex3 c){
   Polynom temp = rep.multiply(c.rep);
   return new Complex3(temp); // privater Konstruktor
}
```
□

Frage 328 Was bedeutet die Ober- bzw. Unterklassenrelation mengentheoretisch?

Antwort: Die zu einer Oberklasse gehörenden Objekte bilden mengentheoretisch eine Obermenge derjenigen Objekte, die zu einer Unterklasse (der betrachteten Oberklasse) gehören.

Die Definition einer Unterklasse MySubClass ausgehend von einer Klasse MyClass geschieht syntaktisch mittels des Schlüsselwortes extends:

```
MySubClass extends MyClass{...}
```

Frage 329 Was versteht man unter **upcasting** und was unter **downcasting**, und was sind natürlichsprachliche Entsprechungen?

Antwort: Seien `MyClass` und `MySubClass` eine Klasse und eine Unterklasse, dann kann eine Variable vom Typ `MySubClass` offensichtlich einer Variablen vom Typ `MyClass` zugewiesen werden, ohne dass es zu einer Typunverträglichkeit kommt. Dies bedeuet *upcasting*.

Im umgekehrten Fall, dem *downcasting*, sind spezielle Vorsichtsmaßnahmen zu treffen: Es muss sichergestellt werden, dass das referenzierte Objekt zur Unterklasse gehört, obgleich es nur mit der Oberklasse getypt ist.

Upcasting, sprachlich wie in dem Satz „Jedes Quadrat ist ein Rechteck" betrachtet, meint das Subsumieren spezieller Begriffe unter einen *Oberbegriff*. *Downcasting* meint hingegen die Bezugnahme auf spezielle Objekte durch die Nennung allgemeiner Objekte und einer einschränkenden Qualität, wie z. B. in der Konstruktion „Ein Rechteck, das speziell ein Quadrat ist."

Frage 330 Beschreiben Sie ein typisches Szenario der Programmierung, in dem *upcasting* eingesetzt wird.

Antwort: Will man Objekte mit einem geeigneten Oberbegriff zusammenfassen und ansprechen, kann dies mithilfe eines Arrays geschehen:

```
MySuperClass[] sc;
 ...
MySubClass1 ms1a,ms1b,ms1c,...
 ...
MysubClass2 ms2a,ms2b,ms2c,...
 ...
sc[i] = ms1a; // upcasting von MySubClass1 auf MySuperClass
 ...
sc[j] = ms2a; // upcasting von MySubClass2 auf MySuperClass
```

Frage 331 Im Allgemeinen führt der Übergang zu einer Unterklasse zu einer *komplexeren* Klasse, bei der die Attribute und Methoden der Unterklasse die der Oberklasse umfassen. Die Möglichkeit der Implementierung einer Klasse `Rechteck` und einer Klasse `Quadrat` nach folgendem naheliegenden Muster

```
class Rechteck{
    double seite1;
    double seite2;
```

```
    ...
}

class Quadrat{
    double seite;
    ...
}
```

würde bei der Vererbungsbeziehung class Quadrat extends Rechteck offensichtlich zu Komplikationen führen. (Dies verführt manche Autoren sogar dazu, die Vererbungsbeziehung *technisch* umzukehren, obwohl dies der Intention der Spezialisierung widerspräche.) Kommentieren Sie diesen Sachverhalt.

Antwort: Die Implementierung der Klasse Quadrat als Unterklasse der Klasse Rechteck sollte eigentlich so vonstatten gehen, dass die Spezialisierung ihren Ausdruck in einem speziellen *Konstruktor* findet, der die Werte beider Rechteck-Attribute gleichsetzt. Die Spezialisierung durch Reduktion der Attribute wäre vor diesem Hintergrund nur eine technische Optimierung, die nicht wirklich den Geist einer spezialisierenden Vererbung widerspiegelte.

```
class Rechteck{
    private double seite1;
    private double seite2;
    ...
    public Rechteck(double a, double b){
        seite1 = a;
        seite2 = b;
    }
    public double getSeite1(){return seite1;}
    public double getSeite2(){return seite2;}
    ...
}

class Quadrat extends Rechteck{
    ...
    public Quadrat(double a){
        super(a, a);
    }
    public getSeite(){return getSeite1();}
    ...
}
```

□

Frage 332 Warum wird in der Sprache Java auf das Konzept der **Mehrfachvererbung** verzichtet? (Warum bedeutet dies keine zu große inhaltliche Einschränkung?)

Antwort: Mehrfachvererbung führt, wie in der Biologie, zu Situationen, in denen entschieden werden müsste, welche mehrfach vererbte Operation „dominant" und welche „rezessiv" zu sein hätte.

Nun hat das Konzept der Mehrfachvererbung jedoch so viele konzeptuelle Vorteile, dass man nur ungern darauf verzichten möchte. In dieser Situation bietet sich als guter Kompromiss das Konzept des *Interfaces* an, das als „vollständig abstrakte Klasse" in einer entschärften Mehrfachvererbung – die oben beschriebenen Konflikte können dann nicht auftreten – einsetzbar ist. □

Frage 333 Welche Bedeutung haben die Begriffe **Kovarianz** und **Kontravarianz** speziell im Rahmen der Objektorientierung?

Antwort: Die Begriffe kovariant und kontravariant sind der Algebra entnommen. Die Bildung von Funktionen von einer Klasse in eine andere Klasse kann kategorientheoretisch als sogenannter Bifunktor angesehen werden, der kontravariant bezogen auf den Definitionsbereich und kovariant bezogen auf den Wertebereich ist.

Eine Funktion `RangeSubClass func(DomainSuperClass d)` kann auf natürliche Weise als Funktion `RangeSuperClass func(DomainSubClass d)` vor diesem Hintergrund aufgefasst werden. Man nennt damit in Analogie zur kategorientheoretischen Sprechweise `RangeSubClass` kovariant zu `RangeSuperClass` und `DomainSuperClass` kontravariant zu `DomainSubClass`.

Eine Funktion `RangeClass func(DomainClass c)` ist also konform mit einer gleichnamigen Funktion mit kovarianter Ergebnisklasse und kontravarianter Definitionsklasse. □

8.3   Polymorphie und dynamische Bindung

Frage 334 Was bedeutet **Polymorphie**, und wo benutzt man sie in Formulierungen der Umgangssprache?

Antwort: Der Begriff der Polymorphie wird in der objektorientierten Programmierung vor allem in Kombination mit polymorphen Operationen gesehen: ein und dieselbe Botschaft an verschiedene Objekte derselben Klasse kann unterschiedliche Reaktionen verursachen, je nachdem zu welcher Unterklasse diese Objekte gehören. Dies bedeutet, dass die Objekte einheitlich als Objekte der Oberklasse angesprochen werden, dass also ein upcasting stattgefunden hat, dass aber die auszuführenden konkreten Operationen von der Zugehörigkeit der Objekte zu unterschiedlichen Unterklassen abhängen.

Wir finden diese Art der Polymorphie auch im täglichen Leben: Die Aufforderung „Begeben Sie sich …“, gerichtet an jemanden der allgemeinen Klasse `Person`, wird unterschiedliche Verhaltenweisen zur Folge haben: Haben wir es mit jemanden der Unterklasse `Autofahrer` zu tun, wird das „Objekt“ das Auto bewegen, jemand der Unterklasse `Radfahrer` wird in die Pedale treten, und jemand der Unterklasse `Fussgaenger` wird sich zu Fuß in Bewegung setzen.

Programmiertechnisch wird diese Form der Polymorphie typischerweise realisiert mittels Deklaration einer abstrakten Methode in der Oberklasse – gefolgt von spezifischen Implementierungen jener Methode in den jeweiligen Unterklassen. □

Frage 335 Welche besonderen Vorteile bietet das Konzept der Polymorphie?

Antwort: Die Anwendung des Konzepts der Polymorphie führt zu leicht(er) erweiterbaren Programmen. Neu hinzukommende Objekte derselben Klasse, die zu einer eigenen Unterklasse zusammengefasst werden und dabei polymorphes Verhalten zeigen, können nämlich über eine unveränderte Schnittstelle angesprochen werden. □

9 Betriebssysteme und Systemsoftware

„In jedem Mensch steckt zufürderst ein Prozess"
(Ludwig Thoma mit einer juristischen Sichtweise,
die über die Informatik „faktorisiert".)

Wenn man den Umfang alter und neuer Betriebssysteme in Beziehung setzt zum Umfang der eigentlichen Anwendungsprogramme, kann man nicht umhin, ein geradezu explosives Wachstum Ersterer im Laufe der Zeit festzustellen. Wir wollen hier nicht die Sinnfrage des Umfangs stellen und auch der Versuchung widerstehen, Vergleiche zu den Verwaltungen großer Organisationen zu ziehen.

Betriebssysteme erzählen die Geschichte der immer besseren, der immer effizienteren Nutzung der Computer. Der erste Schritt bestand darin, die Ausführung der Programme – die zunächst per Hand gestartet wurden – einem Steuerprogramm zu übertragen. Dies war der Beginn des sogenannten Batch-Betriebs. Zur Überbrückung zeitaufwendiger Ein- und Ausgabeoperation ging man – nachdem die Hauptspeicher groß genug wurden – zum Multitasking, der parallelen Programmverarbeitung, über. Dialogkomponenten schließlich ermöglichten den Mehrbenutzerbetrieb. Der Umfang der ursprünglichen Steuerprogramme bis hin zu unseren heutigen Betriebssystemen hat dabei gewaltig an Umfang zugenommen, besonders da begrenzende Faktoren wie Speicherplatz keine Rolle mehr spielten.

Die Probleme und Aufgabenstellungen lassen sich durchaus mit denen moderner Verwaltungen und des Managements vergleichen und haben Eingang gefunden in die Anwendungsprogrammierung. Heutige Programmiersprachen stellen deshalb Konzepte und Sprachkonstrukte für die parallele Programmierung zur Verfügung.

Die Beschreibung der typischen Aufgabenstellungen eines Betriebssystems nebst Fallstudien finden Sie in für die Prüfungsvorbereitung geeigneter Form im Standardwerk von Tanenbaum [46]. Einen schnellen Überblick gewinnen Sie auch mit [34].

9.1 Generelle Aufgaben

Frage 336 Was versteht man unter einem **Betriebssystem**, und was sind dessen zentrale Aufgaben?

Antwort: Unter einem *Betriebssystem* (engl. *operating system*) versteht man die Software, die die Verwendung eines Computers erst ermöglicht. Insbesondere umfasst es Programme, die die Ausführung der Anwendungsprogramme und die Verteilung der Betriebsmittel auf die Anwendungsprogramme steuern und überwachen, sowie die Bereitstellung von Schnittstellen für Anwendungsprogramme (API) und menschliche Benutzer (Shell). Zu den Aufgaben eines Betriebssystems zählen im Einzelnen:

- Steuerung von Prozessen, insbesondere Erzeugung von neuen Prozessen, Entfernung von Prozessen aus dem System, Kommunikation und Synchronisation von Prozessen (Prozesskommunikation),
- Verwaltung der Betriebsmittel des Rechners (Speicher, Prozessor, Geräte) und deren Zuweisung zu laufenden Prozessen,
- Realisierung von Schutzstrategien (z. B. gegen unberechtigte Schreib-Lese-Zugriffe) und Gewährleistung der Systemintegrität – Management der Netzkommunikation,
- Verwaltung des Dateisystems,
- Bereitstellung von Dienstprogrammen (z. B. Editoren) und Übersetzungsprogramme. □

9.2   Prozesse und Prozessverwaltung

Frage 337 Was versteht man unter einem Prozess?

Antwort: Ein Prozess ist ein ablaufendes Programm. Zentrale Aufgabe von Betriebssystemen ist es, Prozessen die erforderlichen Betriebsmittel zuzuweisen und zu verhindern, dass sich gleichzeitig ablaufende Prozesse in ihren Rechten verletzen oder es zu Verklemmungen (*deadlocks*) kommt. Prozesse werden durch einen sogenannten Prozesskontrollblock (*process control block*) repräsentiert, der Verwaltungsinformationen über den Prozess beinhaltet. □

Frage 338 Was versteht man unter einer Prozesstabelle, und was steht im Prozesskontrollblock?

Antwort: Das Betriebssystem verwaltet Prozesse mithilfe einer Prozesstabelle. Die Prozesstabelle enthält für jeden laufenden Prozess einen Eintrag. Diesen Eintrag nennt man Prozesskontrollblock (*process control block*). Typische Elemente eines Prozesskontrollblocks sind

- Prozesscharakteristika: eindeutiger Prozessbezeichner (Prozess-ID), Benutzer, der den Prozess gestartet hat

- Zustandsinformation bzgl. des Prozessors und des Prozesses: Inhalte der Prozessorregister, Pointer auf Stack für temporäre Daten und Funktionsaufrufe, Prozesszustand, Prozesspriorität
- Rechte: Zugriffsrechte auf Speicherbereiche und Dateien
- Speicherverwaltung: Zeiger auf Segment- und/oder Seitentabellen, Zeiger auf Tabelle mit offenen Dateien (aktuelle Lese-Schreib-Position, Öffnungsmodus)
- Informationen zum Ressourcenverbrauch (z. B. CPU-Verbrauch, Hauptspeichernutzung)

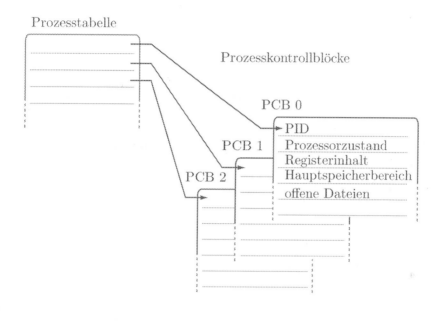

Frage 339 Welche elementaren Zustände kann ein Prozess einnehmen?

Antwort: Abgesehen von den beiden transienten Zuständen, *erzeugt* und *beendet*, gibt es drei unterschiedliche Zustände, in denen sich Prozesse befinden können:

1. *aktiv* (*running*): Der Prozess ist dem Prozessor zugeteilt und nutzt ihn.

2. *bereit* (*ready*): Der Prozess ist lauffähig und wartet auf die Zuteilung des Prozessors.

3. *blockiert* *blocked*): Der Prozess wartet auf ein externes Ereignis, z. B. eine Eingabe oder die Zuteilung eines Betriebsmittels.

Die folgende Abbildung zeigt, welche Übergänge zwischen den drei Zuständen möglich sind:

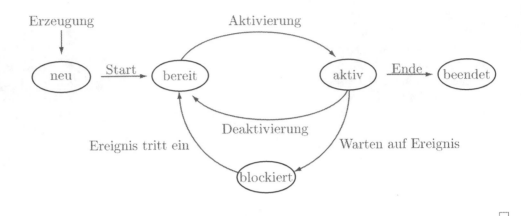

Frage 340 Was versteht man unter einem Scheduler, und nach welchen Zielvorgaben kann man das Scheduling gestalten?

Antwort: Der Scheduler ist diejenige Komponente des Betriebssystems, die entscheidet, welchem der wartenden Prozesse als Nächstes der Prozessor zugeteilt wird, d. h. welcher Prozess als Nächstes vom Zustand „bereit" in den Zustand „aktiv" übergeht. Das Verfahren, nach dem diese Zustandsüberführung erfolgt, nennt man Prozess-Scheduling (engl. für „Ablaufplanung").

Das Scheduling erfolgt typischerweise unter Berücksichtigung folgender Ziele:

- *Durchsatz*: Möglichst viele Prozesse werden pro Zeiteinheit bearbeitet.
- *Verweilzeit*: Das Zeitintervall zwischen Start und Ende eines Prozesses ist möglichst klein.
- *Wartezeit*: Der Prozess befindet sich möglichst kurze Zeit im Zustand „bereit".
- *Prozessorauslastung*: Der Prozessor wird maximal ausgelastet (heute i. A. kein wichtiges Kriterium mehr).
- *Antwortzeit*: Das Zeitintervall zwischen Eingabe und Reaktion des Systems ist möglichst klein.
- *Fairness*: Der Prozessor wird den Prozessen möglichst gerecht zugeteilt; kein Prozess wird dauerhaft vernachlässigt.

Zwischen den genannten Zielen kann es zu Zielkonflikten kommen. So ist es nicht möglich, die Prozessorauslastung und den Durchsatz zu maximieren und zugleich Warte- und Antwortzeit zu minimieren. Scheduling-Algorithmen müssen daher einen Ausgleich zwischen den Zielen finden. □

Frage 341 Nach welchen Strategien kann die Zuteilung des Prozessors an einen Prozess erfolgen?

Antwort: Die Zuteilung kann nach folgenden Strategien erfolgen:

- *First-come, First-served* (FCFS): Der zuerst ankommende Prozess wird zuerst bearbeitet. Da die Umrüstaufwände minimal sind, führen FCFS-Algorithmen zu einer guten Prozessorauslastung. FCFS-Algorithmen sind dann von Nachteil, wenn lange Prozesse zuerst kommen. In diesem Fall müssen andere kürzere Prozesse auf die Beendigung der langen Prozesse warten, und die durchschnittliche Wartezeit erhöht sich.

- *Round-Robin*: Jeder Prozess erhält reihum für eine konstante Zeitdauer den Prozessor zugeteilt. Nach Ablauf der Zeitscheibe oder des Zeitquantums wird der nächste Prozess aus der Warteschlange entnommen und bearbeitet. Der zuvor bearbeitete Prozess wird wieder am Anfang der Liste eingefügt. Die Schwierigkeit beim Round-Robin-Verfahren ist es, eine sinnvolle Größe der Zeitscheibe zu finden. Ist die Zeitscheibe klein, ergeben sich kurze Antwortzeiten; zugleich erhöhen sich aber die Aufwände, die mit einem Prozesswechsel einhergehen (z. B. Umladen von Registern). Ist die Zeitscheibe groß, kann es ähnlich wie beim FCFS-Verfahren zu hohen durchschnittlichen Wartezeit kommen.

- *Prioritätsbasiertes Scheduling*: Jedem Prozess wird ein Prioritätsmaß zugeordnet und jeweils dem Prozess mit der höchsten Priorität der Prozessor zugeteilt. Prioritäten können sich z. B. auf den Benutzertyp beziehen (z. B. Systemadministrator vs. Systemnutzer) oder auf die angenommene Rechenzeit. In diesem Fall erhält der Prozess mit der kürzesten erwarteten Laufzeit die höchste Priorität. Man spricht hier auch von der Shortest-job-first-Strategie (SJF). Prioritätsbasierte Verfahren benötigen eine zusätzliche Strategie, um mit Prozessen gleicher Priorität umzugehen.

- *Deadline Scheduling*: Der Prozessor wird einem Prozess so zugeteilt, dass die Einhaltung eines Fertigstellungszeitpunkts (Deadline) eingehalten wird. Dieses Verfahren wird vor allem bei Realzeitanwendungen eingesetzt.

Scheduling-Verfahren können entweder präemptiv (verdrängend) oder nicht präemptiv (nicht verdrängend) sein. ☐

Frage 342 Worin besteht der Unterschied zwischen dem **präemptiven** (verdrängenden) und dem **nicht präemptiven** (nicht verdrängenden) Scheduling?

Antwort: Beim präemptiven Scheduling kann der Prozessor einem Prozess entzogen werden, weil ein anderer Prozess bearbeitet werden soll. Der Prozess wechselt dann vom Zustand „rechnend" in den Zustand „bereit". Die Round-Robin-Strategie ist präemptiv.

Beim nicht präemptiven Scheduling hingegen bleibt ein Prozess im Zustand „rechnend", bis er abgearbeitet ist oder von sich aus (z. B. durch ein externes Ereignis) den Prozessor freigibt. Die FCFS-Strategie ist in ihrer Reinform nicht präemptiv. ☐

Frage 343 Welche Ergebnisse liefert die (analytische) Warteschlangentheorie für die durchschnittliche Antwortzeit (Wartezeit + Bedienzeit) im Falle der First-come-first-served-Strategie?

Antwort: Existieren die Erwartungswerte (statistische „Mittelwerte") $E(B)$ und $E(B^2)$ der Bedienzeiten B (aufgefasst als Zufallsvariable) und bezeichnet λ die im Schnitt pro Zeiteinheit ankommenden Prozesse, dann ergibt sich die mittlere Wartezeit W als Funktion der Mittelwert $E(B)$ und $E(B^2)$ wie folgt:

$$W = \frac{\lambda E(B^2)}{2(1 - \lambda E(B))},$$

und für die durchschnittliche Antwortzeit A erhalten wir:

$$A = \frac{\lambda E(B^2)}{2(1 - \lambda E(B))} + B.$$

Dabei wird vorausgesetzt, dass die Anzahl der in einer Zeitspanne ankommenden Prozesse poissonverteilt ist (was in vielen Fällen den Sachverhalt annähernd gut beschreibt).

Nimmt man darüber hinaus an, dass die Bedienzeiten exponentialverteilt sind, dann gilt

$$E(B^2) = 2E(B)^2$$

und somit

$$W = \frac{\lambda E(B)^2}{1 - \lambda E(B)}. \qquad \square$$

Frage 344 Worin besteht der Unterschied zwischen Prozessen und **Threads**? Worin bestehen die jeweiligen Vor-/Nachteile?

Antwort: *Threads* sind Prozesse light: Sie sind eingebettet in echte Prozesse und zeigen auch ein Verhalten wie jene, indem sie eine Nebenläufigkeit des Programmablaufes realisieren. Anders als echte Prozesse nutzen sie aber Adressräume, Code und Ressourcen gemeinsam.

Dies steigert die Performanz, da die Erzeugung eines Threads, Wechsel zwischen Threads und die Kommunikation zwischen ihnen mit geringerem Organisationsaufwand verbunden ist, bedeutet aber auch einen Verzicht auf Schutzmechanismen.

Einen gewissen Ausgleich zwischen den Vor- und Nachteilen sucht man in der Übertragung des Thread Managements an den Kern des Betriebssystems (*kernel threads*). $\square$

9.3   Prozesssynchronisation

Frage 345 Was versteht man unter einer **Race Condition**? Finden Sie ein Beispel aus dem täglichen Leben.

Antwort: Gegeben seien zwei Köche und ein Rezept (entsprechen zwei Prozessen und einem Programm). Die Köche schauen jeweils auf das Rezept, führen die nächste noch nicht abgehakte Anweisung aus und haken sie dann ab.

Die nächste Anweisung laute: „Suppe salzen". Koch A kommt als Erster dazu, die Anweisung zu lesen und geht in den Keller, um Salz zu holen. In der Zwischenzeit beendet Koch B seine Tätigkeit, hakt seine Tätigkeit ab und sieht, dass die Suppe gesalzen werden muss und geht Salz holen. Koch A, der dies nicht mitbekommt, kommt zurück, salzt die Suppe und hakt ab. Koch A, der von den Aktivitäten des Kochs B nichts mitbekommen hat, kommt zurück, salzt die Suppe, will abhaken und stellt fest, dass schon abgehakt wurde, dass also die Suppe bereits gesalzen und damit jetzt *ver*salzen ist . . . .

Race Conditions sind nun Situationen wie diese, in denen zwei oder mehrere Prozesse lesend und schreibend auf gemeinsame Daten zugreifen, sodass das Ergebnis *empfindlich* davon abhängt, in welcher zufälligen Reihenfolge zugegriffen wird.   □

Frage 346 Mit welchem abstrakten Konzept werden Race Conditions vermieden?

Gewisse Anweisungsfolgen müssen unter *gegenseitigem Ausschluss* durchgeführt werden: zwischen dem Lesen der Rezeptanweisung und dem Abhaken (s. o.) darf kein anderer Prozess auf die Anweisung zugreifen und sie ausführen.

Es ist also ein in diesem Sinne *kritischer Bereich* einzurichten.   □

Frage 347 Wie lassen sich kritische Bereiche implementieren?

Antwort: Die bekanntesten Primitive zur Implementierung kritischer Bereiche bestehen im Konzept

- des *Semaphors*,
- des *Monitors* und
- des Nachrichtenaustauschs (*message passing*) inkl. des *Rendezvouz*-Konzeptes als Grenzfall.

Obwohl diese Konzepte logisch äquivalent sind, d. h. jedes dieser Konzepte die jeweils anderen implementieren kann, ist das Monitorkonzept eher auf Programmiersprachenebene und das Semaphoren-Konzept eher auf der Hardware angesiedelt. Praktischerweise wird also der Monitor durch Semaphore implementiert und nicht umgekehrt.   ☐

Frage 348 Welches grundsätzliche Problem kann beim Verhindern einer Race Condition immer wieder auftreten?

Antwort: Immer dann, wenn der *kritische Bereich* dem exklusiven Zugriff auf gemeinsam benutzte Betriebsmittel dient, besteht die prinzipielle Gefahr einer Systemverklemmung (*Deadlock*), in der es kein Vor und kein Zurück mehr gibt, weil jeder Prozess für den Fortgang der eigenen Operationen auf die Freigabe der Betriebsmittel durch den jeweils anderen Prozess wartet. Solche Deadlock-Probleme finden sich auch im täglichen Leben, angefangen von einem Kreisverkehr mit „rechts vor links" bis hin zur (Nicht-)Freigabe von Geldern aus „geschützten Bereichen" in der letzten Finanzkrise.   ☐

9.4   Speicherverwaltung

Frage 349 Mit welchen Problemen hat man es in der Speicherverwaltung im Mehrprozessbetrieb zu tun?

Antwort: Die Prozesse werden aus Gründen effizienter Speicherausnutzung nicht in einen zusammenhängenden Speicherbereich geladen und während des Prozessablaufs durch ständige Ein- und Auslagerungen auch in jeweils unterschiedliche Bereiche geladen. Adressen müssen deshalb umgerechnet werden, und nicht zugewiesene Speicherbereiche müssen vor einem Zugriff geschützt werden.   ☐

Frage 350 Worin besteht das Konzept des virtuellen Speichers?

Unabhängig von den Gegebenheiten des realen Speichers wird ein abstrakter Speicher (*virtueller Speicher*) definiert, der in einzelne Bereiche (*frames*) logisch unterteilt wird. Diese Frames werden bei Bedarf (und unabhängig voneinander) auf reale Speicherbereiche abgebildet, d. h., sie werden dort unter Berücksichtigung der notwendigen Adressanpassungen physikalisch gespeichert.

Dies hat folgende Vorteile:

- Es brauchen nur die aktuell notwendigen Teile (*pages*) eines Programms im physikalischen Speicher abgelegt zu sein. Die restlichen Programmteile befinden sich in einer *Auslagerungsdatei*. Auf diese Weise können sich viele Prozesse gleichzeitig im physikalischen Speicher aufhalten, also schnell ausführbar sein.
- Der physikalische Speicher kann mittels der Fragmentierung des virtuellen Speichers lückenlos ausgenutzt werden.
- Der logische Adressraum des virtuellen Speichers kann um ein Vielfaches größer sein als der physikalische Adressraum.

■ Die Adressübersetzung kann als Mittel für die Überprüfung des Zugriffs auf
   ungültige virtuelle Adressen benutzt werden.

Die Übersetzung der virtuellen Adresse in die physikalische Adresse erfolgt in der
Regel mittels Tabellen, die ein- oder mehrstufig organisiert sein können.   ☐

Frage 351 Was passiert, wenn sich herausstellt, dass bei der Adressübersetzung die
gesuchte Seite eines Programms sich nicht im Hauptspeicher, sondern noch in der
Auslagerungsdatei befindet?

Antwort: In diesem Fall, man spricht hier von einem *Page Fault*, wird der Prozess
unterbrochen, und das Betriebssystem sucht die betreffende Seite in der Auslagerungsdatei. Gleichzeitig sucht es einen freien Platz im Hauptspeicher, um jene
Seite in den Hauptspeicher zu laden. Zu diesem Zwecke wird ggf. eine andere Seite
aus dem Hauptspeicher ausgelagert, um den nötigen Platz zu schaffen.   ☐

Frage 352 Nach welchen Strategien kann man das Ein- und Auslagern organisieren,
um die Anzahl der Page Faults möglichst klein zu halten?

Antwort: Die bekanntesten Strategien bestehen im

■ *first in first out*-Verfahren, das leicht zu implementieren ist aber eine hohe
   Fehlerrate hat,
■ *least recently used*-Verfahren (LRU), dem eine sehr gute Heuristik zugrunde
   liegt, das aber einen (zu) hohen Implementierungsaufwand erfordert, sowie
■ in den leichter zu implementierenden Modifikationen des LRU-Verfahrens (*not
   recently used*-Verfahren und *not frequently used*-Verfahren).   ☐

Frage 353 Wo im Bereich der Anwendungsprogrammierung haben Sie das Konzept
der virtuellen Adressierung selbst schon einmal benutzt?

Antwort: Ein Array kann aufgefasst werden als virtueller Adressraum basierend
auf der (virtuellen) Basisadresse 0.   ☐

9.5 Dateisysteme

Frage 354 Was ist und welche Aufgaben hat ein **Dateisystem**?

Antwort: Ein *Dateisystem* ist eine Organisationsform von (persistenten) Daten,
die in Form von *Dateien* vorliegen und logisch zu Verzeichnissen zusammengefasst werden. Es stellt dem Benutzer Zugriffs- und Verwaltungsfunktionen zur

Verfügung, ohne dass er sich mit den physikalischen Details der Datenablage auseinandersetzen muss. Dem Benutzer wird also eine abstrakte Sicht auf die Dateiorganisation geboten. Darüber hinaus bietet ein Dateisystem Schutzmechanismen gegen unberechtigten oder ungewollten Zugriffen oder Modifikationen. □

Frage 355 Was ist ein hierarchisches Dateisystem?

Antwort: Ein Dateisystem heißt hierarchisch, wenn die Verzeichnisse die logische Struktur eines Baums haben, also baumartig ineinandergeschachtelt sind. Die Wurzel des Baumes wird dementsprechend Wurzelverzeichnis genannt. □

Frage 356 Wie kann die physikalische Struktur von Dateisystemen aussehen?

Antwort: Ähnlich dem virtuellen Speicher müssen die (logischen) Elemente eines Dateisystems, also Dateien, Verzeichnisse und die Beziehungen zwischen ihnen, systematisch auf die physikalischen Blöcke eines persistenten Speichermediums (Festplatte) abgebildet werden.

Da Dateien i. A. mehrere Blöcke umfassen, müssen neben dem Verweis auf den ersten Block weitere Verweise auf andere Blöcke erstellt und verwaltet werden. Die zu ein und derselben Datei gehörenden Blöcke können – wie bei einer verketteten Liste – intern verkettet werden. Wird diese Verkettung extern ausgelagert, führt dies zum Konzept einer *File Allocation Table* (FAT).

Ein fortgeschritteneres Konzept benutzt eine Array Struktur, in der die Verweise auf die zu einer Datei gehörigen Blöcke zusammengefasst werden (*Indexblock*). Der Verzeichniseintrag für eine Datei verweist dann nicht auf den ersten zur Datei gehörenden Block, sondern auf den zugehörigen Indexblock.

Da ein Indexblock nur eine sehr begrenzte Anzahl von Verweisen beinhalten kann, sind Indexblöcke so organisiert, dass sie neben den Verweisen auf die (inhaltlichen) Dateiblöcke Verweise auf weitere Indexblöcke enthalten können. Auf diese Weise kann die Anzahl der Dateiblöcke, auf die verwiesen wird, stark erhöht werden. □

Frage 357 Wie sieht die Dateisystemimplementierung im Betriebssystem **UNIX** aus?

Antwort: Dateisysteme in Unix werden mithilfe des Konzepts der *Indexblöcke* implementiert. Diese werden *I-Nodes* genannt.

I-Nodes sind so aufgebaut, dass sie neben zehn direkten Sektoradressen eine indirekte, eine zweifach indirekte und eine dreifach indirekte Sektoradresse beinhalten.

Gehen wir von einer Blockgröße von 1 KByte aus, und nehmen wir an, dass 256 Adresseinträge in einem Block Platz finden, dann lassen sich insgesamt

$$10 + 256 + 256^2 + 256^3 \approx 2^{24},$$

also etwas mehr als 16 Millionen Blöcke adressieren, was ca. 16 GByte entspricht.□

9.6   Schutzmechanismen

Frage 358 Warum ist der Name **Virus** für die wichtigste Klasse von Schadprogrammen so gut gewählt?

Antwort: Computerviren weisen exakt jene Doppelgesichtigkeit auf, die den biologischen Viren eigen ist: Diese treten auf in Form einer reinen chemischen Substanz, teilweise kristallin, die per se kein eigenständiges Verhalten zeigt. Der Virus besitzt keine Maschinerie, um sich selbst zu „interpretieren". Eine operationelle Bedeutung erhält der Virus ausschließlich durch seine Interpretation in einem *anderen* Organismus, sofern eine solche Interpretation überhaupt möglich ist. „Virus sein" ist also weniger ein Attribut der Substanz selbst, sondern drückt eine Relation zwischen Substanz und Wirtsorganismus aus.

In exakt diesem Sinne ist ein Computervirus zunächst eine reine Datenstruktur, die dann und nur dann das Verhalten eines Virus zeigt, wenn ein Prozessor und das auf ihm laufende Beriebssystem überhaupt in der Lage sind, diese Datentruktur operationell zu interpretieren.   □

Frage 359 Was sind **Capabilities**, und wie unterscheiden sich diese von sogenannten **Access Control Lists**? Finden Sie Beispiele aus dem Alltagsbereich.

Antwort: *Capabilities* repräsentieren die Berechtigung, auf ein Objekt definiert (etwa lesend oder schreibend) zugreifen zu dürfen. In diesem Sinne beinhaltet eine Capability einen (gerichteten) Verweis auf ein Objekt.

Demgegenüber spezifizieren *Access Control Lists* umgekehrt für jedes Objekt die Nutzer(-klasse), die eine spezifische Zugriffsberechtigung besitzen.

Ein Türschlüssel für den Zugang zu speziellen Räumen entspricht in diesem Sinne einer Capability. Wird der Zugang jedoch über die Abfrage biometrischer Daten gesteuert, die einen Zutrittsberechtigten eindeutig indentifizieren können, dann entspricht dies der Benutzung einer Access Control List.   □

10 Software Engineering

„Als es noch keine Computer gab, war das Programmieren noch relativ einfach."
(E. W. Dijkstra, niederländischer Software-Pionier)

Der Begriff „Software Engineering" lässt erfahrene Entwickler reflexhaft an die „Softwarekrise" denken, einer Krise, die nie wirklich beendet oder gelöst schien. Vielmehr darf man feststellen, dass sie letztendlich beim Endbenutzer angekommen ist: in Form instabiler PC-Software, als streikende KFZ oder durch Ausfälle in Mobilfunknetzen. Man könnte dies als moderne Folklore auffassen, hätten wir nicht die Situation, dass unser aller Leben immer mehr von korrekter Software buchstäblich abhängt.

Als erste Mittel zur Behebung dieser Krise führte man höhere Programmiersprachen ein, die im Sinne eines „Newspeak" gewisse Fehler erst gar nicht ermöglichen sollten: Diese konnten nämlich erst gar nicht formuliert werden. Die Nutzung solcher Programmiersprachen wurde unterstützt durch Programmiermethodologien, durch spezielle Vorgehensmodelle und durch sogenannte Programmierumgebungen. In dem Themenkanon des heutigen Software Engineering finden sich folgerichtig Inhalte, die Bereiche des Management und der Organisation umfassen.

Software Engineering bezeichnet also primär eine Vorgehensweise, die in allen Bereichen der Systementwicklung zur Anwendung kommt. Zur Überprüfung von Kenntnissen des Software Engineering sollte daher nicht nur Lernstoff abgefragt werden, sondern in Fallstudien und Projektarbeiten die Verinnerlichung der Software Engineering-Prinzipien nachgewiesen werden. Natürlich gibt es handwerkliche Fertigkeiten, die es zu beherrschen gilt. Die Sprache UML ist eine davon. Und in jeder Phase des Entwicklungsprozesses können eigene Werkzeuge und Vorgehensweisen zum Einsatz kommen. Die Herausforderungen im Software Engineering bestehen aber letztlich darin, die Vielzahl der Methoden so einzusetzen, dass sie möglichst nahtlos ineinandergreifen und der Problemstellung angemessen sind. „Software Engineering in Aktion" hat also von Fall zu Fall einen jeweils eigenen ganzheitlichen Charakter.

Die Frage, welche Konzepte und Methoden in welchem Projektumfeld passen, ist von vornherein nicht immer eindeutig zu entscheiden. Nichts unterstreicht dies mehr als die Existenz unterschiedlicher, miteinander konkurrierender Vorgehensmodelle.

Alle diese Methoden, Konzepte und Werkzeuge sind in den Klassikern des Software Engineering, z. B. in [43],[4],[3], ausführlich beschrieben. Einen guten Überblick über die Meilensteine des Software Engineering geschildert aus der persönlichen Sicht der jeweiligen Akteure bietet der Tagungsband des Symposiums über „Software-Pioniere" [7]. Erwähnenswert ist auch das Handbuch über Software und Systems Engineering [12], das eine Fundgrube für empirisch gewonnene Gesetzmäßigkeiten und Theorien darstellt.

10.1   Besonderheiten der Softwareentwicklung

Frage 360 Was sind die Gründe, dass wir heutzutage die Softwareentwicklung *ingenieur*technisch betreiben (müssen) und nicht mehr als reines Programmier*handwerk* betrachten dürfen?

Antwort: Die Programmierung hat eine Entwicklung durchgemacht, die, vergleichbar der Bautechnik, den Übergang vom Handwerk zur Ingenieurwissenschaft erforderlich machte. Sie ist wie jene geprägt von

- einer großen Arbeitsteilung mit der Notwendigkeit einer stringenten Projektplanung,
- dem Vorliegen unterschiedlicher Systemsichten mit der Konsequenz unterschiedlicher auf Konsistenz hin zu prüfender Pläne,
- dem Einsatz risikobehafteter Innovationen,
- der Verwendung einheitlicher normierter Bausteine, mit dem Ziel der Komplexitätsreduktion,
- einer strukturierten Vorgehensweise und
- (teilweise extrem) hohen Qualitätsanforderungen (z. B. Ausfallsicherheit, Barrierefreiheit, Datensicherheit).   □

Frage 361 Worin liegen die wichtigsten Unterschiede zwischen Software(-produkten) und klassischen physischen Produkten, die Software zu etwas Besonderem machen?

- Software altert in einem wichtigen Sinne nicht, ihr Ausfall ist also viel weniger vorhersagbar, wie der eines physischen Produktes, das einer Materialermüdung unterworfen ist.
- Software tendiert aufgrund ihrer vielen praktisch unbeschränkten (häufig eng gekoppelten) Freiheitsgrade zu einem viel ausgeprägteren chaotischen Verhalten. Ein Ausfall ist also nicht nur weniger gut vorhersagbar, er ist in seinen Auswirkungen auch sofort dramatisch.
- Anders als bei physischen Produkten bedeuten Erweiterungen keinen echten zusätzlichen Ressourcenverbrauch. Die Versuchung, die Anforderungen an eine Software „auszureizen", ist also stets besonders groß.
- Defizite der „Hardware" lassen sich leichter durch geeignete Software auffangen als umgekehrt. („Die Software wird's schon richten.")   □

10.2 Organisatorische Lösungsansätze

Frage 362 Welche Aufgaben haben Software-Ingenieure? Nennen Sie fünf typische Aufgaben.

Antwort: Typische Aufgaben bestehen in der

- Projektplanung und Projektleitung,
- Konzeption der Software-Architektur,
- Code-Erstellung,
- Qualitätssicherung,
- Dokumentation. □

Frage 363 Beschreiben Sie Zweck und Inhalt eines Lasten- bzw. Pflichtenhefts.

Antwort: Lasten- bzw. Pflichtenhefte beinhalten die Anforderungen an ein zu erstellendes Softwareprodukt. Dies betrifft sowohl die funktionalen als auch die nicht funktionalen Anforderungen.

Das Lastenheft als grobes Pflichtenheft dient z. B. als Basis für Ausschreibungen und wird im Laufe des Projekts zu einem Pflichtenheft verfeinert und erweitert.

Funktionale Anforderungen betreffen die durch das Produkt zu erbringenden Dienstleistungen im engeren Sinne. Diese werden heute i. d. R. mittels sogenannter *use cases* formuliert. Sie beinhalten sowohl eine Liste der aus Nutzersicht relevanten Produktfunktionen als auch eine Beschreibung der Produktdaten. Funktionale Anforderungen beschreiben also die *Effektivität* des Produktes.

Demgegenüber beinhalten die nicht funktionalen Anforderungen z. B. auch Fragen der *Effizienz*, der *Qualität*, der *Ergonomie*, des *Einsatzbereiches* und der *Laufzeitumgebungen*. □

Frage 364 Welche besonderen Probleme stellen sich bei der Anforderungsanalyse, sodass man geradezu von einem **Requirements Engineering** spricht?

Antwort: Anforderungen sind besonders im Frühstadium relativ unpräzise formulierte Wunschvorstellungen, deren Konsequenzen nicht immer durchdacht sind. (Und die in archetypischen Märchen mit der Fee und den drei Wünschen treffend beschrieben wurden.) Es müssen also formale Darstellungsmittel benutzt werden, die eine eindeutige und widerspruchsfreie Darstellung der Anforderungen erlauben.

Darüber hinaus ändern sich Anforderungen insbesondere vor dem Hintergrund eines schnellen Marktgeschehens. Die benutzten Darstellungsmittel müssen Änderungen leicht zulassen, ohne dass es zu Inkonsistenzen kommt. □

Frage 365 Welche Methoden der Aufwandsabschätzung kennen Sie?

Antwort: Alle Methoden der Aufwandsabschätzung sind Hochrechnungen mit einer vergleichsweise hohen Varianz. Am einfachsten (und am schnellsten) lässt sich der Aufwand schätzen, wenn Erfahrungen mit vergleichbaren Projekten vorliegen.

Weitergehende Formalisierungen der Vorgehensweise, also die Berücksichtigung besonderer Faktoren wie Erfahrung, benutzte Programmiersprachen etc., oder auch die Zerlegung in Teilprodukte führen zu komplexeren Schätzmethoden. Diese basieren häufig auf hochgerechneten und bewerteten *Lines of Code* (LOC), die in einen projektierten Aufwand umgerechnet werden.

Unter den formalisierten Schätzmethoden spielt die sogenannte *function point*-Methode eine besondere Rolle.   □

Frage 366 Beschreiben Sie die Philosophie der *function point*-Methode.

Antwort: Die *function point*-Methode geht davon aus, dass der Aufwand mehr oder weniger proportional zur Komplexität der zu implementierenden Funktionen ist und dass Letztere proportional zur Komplexität der zu verarbeitenden Daten sind.

Da diese Grundannahme der *function point*-Methode zu vereinfachend ist, werden Anpassungen vorgenommen. Diese kalkulieren einerseits gewisse algorithmische Besonderheiten ein, sofern sie sich schon zu Beginn identifizieren lassen, andererseits gewisse nicht funktionale Anforderungen und Randbedingungen (verteilte Datenhaltung, Wiederverwendbarkeit etc.).

In der Quintessenz ergeben sich gewichtete *function points*, die mittels einer kalibrierten Tabelle oder Kurve in den Gesamtaufwand umgerechnet werden.   □

Frage 367 Welche einzelnen Aktivitäten findet man in den Vorgehensmodellen des Software Engineering (sequenziell oder iterativ) typischerweise vor?

Antwort: Das Entwickeln von Software umfasst in der einen oder anderen Form stets die Aktivitäten der

1. *Systemanalyse/Definition,*

2. *Systementwurf/Design,*

3. *Implementierung/Realisierung/Programmierung,*

4. *Validierung/Test.*

Vor- und nachgelagerte Aktivitäten betreffen die *Planung* und die *Wartung*.   □

Frage 368 Welche Vorgehensmodelle im Software Engineering kennen Sie?

Antwort: Die meisten Vorgehensmodelle leiten sich vom *Wasserfallmodell* oder von einem *iterativ zyklischen Modell* ab.

Beim Wasserfallmodell bilden die einzelnen Aktiviäten der Softwareentwicklung einzelne vollständige aufeinander aufbauende Phasen. Das Beenden einer Phase, z. B. des Designs, liefert den Startschuss für den Beginn der nächsten Phase, also der Implementierung. Eine Weiterentwicklung des Wasserfallmodells stellt das Spiralmodell dar, bei dem die einzelnen Entwicklungsschritte mehrfach durchlaufen werden.

Beim iterativen zyklischen Modell, das einige Gemeinsamkeiten mit dem Spiralmodell hat, wird das Produkt laufend in einer Folge von Versionen ausgeliefert und weiterentwickelt. Damit ergibt sich eine starke Verzahnung zwischen Entwicklung und Einsatz. □

Frage 369 Welche Gefahr lauert bei den „schwergewichtigen" Vorgehensmodellen, und welche Initiativen/Reaktionen hat dies hervorgerufen?

Antwort: Das strenge Vorgehen nach Plan birgt die Versuchung, „im Weg das Ziel" zu suchen, sprich den Prozess einer bürokratischen Vorgehensweise zum Selbstzweck werden zu lassen.

Um dieser Gefahr zu begegnen, wurde das sogenannte *agile Manifest* formuliert, dass der menschlichen Kommunikation einen höheren Wert beimisst als Prozessen und Werkzeugen, einer lauffähigen Software einen höheren als einer umfangreichen Dokumentation, der Zusammenarbeit mit Auftraggebern einen höheren als Vertragsverhandlungen und dem flexiblen Reagieren auf Änderungen einen höheren als das sture Befolgen eines Planes.

Hierauf beruhende Vorgehensweisen werden *agile Vorgehensweisen* genannt. □

10.3 Technische Lösungsansätze

Frage 370 Welche grundlegenden Konzepte wurden in den ersten Programmiersprachen eingeführt, um gewisse Methodiken eines ingenieurmäßigen Vorgehens geradezu zu erzwingen?

Antwort: In der Sprache *ALGOL*, als einem der ersten Vertreter der sogenannten „höheren" Programmiersprachen, findet man sowohl Mittel zur Strukturierung von Daten als auch zur Strukturierung von Algorithmen.

Daten wurden in einem eigenen *Anweisungsteil* strukturiert, innerhalb dessen Variable und „indizierte" Variable (Arrays) deklariert und typisiert wurden. Dadurch wurde z. B. das Risiko falsch geladener Register, wie es in der maschinennahen Programmierung häufig auftrat, schlagartig reduziert.

Auf der Ebene der Algorithmen wurde das Konzept der *Block*-Strukturierung und der rekursiven *Prozedur* eingeführt. Blockstruktur und Rekursivität basierten auf dem Konzept des Kellerspeichers, der in ALGOL in dieser Weise strategisch zum ersten Mal zum Einsatz kam.   □

Frage 371 Welche Zielrichtung hat(te) das Paradigma der **strukturierten Programmierung**?

Antwort: Auch die ersten höheren Programmiersprachen beinhalteten noch Konstrukte, die „künstlerische Freiheiten" zuließen. Hierzu zählt(e) vor allem das goto-Konstrukt, das der Erzeugung von sogenanntem „Spaghetti-Code" Tür und Tor öffnet. Der Verzicht auf das goto in Zusammenhang mit dem Entwurfsansatz der *schrittweisen Verfeinerung* soll das Verstehen eines Programmes mehr aus der statischen Struktur und weniger vom dynamischen Ablauf her ermöglichen.

Sogenannten *Struktogramme* wurden als Mittel für den Entwurf eingeführt. Diese sind so konzipiert, dass elementare goto-Sprünge gar nicht mehr darstellbar sind (im Gegensatz zu den älteren Flussdiagrammen).   □

Frage 372 Welche Entwurfsprinzipien haben im Laufe der Zeit Einzug in Programmiersprachen gefunden?

Antwort: Zu erwähnen sind die Konzepte der

- *Abstraktion*, zunächst in Form der prozeduralen und der Datenabstraktion als klassisches, früh eingesetztes Entwurfsprinzip, später in Form „abstrakter Datentypen" mit dem programmiersprachlichen Mittel der „Klasse" objektorientierter Sprachen,
- *Modularisierung*, mit dem (zusätzlichen) Zweck getrennter Compilierbarkeit umfangreicherer Programme (z. B. in Ada),
- *Trennung von Schnittstellen und Implementierungen* (z. B. in C++),
- *Kapselung* im Sinne der Einschränkung der Sichtbarkeit (*information hiding*) (insbesondere in objektorientierten Sprachen).   □

Frage 373 Was versteht man unter einer **Software-Architektur**? Geben Sie Beispiele.

Antwort: Der Begriff Software-Architektur beschreibt wie in der Bau-Architektur die Gesamtstruktur der Software, wie sie sich aus dominanten (i. d. R. nicht funktionalen) Eigenschaften heraus ergibt. Solche Eigenschaften können betreffen

- die *Sicherheit*, was zu einer *Schichtenarchitektur* führen kann,
- einen *effizienten Verkehrsfluss*, was zu einer *Pipeline-Architektur* führt,
- die *Erweiterbarkeit*, was zu einer modularen objektorientierten Architektur führt und
- die *Repräsentation*, was zu einer „opulenten" GUI-getriebenen Architektur führt. □

Frage 374 Welche Ansätze der formalen Spezifikation kennen Sie?

Antwort: Eine formale Spezifikation kann *algebraisch* vorgenommen werden oder *modellbasiert*.

Beide Ansätze operieren mit Objekten.

Die Objekte der algebraischen Spezifikation sind mathematische Objekte, d. h., sie werden zu *anderen* Objekten, sobald sie ihre „Attribute" ändern. Darüber hinaus wird von jeder Implementierung, also von jedem *Modell* dieser Objekte abstrahiert. Die algebraische Spezifikation beruht auf dem Konzept des *abstrakten Datentypen*.

Demgegenüber operiert die modellbasierte formale Spezifikation auf Objekten, die nicht nur mengentheoretisch konkret modelliert sind, sondern änderbare Attribute beinhalten, bei deren Modifikation das Objekt seine Identität behält. Im Gegensatz zur algebraischen Spezifikation können hier die Ergebnisse einer Operation von den Ergebnissen vorangegangener Operationen abhängen.

Der Übergang von der algebraischen Spezifikation zur modellbasierten Spezifikation ist durchaus fließend und kann als das Zulassen von Seiteneffekten aufgefasst werden: Betrachten wir z. B. die algebraische Spezifikation eines Stacks, dann wird, da keine Seiteneffekte auftreten, das Ergebnis von

$$top(push(pop(s), top(s)))$$

unabhängig von der Reihenfolge der Ausführung von $pop(s)$ und $top(s)$ sein.

Bei der modellbasierten Spezifikation ist mit der Operation $pop(s)$ gleichzeitig die Zuweisung $s = pop(s)$ als Seiteneffekt verbunden. Damit kommt es bei dem Endergebnis auf die Reihenfolge der Operationen an. Die Berücksichtigung dieses Seiteneffekts bei gleichzeitiger Festlegung der Reihenfolge *kann* auch durch eine Erweiterung der algebraischen Spezifikation erfasst werden, z. B. durch eine zusätzliche Gleichung der Form

$$push(pop(s), top(s)) = push(pop(s), top(pop(s))) \quad \forall s \in S$$

ohne Seiteneffekte. □

Frage 375 Welche Systemaspekte können von der UML modelliert werden?

Antwort: Die UML stellt Diagramme bereit für die Beschreibung

- der einzelnen „Dienstleistungen" des Systems in Form von *Use Cases*,
- des statischen (objektorientierten) Systemaufbaus in Form von *Klassendiagrammen*,
- des Systemverhaltens in Form von *Statecharts*, *Aktivitätsdiagrammen* und *Interaktionsdiagrammen* und
- der komponentenweisen Implementierung mittels *Komponenten-* und *Verteilungsdiagrammen*. ☐

Frage 376 Welches Modell liegt dem sogenannten **Unified Process** zugrunde?

Antwort: Der *Unified Process* wird durch *Use Cases* gesteuert. Alle weiteren Modelle in der Entwurfsphase werden unter dem Aspekt der Umsetzung der *Use Cases* erstellt. Das Use-Case-Modell bietet eine externe (kundenorientierte) Sicht auf das System. Die Träger der hierfür zu erbringenden Dienstleistungen werden in Form geeigneter Klassen im Klassendiagramm eines UML-Analysemodells identifiziert. ☐

Frage 377 Welche Beziehungen zwischen Klassen werden in Klassendiagrammen typischerweise modelliert?

Antwort: Neben allgemeinen *Assoziationen* spielen die *Vererbungsrelation* sowie die *Aggregation* und *Komposition* eine besondere Rolle. ☐

10.4   Spezielle Aspekte der Qualitätssicherung

Frage 378 In welchen Vorgehensmodellen werden Testaktivitäten mit anderen Aktivitäten explizit verzahnt?
Antwort: Das *V-Modell* ist eine Erweiterung des Wasserfall-Modells, in das die Qualitätssicherung in Form systematisierter Validationen und Verifikationen der jeweiligen Anforderungen und Entwürfe sowie Implementierungen in den einzelnen Phasen integriert ist.

Bei den agilen Vorgehensweisen wird die *test first*-Technik eingesetzt, die darin besteht, dass zu jeder Funktion möglichst schon vor deren Implementierung ein Unit-Test geschrieben wird. ☐

Frage 379 Worin besteht der Unterschied zwischen **Whitebox-Tests** und **Blackbox-Tests**?

Antwort: Beim Blackbox-Test wird ein Programm ohne Kenntnis des inneren Aufbaus nur gegen die (externe) Spezifikation getestet.

Beim Whitebox-Test muss die logische Struktur der zu testenden Komponente bekannt sein. Dabei unterscheidet man den sogenannten *Anweisungsüberdeckungstest*, den *Zweigüberdeckungstest* und den *Pfadüberdeckungstest*. □

Frage 380 Welche manuellen Prüfmethoden kennen Sie?

Antwort: Man unterscheidet *Inspektionen*, *Reviews* und *Walkthroughs*. Inspektionen erfordern die größte Vorbereitung und sind am stärksten strukturiert. Den Teilnehmern werden spezifische Rollen zugewiesen: Ein *Moderator* leitet die Sitzung. Neben dem *Autor* und den eigentlichen *Gutachtern* nehmen ein *Protokollführer* und ein *Reader* teil. Letzterer führt Schritt für Schritt durch das zu prüfende Dokument.

Ziel aller manuellen Prüfmethoden ist das Auffinden von Defekten und Schwächen des Prüfobjekts, aber auch die Verbesserung des Entwicklungsprozesses selbst. □

11 Human Computer Interaction

„Zero users give zero insights.“
(Jakob Nielsen)

Wurde früher der Bereich Human Computer Interaction als nice-to-have kategorisiert, so sind im Laufe der Jahre Usability und eine positive UX als Erfolgsfaktor für Produkte erkannt worden. Sofern Sie einige gestalterischen Ausprägungen in Ihrem Studiengang belegt haben, werden Sie bereits erfahren haben, dass ein Softwareprodukt mehr ist als die Summe seiner (korrekt implementierten) Funktionen. Für Sie sollte der User-Centered-Design-Ansatz zumindest kein Fremdwort sein. Aber auch wenn Sie einem eher technischen oder theoretischen Bereich der Informatik angehören, sollten Sie in der Lage sein, den Mehrwert von HCI zu erkennen. Schließlich werden Sie als Projektleiter für den gezielten Einsatz der Methodiken die Entscheidungen treffen.

Die grundlegenden Steine dieses interdisziplinären Bereichs wurden bereits vor mehreren Jahrzenten gelegt und als *human factors* betitelt. Frühe Informationen findet man daher auch eher in psychologischen Artikeln und Büchern ([24],[25], [29] etc.). Eine gute Sammlung von neueren Werken findet sich in [8]. Die Umsetzung der Ergebnisse und Darstellung von Methoden ist unter anderem Jakob Nielsen zu verdanken [27], welche letztendlich im User-Centered-Design-Ansatz mündeten [6], [33]. Wer leichter mit Beispielen einen Einblick in die Materie gewinnt, kann gerne zu [17] greifen, und falls es mal schnell gehen soll oder man als Projektleiter nur einen groben Überblick benötigen, dem sei [35] ans Herz gelegt.

Frage 381 Wie ist der Begriff Usability nach der ISO 9241 Teil 11 definiert?

Antwort: Usability ist die Effizienz, die Effektivität und die Zufriedenheit, mit der ein spezifischer Nutzer in einem bestimmten Kontext ein spezifisches Ziel erreichen kann. ☐

Frage 382 Was versteht man unter dem Begriff **Gulf of Evaluation**?

Antwort: Der Begriff *Gulf of Evaluation* ist nach Norman die Schwierigkeit, den Status des Systems zu erfassen und zu interpretieren. Dieser *Gulf* ist umso kleiner, je verständlicher das System über seinen Status informiert und die Informationen vom User mit seinem mentalen Modell in Übereinstimmung gebracht werden können. In [17] wird die Verständlichkeit der Rückmeldung des Systems als *responsiveness* bezeichnet.

☐

Frage 383 Was versteht man unter dem Begriff **Gulf of Execution**?

Antwort: Der Begriff *Gulf of Execution* ist nach Norman die Differenz zwischen der Intention des Users und den Möglichkeiten/Funktionen, die das System dem User zur Verfügung stellt bzw. den User bei der Umsetzung seiner Intention zu unterstützen. □

Frage 384 Erläutern Sie die unterschiedliche Nutzung von **Radiobuttons** und **Checkboxes** in Webformularen.

Antwort: *Checkboxes* sollten genutzt werden, wenn man aus einer Auswahl von m Möglichkeiten eine Anzahl n selektieren kann ($m \geq n$). *Radiobuttons* werden in ihrer ursprünglichen Intention für eine 1 aus m Auswahl genutzt. Somit ist bei der Nutzung von Radiobuttons darauf zu achten, dass eine der Wahlmöglichkeit bereits anfänglich selektiert ist. □

Frage 385 Erläutern Sie den Begriff **user experience (UX)**.

Antwort: *User experience*, kurz UX, umschreibt sämtliche Aspekte der Erfahrungen, die ein (unbestimmter) User bei der Interaktion mit (irgend-)einem System empfindet. Zu diesen Aspekten zählen neben dem Aussehen (*look*), der Nutzbarkeit (*usable*), der Nützlichkeit (*useful*) und Zuverlässigkeit (*credible*) auch soziale Aspekte wie die Wertigkeit (*valuable*) und Begehrtheit (*desirable*) des Systems und der *joy of use*. So könnte ein Produkt, obwohl es schlecht zu bedienen ist, trotzdem eine gute UX besitze, weil es gerade cool ist oder die Beschäftigung mit dem Produkt einfach nur Spaß macht. UX ist also keineswegs synonym mit dem Begriff Usability zu verwenden. Die Usability ist vielmehr Bestandteil der UX und kann zu einer positiven *user experience* betragen. □

11.1   Gestalt und Wahrnehmung

Frage 386 Skizzieren Sie den Grob-Aufbau des Auges und beschreiben Sie kurz, wie unser Sehapparat funktioniert.

Antwort: Das optische Signal dringt durch die klare Cornea und die Öffnung der Iris (Pupille) und wird dann durch die Linse gedreht und spiegelverkehrt auf die Netzhaut (Retina) projiziert. In der Netzhaut befinden sich zwei Typen von Fotorezeptoren, die Stäbchen und die Zapfen. Die Stäbchen sind nur helligkeitsempfindlich, dienen also nur der Schwarz-Weiß-Sicht. Das Wahrnehmen von Farbe wird erst durch die Zapfen ermöglicht. Der Mensch besitzt drei Arten dieser Zapfen. Durch diese können wir die Farben Gelbrot, Blauviolett und Grün wahrnehmen.
Die Sehnerven verlassen gebündelt den Augaupfel. An dieser Stelle befinden sich keine Rezeptoren, wodurch ein blinder Fleck in unserer Wahrnehmung entsteht.

Im fovealen Bereich der Netzhaut ist die Anzahl der Rezeptoren deutlich höher, wodurch ein scharfes Sehen in einem sehr kleinen abgegrenzten Bereich gewährleistet ist. Den umgebenden Bereich nehmen wir nur sehr unscharf wahr.

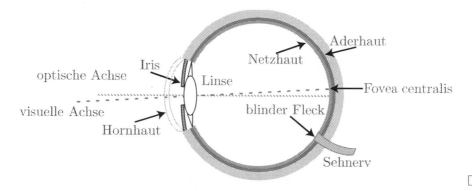

Frage 387 Was versteht man unter **preattentive processing**? Geben Sie Beispiele.

Antwort: Unter dem Begriff *preattentive processing* versteht man die automatische Aufnahme und Verarbeitung von grundlegenden Eigenschaften visuell wahrnehmbarer Objekte im Blickbereich. Grundlegende Eigenschaften, welche im *preattentive processing* wahrgenommen und verarbeitet werden, sind z. B.:

- Farbe
- Kontrast
- Größe
- Form
- einfache Bewegungen
- perspektivische Tiefe

Frage 388 Was versteht man unter dem **pop-out effect**? Skizzieren Sie ein Beispiel.

Antwort: Der *pop-out effect* ist ein Begriff, welcher in der *preattentive processing*-Theorie angesiedelt ist. Er tritt auf, wenn ein Objekt aufgrund seiner Eigenschaften augenblicklich wahrgenommen wird. Je größer der Unterschied zwischen dem Objekt und seiner Umgebung ist, umso stärker ist der *pop-out effect*. Wenn also ein Objekt schnell wahrgenommen werden soll, muss es sich von allen umgebenden Objekten unterscheiden. Es handelt sich somit um einen bewusst herbeigeführten atomaren Bruch mit dem Gesetz der Ähnlichkeit.

Frage 389 Was versteht man unter den **Gestaltgesetzen**?

Antwort: In den *Gestaltgesetzen* ist beschrieben, wie Menschen Objekte und Zusammenhänge, aufgrund ihrer Mustererkennung in der Wahrnehmung, interpretieren.

Frage 390 Erklären Sie das **Gesetz der Nähe**, und skizzieren Sie ein Beispiel.

Antwort: Das *Gesetz der Nähe* besagt, dass visuelle Objekte, welche nah beieinander liegen, als zusammengehörig angesehen werden. In dem unten dargestellten Beispiel bilden sich aufgrund der Nähe der Einzelelemente sechs voneinander abgegrenzte Bereiche. Auch wenn die Einzelelemente in den jeweiligen Bereichen unterschiedliche Formen besitzen, werden sie aufgrund der räumlichen Distanz zu den anderen Elementen (vgl. *whitespace*) als Einheit interpretiert.

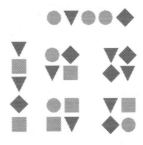

Frage 391 Erklären Sie das **Gesetz der Kontinuität**, und skizzieren Sie ein Beispiel.

Antwort: Das *Gesetz der Kontinuität* besagt, dass visuelle Elemente, die einem Pfad folgen, als zusammengehörig angesehen werden. Weiche Übergänge in Strukturen werden dabei eher als zusammenhängende Einheit interpretiert als starke Richtungsänderungen oder gar Sprünge im Pfadverlauf. Obwohl aufgrund der Bezeichner der Endpunkte ein Pfadverlauf von (a, b) bzw. (1, 2) naheliegt, werden die Verläufe (b, 1) und (a, 2) eher vermutet. Auch werden abgerundete Strukturen kantigen Strukturen vorgezogen.

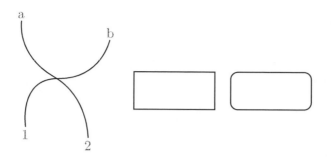

Frage 392 Erklären Sie das **Gesetz der Symmetrie**, und skizzieren Sie ein Beispiel.

Antwort: Symmetrisch aufgebaute Strukturen werden schneller erfasst. Somit kann die Symmetrie eine klare Gliederung und Strukturierung unterstützen. Dieses Gesetz kann bei der Erstellung von Organigrammen sehr hilfreich sein, da die Abhängigkeiten und Hierarchien schnell erkannt werden können.

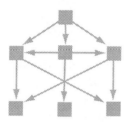

Frage 393 Erklären Sie das **Gesetz des gemeinsamen Schicksals**, und skizzieren Sie ein Beispiel.

Antwort: Objekte, welche in ähnlicher Weise ihre Position oder Gestalt ändern, werden als Gruppe wahrgenommen. Diese Änderung kann eine einfache lineare Bewegung oder auch eine Veränderung in der Form sein.

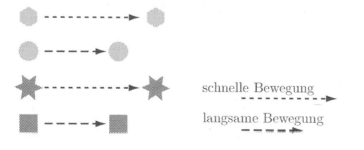

Frage 394 Erklären Sie das **Gesetz der Ähnlichkeit**, und skizzieren Sie ein Beispiel.

Antwort: Objekte mit gleicher oder ähnlicher Struktur werden als zusammengehörig wahrgenommen. Dies bedeutet auch, dass gleichaussehenden Objekten gleiche Eigenschaften zugeschrieben werden. Daher sollten Objekte mit unterschiedlichen Eigenschaften unterschiedlich gestaltet sein. Werden z. B. Links und Überschriften gleich gestaltet, wird dies für den Betrachter/Benutzer verwirrend sein.

Die Sterne und Sechsecke im Beispiel werden jeweils als Einheit interpretiert obwohl eine Interpretation aufgrund der Nähe oder Linearität möglich wären.

Frage 395 Erklären Sie das **Gesetz der gemeinsamen Region**, und skizzieren Sie ein Beispiel.

Antwort: Elemente in einer geschlossenen abgegrenzten Region werden als zusammengehörig wahrgenommen. Diese abgschlossene Region kann durch bewusstes Erzeugen einer visuellen Abgrenzung, wie einem Formularrahmen oder aber auch durch *whitespace*, erzeugt werden.

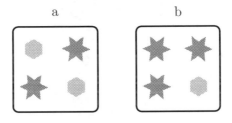

Frage 396 Erklären Sie das **Gesetz der Verbundenheit**, und skizzieren Sie ein Beispiel.

Antwort: Miteinander verbundene Elemente werden als eine Einheit wahrgenommen. Dieses Gesetz kann auch andere Wahrnehmungspräferenzen außer Kraft setzen. Im Beispiel werden die Sechsecke bzw. die Sterne nicht als Einheit gesehen, obwohl das Gesetz der Nähe als auch das Gesetz der Gleicheit gilt.

Frage 397 Erklären Sie das **Gesetz der Gleichzeitigkeit**.

Antwort: Gleichzeitig sich ändernde Elemente werden als zusammengehörig interpretiert. Hierzu gehört vor allem das Schalter-Glühbirne-Prinzip. □

11.2   Methoden und Gesetze

Frage 398 Wofür steht die Abkürzung **GOMS**, und wozu wird GOMS genutzt?

Antwort: *GOMS* steht für *goals, operators, methods, selection rules*. Die einzelen Begriffe stehen für:

- Benutzerziele (*goals*)
- vom Benutzer ausführbare Aktionen (*operators*)
- Sequenzen von Operationen (*methods*)
- persönliche Entscheidungen des Users bei einer Wahlmöglichkeit (*selection rules*)

GOMS ist eine analytische Methode zur quantifizierten Bewertung von (hypothetischen) Applikationen. Hierbei geht man davon aus, dass das zu untersuchende System von einer geschulten Person (*skilled user*) bedient wird. Der gedachte User weiß also, was er tun muss, wie er welches Ziel mit welchen Operationen erreichen kann. Sämtliche Aktionen eines Workflows werden festgehalten und erhalten einen Zeitwert.

GOMS kann dazu genutzt werden, um eine Voraussage über die Bearbeitungszeit (*time on task*) bzw. das Nutzerverhalten in bestimmten Situationen zu treffen. Damit kann *GOMS* mögliche Schwierigkeiten in einem Workflow bereits vor der Umsetzung des Systems identifizieren.

□

Frage 399 Was bedeutet die Abkürzung **KLM**?

Antwort: *KLM* steht für *keystroke level model*. Hierbei handelt es sich um eine vereinfachte und leichter einsetzbare Version von GOMS, in der nur die *goals* und *operators* zum Tragen kommen. *KLM* unterscheidet z. B. die Operationen:

- Hände auf ein Eingabegerät legen, also insbesondere das Wechseln von Maus zur Tastatur und umgekehrt (*homing H*)
- das gezielte Arbeiten mit einem Zeigegerät (*pointing P*)(vgl. Fitts' Gesetz)
- die mentale Vorbereitung des Users auf eine Aktion (*mental operator M*)
- das Ziehen einer Linie (*drawing D*)
- das Drücken einer Schaltfläche/Taste (*keystroke K*)
- Antwortzeit des Systems (*system response time R*)

Jeder dieser Operationen wird eine spezifische zeitliche Dauer zugewiesen. Typische Belegungen sind z. B. für $H = 0,4$ Sekunde und für $M = 1,35$ Sekunden. Der Operator K ist stark unterschiedlich zu besetzen. Hier kommt es z. B. darauf an, wie gut der angedachte Enduser tippen kann.

□

Frage 400 Was versteht man unter dem Begriff **Persona**?

Antwort: Eine *Persona* ist die Beschreibung einer fiktiven, archetypischen Person, welche als typischer Benutzer eines Systems erwartet wird. *Personas* werden in der Analysephase, z. B. auf Basis einer Focusgruppenanalyse, entwickelt und können in der Entwicklungsphase herangezogen werden, um sich wiederholt darüber klar zu werden, welche Anforderungen vom User an das Produkt gestellt werden und welche (soziale, technische etc.) Eigenschaften der zu erwartende User besitzt.

Unterschieden werden von Cooper [9] vor allem drei Personas. Die **Primary Persona** ist die Persona, für die das Produkt in erster Linie entwickelt wird. Es gibt nur **eine** Primary Persona. **Secondary Personas** sind Personas, die ebenfalls das System nutzen werden. Die Umsetzung ihrer Anforderungen sind aber nur zweitrangig und sollten den Workflow der Primary Persona nicht negativ beeinflussen. **Non-Personas** oder **Anti-Personas** sind Personas, für die das System auf gar keinen Fall entwickelt wird. Oft wird hier ein Programmierer oder ein Ingenieur charakterisiert, um zu verdeutlichen, dass das System nicht von einem Personenkreis genutzt wird, welches das Wissen des IT-affinen Spezialisten besitzt, der das System umsetzt (vgl. *think outside-in, not inside-out* [17]).   □

Frage 401 Was ist ein **Cognitive Walkthrough**? Gehen Sie in der Antwort auch auf die Vor- und Nachteile dieser Methode ein.

Antwort: Ein *Cognitive Walkthrough* ist eine analytische Untersuchung eines Systems. Der Experte simuliert dabei einen typischen User bei der Bearbeitung eines abgesteckten Workflows. Dabei untersucht er bei jedem Screen/Arbeitsschritt, ob der potenzielle User die Informationen und Funktionen, die er zum Abhandeln des Workflows benötigt, erkennt und versteht. Sämtliche potenzielle Probleme werden dokumentiert. Dies hat folgende Vorteile:

- früher Einsatz im Entwicklungszyklus möglich,
- geringer Aufwand zur Durchführung und Dokumentation,
- geringe Kosten.

Allerdings gilt:

- auch erfahrene Experten können den Enduser nur simulieren, nicht ersetzen.

□

Frage 402 Was versteht man unter der **heuristischen Evaluation**? Gehen Sie in der Antwort auch auf die Vor- und Nachteile dieser Methode ein.

Antwort: Eine *heuristische Evaluation* ist eine analytische Methode, in der eine Gruppe von Experten das System untersucht. Vor dem eigentlichen Review wird ein Regelwerk (Heuristik) festgelegt, nach dem das System überprüft wird. Die Regeln sind abhängig von der zu untersuchenden Applikation. Heuristische Analysen werden typischerweise in kleinen Expertenteams durchgeführt. Nach der Festlegung der Heuristiken und des zu untersuchenden Systembereichs arbeitet jeder Experte zunächst allein. Dabei dokumentiert er jeden Verstoß gegen die festgelegten Heuristiken. Eine Visualisierung des Regelverstoßes mittels Screenshot ist hierbei oft sehr hilfreich. Diese Einzelarbeit sollte innerhalb weniger Stunden durchführbar sein. Nach der solitären Untersuchung werden die Ergebnisse in der Expertengruppe zusammengefasst, diskutiert, den Mängeln eine Severity zugewiesen und eine mögliche Lösung des Problems empfohlen.

Vorteile:

- strukturierte Dokumentation der Mängel mit Gewichtung und Lösungskatalog,
- früh im Entwicklungszyklus einsetzbar,
- noch recht günstiges Verfahren,
- recht zeitnahe Ergebnisse.

Nachteile:

- pro Evaluation werden mehrere Experten benötigt,
- es werden vor allem kleinere Probleme entdeckt,
- Einsatz von Doppel-Experten ist in manchen Fällen zwingend notwendig. □

Frage 403 Was versteht man unter **Usability Testing**?

Antwort: *Usability Testing* ist eine nutzerinvolvierende, empirische Methode. Hierbei wird das System von potenziellen Usern der Endnutzergruppe getestet. Den Probanden wird in der Regel ein Setting von definierten Tasks/Aufgabenszenarien zur Bearbeitung vorgelegt. Oft wird in diesen Tests die **Think-aloud-Methode** genutzt. Zur besseren Analyse der Tests werden während der Sessions Video- und Tondaten des Probanden sowie des Bildschirms aufgezeichnet. Als Abschluss und Reflexion wird mit jedem Probanden ein Interview geführt bzw. von den Probanden ein Fragebogen ausgefüllt. Usability-Tests sollten iterativ mit einer kleineren Anzahl an Probanden (3–5 Personen) eingesetzt werden. Somit kann in jeder Phase der Realisierung der Enduser mit einbezogen werden. □

Frage 404 Bitte erläutern Sie das **Gesetz von Fitts'** (*Fitts' law*). Geben Sie die Formel an, und unterstützen Sie Ihre Erläuterungen mit einer Skizze.

Antwort: Mit dem *Gesetz von Fitts* lassen sich Vorhersagen über die zeitliche Dauer t einer gezielten, schnellen Interaktion mit einem Zeigegerät (Maus, Trackball, Finger etc.) treffen. Charakteristisch für die Bewegung mit einem Zeigergerät sind die schnelle, balistische Bewegung in Richtung des Ziels und die langsamere, gezielte Bewegung zum exakten Treffen. Zur Berechnung der Dauer sind neben der Distanz D zwischen der Startpostition und der Zielposition und der relativen Breite W des Interaktionselementes, bezogen auf die Interaktionsrichtung, nur die empirischen Daten a und b notwendig. Nachfolgend die Formel und eine schematische Skizze.

$$t = a + b \cdot \log_2 \left(\frac{D}{W} + 1 \right).$$

Der Logarithmus in Fitts Formel wird als *index of difficulty ID* bezeichnet.

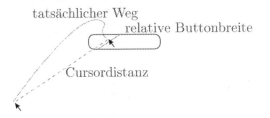

Frage 405 Bitte erläutern Sie das **Gesetz von Hicks** (Hicks law). Geben Sie die Formel an, und unterstützen Sie Ihre Erläuterungen durch ein Beispiel.

Antwort: Das *Gesetz von Hick* (auch unter Hick-Hyman law bekannt) ist ein Vorhersagemodell, mit dem man die Zeit, die ein Mensch für eine Entscheidung benötigt, berechnen kann. Wird einer Person eine Anzahl n an **gleichwertigen** Stimuli präsentiert, so lässt sich die Reaktionszeit (Zeit zur Entscheidungsfindung) wie folgt berechnen:

$$t = a + b \cdot \log_2(n).$$

Das Erlernen der Tastatur ist für das Gesetz von Hick ein gängiges Beispiel.

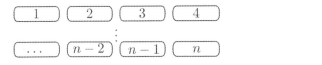

Frage 406 Bitte benennen Sie die **zehn Heuristiken nach Nielsen**.

Antwort:

1. Sichtbarkeit des Systemstatus (*visibility of system status*)

2. Übereinstimmung zwischen realer Welt und dem System (*match between system and the real world*)

3. Benutzerkontrolle und -freiheit (*user control and freedom*)

4. Konsistenz und Standards (*consistency and standards*)

5. Fehlervermeidung (*error prevention*)

6. Wiedererkennen ist besser, als sich erinnern zu müssen (*recognition rather than recall*)

7. Flexibilität und Effizienz (*flexibility and efficiency of use*)

8. Ästhetik und minimalistisches Design (*aesthetic and minimalist design*)

9. Unterstützung des Users beim Erkennen, Diagnostizieren und Beheben von Fehlern (*help users recognize, diagnose, and recover from errors*)

10. Hilfe und Dokumentation (*help and documentation*)

□

Frage 407 Bitte benennen Sie die **acht goldenen Regeln** zur Dialoggestaltung nach Shneiderman.

Antwort: Die acht goldenen Regeln nach Shneiderman lauten:

1. Konsistenz anstreben (*strive for consistency*)

2. Shortcuts anbieten (*enable frequent users to use shortcuts*)

3. nützliches Feedback (*offer informative feedback*)

4. Abgeschlossenheit (*design dialog to yield closure*)

5. Fehler vermeiden und einfache Fehlerbewältigung (*offer simple error handling*)

6. einfaches Widerrufen von Eingaben (*permit easy reversal of actions*)

7. Benutzer in seiner Rolle bestätigen (*support internal locus of control*)

8. geringe Belastung des Kurzzeitgedächtnis (*reduce short-term memory load*)

□

Frage 408 Erläutern Sie den Begriff **severity rating**. Nutzen Sie in Ihrer Erläuterung ein Beispiel.

Antwort: Das *severity rating* ist eine Bewertung der Schwere eines Usability-Problems. Diese Bewertung soll eine Entscheidungsbasis liefern, welche der gefundenen Probleme unter welchen Bedingungen zu beheben sind. Die Severity eines Problems ist von drei Faktoren abhängig:

- die Häufigkeit des Auftretens
- die Auswirkungen und wie leicht diese behoben werden können
- die Persistenz; kann das Problem vom User umgangen werden oder wird er stetig gestört

Letztendlich wird das Problem kategorisiert. Nielsen nutzt hierfür eine Skala von 0–4 um Priorisierung der Fehlerbehebung zu erstellen.

  0: ist kein Usability-Problem
  1: kosmetisches Problem
  2: geringes Usability-Problem
  3: größeres Usability-Problem
  4: Usability-Katastrophe

Ein Usability-Problem der Kategorie 4 ist schnellstmöglich zu beheben, da eine Nutzung nicht möglich sein wird. Ein Problem der Kategorie 1 sollte hingegen nur behoben werden, falls die Zeit hierfür zur Verfügung steht. Die Kategorie 0 kann vergeben werden, wenn in der abschließenden Expertensitzung einer heuristischen Evaluation das gefundene Problem zur Diskussion gestellt wird, aber nicht als eigentliches Usabilityproblem kategorisiert wird. Somit bleibt das Resultat weiterhin dokumentiert.   □

Frage 409 Erläutern Sie kritisch Miller's 7 ± 2-**Theorie**.

Antwort: Millers magische Zahl 7 ± 2 ist das Ergebnis einer Studie über die Kapazität des Kurzzeitgedächtnis. Miller fand heraus, dass die Anzahl von Informationseinheiten (Chunks), welche im Kurzzeitgedächtnis gespeichert und reproduziert werden können, auf 7 ± 2 beschränkt ist. Oft werden Millers Ergebnisse auch auf andere Bereiche transferiert. So z. B. auf die Anzahl der Navigationselemente einer Website. Da die Navigationselemente einer Website jedoch nicht auswendig gelernt werden, kann man hier diese Erkenntnisse nicht anwenden. (Das Festhalten an fixen Zahlen ist natürlich sehr verlockend, jedoch sind der Aufbau einer klaren Struktur und das Nutzen von passenden Labels für die Navigation Erfolg versprechender.)   □

Frage 410 Was bedeutet der Begriff **Chunking**? Nutzen Sie zur Erläuterung ein Beispiel.

Antwort: Unter *Chunking* versteht man das Zusammenfassen von Informationen zu einer kleineren (Informations-)Einheit. Somit lassen sich durch geschicktes Chunking mehr Informationen merken. Hierfür ist jedoch eine Codierung und Decodierung notwendig. Ein sehr gebräuchliches Chunking im Informatikerdasein ist das Nutzen von hexadezimalen Zahlen anstellen von einer Kolonne von Nullen und Einsen.   □

Frage 411 Erläutern Sie den Begriff **progressive disclosure** mittels eines Beispiels.

Antwort: *Progressive disclosure* ist eine Form von Informationsmanagement. Mittels *progressive disclosure* verlagert man erweiterte bzw. selten genutzte Funktionalitäten auf einen weiteren Dialog. Somit wird ein System anfänglich leichter erlernbar, da dem lernenden User wenige Funktionalitäten präsentiert werden. Die typischen, oft genutzten Funktionalitäten stehen ihm sofort zur Verfügung. Will der User mehr Einstellungsmöglichkeiten, muss er den ersten Dialog nutzen, um zu einem erweiterten Dialog zu gelangen. Das Ziel von *progressive disclosure* ist also, prinzipiell den vollen Umfang an Funktionalitäten zur Verfügung zu stellen, aber nur die oft genutzten oder wichtigsten Funktionen direkt zu präsentieren, um so die Erlernbarkeit von Systemen zu erleichtern.

Ein relativ einfaches Beispiel ist das Drucken von Dokumenten. Diese Funktion ist für den versierten User über einen Shortcut erreichbar. Wenn keine besonderen Veränderungen am Druckprozess notwendig sind, kann er sofort durch Betätigung der Schaltfläche oder durch Drücken der Returntaste den Druckauftrag absetzen. Sind jedoch Anpassungen notwendig, so stellt der Dialog weitere (druckerspezifische) Einstellungsmöglichkeiten über eine Schaltfläche (weitere Optionen o. Ä.) zur Verfügung. □

Frage 412 Erläutern Sie die Begriffe **Reliabilität** und **Validität** im Testkontext.

Antwort: *Reliabilität* ist das Maß für die Zuverlässigkeit einer Methode. Eine hohe Zuverlässigkeit ist dann gegeben, wenn unter gleichen Rahmenbedingungen auch gleiche Ergebnisse ermittelt werden können. Bei Usertest ist es daher z. B. wichtig, die Endusergruppe zu kennen und aus ihr eine repräsentative Auswahl für die Tests heranzuziehen.

Validität ist ein Maß für die Gültigkeit der Messungen bezogen auf das Messinstrument. Hier wird überprüft, inwieweit die Methode das misst, was man auch messen will. Eine genaue Prüfung der Tasks sowie der Fragebögen ist maßgeblich entscheidend für die Validität von Usertests. □

Frage 413 Was versteht man unter **Eyetracking**? Gehen Sie bei der Erläuterung auch auf die Vor- und Nachteile dieser Methode ein.

Antwort: *Eyetracking* ist ein Verfahren zur Registrierung von Augenbewegungen (Fixationen, Sakkaden, Regressionen). Sämtliche Augenbewegungen bezogen auf ein Objekt (Screen, Handheld Device etc.) werden hierbei geloggt und zur späteren Analyse bereitgestellt. Aus diesen Daten lassen sich somit Blickbewegungspfade und Fixationsdauer ermitteln.

Vorteile:

- Es können quantitative Daten über den Blickverlauf erfasst werden.
- Die Reaktion auf den Stimulus erfolgt ad hoc.

- Das Leseverhalten einer Person am Screen kann nachvollzogen werden, sofern die Genauigkeit und die Abtastrate des Gerätes hoch genug sind.
- Das Scanverhalten am Screen und die Area of Interest können ermittelt werden.

Nachteile bzw. Schwierigkeiten:

- Es kann mit den Daten nicht nachgeprüft werden, ob die Person auch tatsächlich die Informationen wahrgenommen bzw. gesehen hat.
- Das Verfahren erklärt nicht das Verhalten der Person.
- Das Verfahren (je nach technischer Umsetzung) kann nicht an allen Personen angewandt werden (Brillen-, Kontaktlinsenträger, Kajal, ...).
- Einige Verfahren erfordern die Fixation des Kopfes oder das Tragen von einer Art Kontaktlinsen, was zu einer Verstärkung der Laborsituation führen kann.
- Die Geräte sind noch immer teuer und benötigen geschultes Personal, sowohl zur Bedienung als auch zur Analyse der Daten. □

Frage 414 Welche Arten von Requirements sollten in der Analysephase erhoben werden?

Antwort: Als zu erhebende Requirements gelten **alle** Anforderungen, die das System erfüllen muss. Hierzu gehören auch die Anforderungen, welche sich aus dem Nutzungskontext ergeben. Zusammenfassend sollte erhoben werden:

- *functional requirements*
- *environmental requirements*
- *technical requirements*
- *usability requirements*
- *user requirements*

Viele der Anforderungen werden im klassischen Software Engineering-Prozess erfasst, sodass eine Verschmelzung der Anforderungsphasen aus dem Software- und Usability Engineering-Prozess zum Requirement Engineering als äußerst sinnvoll zu erachten ist. □

Frage 415 Welche **Metriken** können zur Bewertung der Usability nach ISO 9241 herangezogen werden, und wie können die Daten gewonnen werden?

Antwort: Aufgrund der Definition nach ISO 9241 können nur durch Nutzertests die erforderlichen Daten gewonnen werden. Als Metrik gilt:

- Erfolgsrate (*success rate*) als Metrik für die Effektivität
- Bearbeitungszeit (*time on task*) als Metrik für die Effizienz
- Zufriedenheit des Users

Die Erfolgsrate und die Bearbeitungszeit sind quantitativ erfassbare Größen, wohingegen die Zufriedenheit sich nur über qualitative subjektive Aussagen ermitteln lässt. Eine Möglichkeit diese qualitativen Daten strukturiert zu erfassen, ist die Nutzung eines Fragebogens/Interviews, wie z. B. im System Usability Scale (SUS). Neben diesen allgemeinen Metriken können auch weitere Metriken erstellt werden, die z. B. zur Erfassung der Learnability herangezogen werden. Diese sind jedoch durch die Definition des Begriffs Usability, meist ein Unterpunkt der drei Hauptkriterien. ☐

Frage 416 Bitte benennen Sie drei Arten von UI-Prototypen, und geben Sie für jeden ein Beispiel an.

Antwort: UI-Prototypen sind unvollständige oder experimentelle UI, welche günstig und schnell erstellt werden können. Ziel der Prototypen ist es, Ideen schnell umzusetzen, um sie testen zu können und somit Feedback für den iterativen Entwicklungszyklus zu erhalten. Unterschieden wird nach dem Detailierungsgrad (Aussehen und Funktionalität) des Prototypen in *low-fidelity*, *medium-fidelity* und *high-fidelity* ([1] definiert sogar fünf unterschiedliche Detailgrade).

Low-fidelity-Prototypen werden sehr früh eingesetzt und dienen vorrangig zur Untersuchung von Designalternativen. *Paper-protypes* und *scribbles* sind gängige, schnell produzierbare *low-fidelity*-Prototypen.

Medium-fidelity-Prototypen bieten eine eingeschränkte Funktionalität des Systems. Hierdurch können einige wichtige Bereiche/Workflows getestet werden. Die Prototypen werden oft in einer Markup Language realisiert. Dadurch sind sie relativ schnell umsetzbar, und die Kosten für diese (Wegwerf-)Prototypen bleiben recht gering.

High-fidelity-Prototypen werden oft bereits in der Zielsprache implementiert. Sie bieten einen (fast) vollständigen Umfang an angestrebter Funktionalität und eine (fast) fertige Umsetzung des Visual und Interaction Design. Somit können mit diesen Prototypen die ersten realistischen User-Tests mit validen Tasks durchgeführt werden. ☐

Frage 417 Erläutern Sie kurz das vereinfachte Ebenenmodell von Garrett [13] zur Entwicklung von Interfaces.

Antwort:

- Oberfläche (*surface*): Wie ist das äußere Erscheinungsbild, wie sieht es der User?
- Visuelle Struktur (*skeleton*): Welche Interaktionselemente werden zur Verfügung gestellt?

- Struktureller Aufbau (*structure*): Wie passen/verzahnen sich die einzelnen Funktionaltäten und Eigenschaften?
- Erfassung der Requirements (*scope*): Welche Funktionen/Eigenschaften sollen umgesetzt werden?
- Strategie/Idee (*strategy*): Was will man mit dem Produkt erreichen, was benötigt der zu erwartende User?   □

12 Datendarstellung

„The nice thing about standards is that you have so many to choose from"
(Andrew S. Tanenbaum, Informatiker)

Es kennzeichnet die digitalen Computer, dass, im Gegensatz zu sogenannten Analogrechnern, die Daten in diskreter Form dargestellt werden. Dabei beschränkt man sich auf Speicherbausteine, die jeweils genau zwei Zustände annehmen können, und die per Konvention mit 0 und 1 bezeichnet werden. Computersysteme können also gleichsam nur mit Nullen und Einsen umgehen. Alle Daten der realen Welt sind damit in Form geeigneter Zeichenfolgen bestehend aus Nullen und Einsen zu codieren. Dies betrifft in erster Linie Zahlen. Aber auch Texte, Audio- und Videodaten, Fotografien und vieles andere mehr müssen zum Zwecke der Maschinenlesbarkeit in binäre Zeichenfolgen umgewandelt werden. Nach der maschinellen Verarbeitung müssen die binären Daten umgekehrt wieder in eine für den Menschen zugängliche Darstellungsform umgewandelt werden. Diese Codierungs- und Decodierungsverfahren und die bei diesem Prozess auftretenden Probleme werden typischerweise im Gebiet der Datendarstellung behandelt. Grundlegende Informationen findet man in Seifart und Beirich [42] oder Kohavi [19]. Tiefergehende Darstellungen der Konzepte und weitergehende Erläuterungen kann man in Mildenberger [23]oder Strutz [44] finden.

12.1 Grundlagen der Datendarstellung

Frage 418 Wie viele Zustände lassen sich mit einem **Bit** darstellen, und welche Entsprechung besitzt diese Struktur in den Datentypen?

Antwort: Mit einem einzelnen *Bit* lassen sich zwei Zustände (der Wert 0 oder 1) darstellen. Die Anzahl der Zustände hat die Entsprechung im Datentyp *boolean* mit den Wertigkeiten *wahr* oder *falsch*. ☐

Frage 419 Was bedeuten die Begriffe **MSB** und **LSB**?

Antwort: *MSB* ist die Abkürzung für *most significant bit*, also das höchstwertige Bit. Ein *MSB* einer Binärzahl an der Stelle n hat die Wertigkeit 2^{n-1}. *LSB* ist die Abkürzung von *least significant bit*, also das niedrigwertigste Bit. Das *LSB* einer Binärzahl hat die Wertigkeit $2^0 = 1$. Je nach Codierung kommt dem *MSB* eine veränderte Bedeutung zu. So ist durch das *MSB* in der Einer- und Zweierkomplementdarstellung das Vorzeichen der Zahl codiert. Folgende Grafik zeigt an einer 8-Bit-Binärzahl die Stelle von *MSB* und *LSB*.

MSB   LSB

Frage 420 Gegeben sei die Zahl 94_{10}. Stellen Sie den Wert als **Binärzahl** dar. Dokumentieren Sie Ihr Vorgehen.

Antwort: Eine Binär- oder Dualzahl ist eine Zahl zu Basis 2. Jede Stelle einer Binärzahl kann die Ziffern 0 oder 1 annehmen. Die Wertigkeit einer vorzeichenlosen Binärzahl ergibt sich als Summe der gewichteten Ziffern. Zur Umrechnung einer Dezimalzahl in eine Binärzahl kann man die Zerlegung in Zweierpotenzen nutzen oder jeweils eine rekursive Division mit 2 durchführen und den Rest jeder Operation notieren.

$$
\begin{aligned}
94_{10} & \\
94/2 &= 47 \text{ Rest } 0 \\
47/2 &= 23 \text{ Rest } 1 \\
23/2 &= 11 \text{ Rest } 1 \\
11/2 &= 5 \text{ Rest } 1 \\
5/2 &= 2 \text{ Rest } 1 \\
2/2 &= 1 \text{ Rest } 0 \\
1/2 &= 0 \text{ Rest } 1 \\
&= 1011110_2
\end{aligned}
$$

Frage 421 Gegeben sei der Wert 01101011_2. Übertragen Sie den Wert mittels Horner-Schema ins Dezimalsystem.

Antwort: Das Horner-Schema basiert auf der geschickten Umformung eines Polynoms, wodurch alle Potenzen durch Multiplikationen und Additionen ersetzt werden können. Da die Wertigkeit einer Binärzahl auch als Polynom darstellbar ist, kann auch hier das Horner-Schema zur Umwandlung eingesetzt werden.

$$
\begin{aligned}
01101011_2 &= 1 \cdot 2^6 + 1 \cdot 2^5 + 0 \cdot 2^4 + 1 \cdot 2^3 + 0 \cdot 2^2 + 1 \cdot 2^1 + 1 \cdot 2^0 \\
&= ((((((1 \cdot 2 + 1) \cdot 2 + 0) \cdot 2 + 1) \cdot 2 + 0) \cdot 2 + 1) \cdot 2 + 1) \\
&= ((((((3) \cdot 2 + 0) \cdot 2 + 1) \cdot 2 + 0) \cdot 2 + 1) \cdot 2 + 1) \\
&= (((((6) \cdot 2 + 1) \cdot 2 + 0) \cdot 2 + 1) \cdot 2 + 1) \\
&= ((((13) \cdot 2 + 0) \cdot 2 + 1) \cdot 2 + 1) \\
&= (((26) \cdot 2 + 1) \cdot 2 + 1) \\
&= ((53) \cdot 2 + 1) \\
&= 107
\end{aligned}
$$

Frage 422 Gegeben sei die Zahl -147_{10}. Überführen Sie den Wert in die **Einerkomplementdarstellung**. Dokumentieren Sie Ihr Vorgehen.

Antwort: In der Einerkomplementdarstellung gibt das führende Bit das Vorzeichen an. Negative Zahlen werden in der *Einerkomplementdarstellung* durch eine führende 1 gekennzeichnet. Nach dem führenden Vorzeichen folgt die Binärzahl. Bei negativen Werten muss diese Binärzahl zusätzlich bitweise invertiert werden. Zur Umrechnung von Dezimal zu Binärzahl kann man die Zerlegung in Zweierpotenzen nutzen.

$$
\begin{aligned}
147_{10} &= 1 \cdot 2^7 + 19 \\
19 &= 0 \cdot 2^6 + 19 \\
19 &= 0 \cdot 2^5 + 19 \\
19 &= 1 \cdot 2^4 + 3 \\
3 &= 0 \cdot 2^3 + 3 \\
3 &= 0 \cdot 2^3 + 3 \\
3 &= 1 \cdot 2^1 + 1 \\
1 &= 1 \cdot 2^0 + 0 \\
&= 10010011_2
\end{aligned}
$$

Nach bitweiser Invertierung der Binärzahl würde sich also die Bitfolge 01101100 ergeben. Versehen mit der führenden 1 für das Vorzeichen ergibt sich als Resultat:

$$
-147_{10} \quad - \quad 101101100_{\text{Einerkomplementdarstellung}}
$$

$\square$

Frage 423 Gegeben sei die Zahl -77_{10}. Überführen Sie den Wert in die **Zweierkomplementdarstellung**. Nutzen Sie zur Darstellung des Ergebnisses 8 Bit. Dokumentieren Sie Ihr Vorgehen.

Antwort: In der Zweierkomplementdarstellung ist durch das MSB das Vorzeichen codiert. Negative Zahlen werden, wie in der Einerkomplementdarstellung, mit einer führenden 1 versehen. Nach dem führenden Vorzeichen folgt die Binärzahl. Bei negativen Werten wird bei der Umwandlung die Binärzahl bitweise invertiert und anschließend auf diese Binärzahl 1 aufaddiert. Zur Umrechnung von Dezimal- zu Binärzahl kann man die Zerlegung in Zweierpotenzen nutzen.

$$
\begin{aligned}
77_{10} &= 1 \cdot 2^6 + 13 \\
13 &= 0 \cdot 2^5 + 13 \\
13 &= 0 \cdot 2^4 + 13 \\
13 &= 1 \cdot 2^3 + 5 \\
5 &= 1 \cdot 2^2 + 1 \\
1 &= 0 \cdot 2^1 + 1 \\
1 &= 1 \cdot 2^0
\end{aligned}
$$

1001101	Binärzahl
0110010	Invertierung
0000001	Addition
0110011	Ergebnis
10110011	mit Vorzeichen

Frage 424 Warum ist es sinnvoll, einen Wert im Zweierkomplement darzustellen, bzw. worin liegt der Vorteil zur Darstellung im Einerkomplement?

Antwort: Beide Darstellungsweisen dienen zur Codierung von vorzeichenbehafteten Zahlenwerten. In beiden Darstellungsweisen wird das Vorzeichen durch das führende Bit, das MSB, festgelegt. Eine führende 0 ist als +, eine führende 1 als − festgelegt. In der Einerkomplementdarstellung muss bei negativen Werten eine bitweise Invertierung des Betragswert erfolgen. Die Zweierkomplementdarstellung benötigt ebenfalls bei negativen Zahlen eine bitweise Invertierung. Hier wird nach der Invertierung zusätzlich eine Addition mit 1 durchgeführt. Der Wert einer Bitfolge in Zweierkomplementdarstellung ergibt sich immer als Summe der Einzelwertigkeiten, wobei hier auch der Wert des Vorzeichenbits als negativer Summand zur Berechnung genutzt wird.

Beispiel zur Darstellung:

Dezimal	Einerkomplement-darstellung	Zweierkomplement-darstellung
+10	00001010	00001010
−10	11110101	11110110

Beispiel zur Berechnung:

Dezimal	Einerkomplement-darstellung	Zweierkomplement-darstellung	
-1	1110	1111	
$+6$	0110	0110	
	10100	10101	Zwischenergebnis mit *overflow bit*
	0001	entfällt	Korrektur
	0101	0101	Endergebnis

Wie in diesem Beispiel zu sehen, erfordert die Nutzung der allgemeinen arithmetischen Operationen in der Einerkomplementdarstellung in Fällen der 0-Überschreitung eine Fehlerkorrektur. Hier ist also eine zusätzliche Logik notwendig, um dieses Problem zu beseitigen. In der Einerkomplementdarstellung kommt es zudem zu einer redundanten Darstellung der Zahl 0. Diese wird durch die Bitfolge 0000 als positive 0 und durch die Bitfolge 1111 als negative 0 interpretiert. Beide Probleme kommen in der Zweierkomplementdarstellung nicht vor.   □

Frage 425 Gegeben sei der Wert 01011010_2. Stellen Sie den Wert im Hexadezimalsystem dar. Dokumentieren Sie Ihr Vorgehen.

Antwort: Das Hexadezimalsystem kennt die 16 unterschiedlichen Zustände 0, 1, ..., 9, A, B, C, D, E, F. Für das Überführen eines Wertes von der binären Darstellung in die hexadezimale Darstellung, oder umgekehrt, kann die Tatsache genutzt werden, dass jeweils vier Stellen einer Binärzahl einer Hexadezimalziffer entsprechen. Sind die 4er-Pakete erstellt (Paketbildung beginnend am LSB), genügt eine einfache Zuteilung der Wertigkeiten in das Hexadezimalsystem. Fehlende Stellen werden mit Nullen aufgefüllt.

Binärzahl	0000	0001	0010	0011	0100	0101	0110	0111
Hexadezimalziffer	0	1	2	3	4	5	6	7

Binärzahl	1000	1001	1010	1011	1100	1101	1110	1111
Hexadezimalziffer	8	9	A	B	C	D	E	F

Daraus resultiert für die gegebene Ziffernfolge:

binär	0	1011	0110	LSB
aufgefüllt	0000	1011	0110	
hexadezimal	0	B	6	□

Frage 426 Gegeben sei der Wert 01110101011_2. Stellen Sie den Wert im Oktalsystem dar. Dokumentieren Sie Ihr Vorgehen.

Antwort: Das Oktalsystem kennt die acht Zustände 0, 1, ..., 6, 7. Zur Überführung einer Binärzahl in das Oktalsystem, oder umgekehrt, kann die Tatsache genutzt werden, dass jeweils drei Stellen einer Binärzahl einer Oktalziffer entsprechen.

Binärzahl	000	001	010	011	100	101	110	111
Oktalziffer	0	1	2	3	4	5	6	7

Daraus resultiert für die gegebene Ziffernfolge:

binär	01	110	101	011
aufgefüllt	001	110	101	011
oktal	1	6	5	3

$\square$

Frage 427 Gegeben sei der Wert 36542_8. Stellen Sie den Wert im Hexadezimalsystem dar. Dokumentieren Sie Ihr Vorgehen.

Antwort: Das Hexadezimalzahlensystem kennt 16 unterschiedliche Ziffern. Die Ziffern von 0 bis 9 sind den Wertigkeiten der arabischen Ziffern äquivalent. Für die Darstellung der Wertigkeiten 10_{10} bis 15_{10} werden die Buchstaben A bis F genutzt. Zur Umformung von einer Oktalzahl in eine Hexadezimalzahl, oder umgekehrt, kann man die gemeinsame Basis (beides sind Zweierpotenzen) der beiden Systeme ausnutzen. Zuerst wird die Zahl in das Binärsystem übertragen. Jeweils eine Oktalziffer kann durch eine 3-stellige Binärzahl ausgedrückt werden. Danach folgt die Umwandlung in das Hexadezimalsystem. Hierzu werden jeweils vier zusammenhängende Binärziffern als eine Hexadezimalziffer interpretiert.

oktal	3	6	5	4	2
3er-Pakete	011	110	101	100	010
aufgefüllt	0011	110	101	100	010
4er-Pakete	0011	1101	0110	0010	
hexadezimal	3	D	6	2	

$\square$

Frage 428 Addieren Sie die zwei vorzeichenlosen 8-bit **Binärzahlen** 10100101_2 und 01110110_2.

Antwort: Die Addition zweier Binärzahlen funktioniert wie die herkömmliche Addition mit ganzen Zahlen. Der Übertrag erfolgt hier bei 1. Bei der Addition zweier Binärzahlen mit fester Bitanzahl kann jedoch der Übertrag des MSB verschwinden. Der dargestellte Wert ist in diesem Fall falsch.

$$\begin{array}{r|ll} & 10100101 & 165_{10} \\ + & 01110110 & 118_{10} \\ \hline & 00011011 & 27_{10} \end{array}$$

□

Frage 429 Addieren Sie die zwei 8-stellige Bitfolgen 01101101 und 00110101 in **Zweierkomplementdarstellung**.

Antwort: Dei Addition in der Zweierkomplementdarstellung erfolgt nach demselben Schema wie in den Binärzahlen. Die Addition von Bitfolgen mit fester Bitanzahl führt zu einem falschen Ergebnis, wenn der Abgrenzungsbreich zwischen positiv und negativ überlaufen wird. Mit 8 Bit lässt sich ein Zahlenbereich von -128 bis 127 erfassen. Der Überlauf erfolgt also bei folgendem Ergebnis: $x < -128$ oder $127 < x$.

$$\begin{array}{r|ll} & 01101101 & 109_{10} \\ + & 00110101 & 53_{10} \\ \hline x = & 10100010 & -94_{10} \end{array}$$

□

Frage 430 Erläutern Sie die Begriffe **overflow bit** und **carry bit**.

Antwort: Da für die Speicherung und Verarbeitung von Binärzahlen im Rechner festgelegte Größen genutzt werden, kann es bei der Computerarithmetik zu Zahlenbereichsüberschreitungen kommen. Diese Zahlenbereichsüberschreitungen werden von der ALU durch ein *condition bit* aufgezeigt. Das *overflow bit* signalisiert dass bei der Operation in der Zweierkomplementdarstellung ein Überlauf entstanden ist. Der durch die Bitanzahl festgelegte Zahlenbereich wurde überschritten und der dargestellte Wert ist falsch. Das *carry bit* signalisiert einen Übertrag am MSB. Bei der Nutzung von vorzeichenlosen Binärzahlen bedeutet ein gesetztes *carry bit*, dass der Zahlenbereich nicht ausreichend groß ist, um den Wert darzustellen. Der durch die Bitfolge dargestellte Wert ist auch hier falsch.

□

Frage 431 Gegeben sind die Werte 3427_{10} und 610_{10}. Stellen Sie die Werte im **packed BCD** dar. Dokumentieren Sie Ihr Vorgehen.

Antwort: Zur Darstellung einer Dezimalzahl als *packed BCD* (*binary coded decimal*) wird jeweils eine Dezimalziffer in eine 4-Bit-Dualzahl umgewandelt. Jeweils zwei *packed BCD* werden in einem Byte zusammengefasst. Fehlende Ziffern werden durch 0 ersetzt.

dezimal	3	4	2	7
packed BCD	0011	0100	0010	0111

dezimal	0	6	1	0
packed BCD	0000	0110	0001	0000

□

Frage 432 Warum ist bei arithmetischen Operationen mit **BCD**-Zahlen manchmal eine Korrektur notwendig? Wie sieht diese Korrektur aus? Zeigen Sie diese Korrektur an einem einfachen Beispiel.

Antwort: Im BCD stellen nur die Kombinationen 0000 bis 1001 einen korrekten Wert dar. Die Kombinationen 1010, 1011, 1100, 1101, 1110 und 1111 werden als *Pseudotetraden* oder *Pseudodezimale* bezeichnet. Wird ein solcher Wert als Ergebnis einer Operation ermittelt, muss eine Korrektur, eine Addition mit dem Wert 0110, vorgenommen werden.

Beispiel:

0001	0111	
0000	0101	
0001	1100	Zwischenergebnis
0000	0110	Korrektur
0010	0010	Endresultat

□

Frage 433 Skizzieren Sie den Aufbau einer normalisierten **Gleitpunktzahl** einfacher Genauigkeit (*single precision floating-point number*) nach IEEE 754-1985. Benennen Sie die einzelnen Segmente und was in ihnen angegeben wird.

Antwort: Gleitpunktzahlen werden zur Darstellung und Berechnung von reellen Zahlen genutzt. In der Zahlendarstellung wird die Zahl in der Form Vorzeichen, Mantisse, Exponent abgespeichert. Im Vergleich zur Darstellung von ganzen Zahlen kann so mit der gleichen Anzahl an Bits ein größerer Zahlenbereich erfasst werden.

1	8	23
v	e	f

v ist das Vorzeichen der Gleitpunktzahl. Wie in der Zweierkomplementdarstellung ist eine anliegende 1 als negativ, eine 0 als positiv definiert.

e ist der transformierte Exponent. In ihm ist der eigentliche Exponent (E) der Gleitpunktzahl codiert. Bei einfacher Genauigkeit ergibt sich **e** als Summe von E und 127. Da E in der Zweierkomplementdarstellung mit 8 Bit codiert ist, entsteht durch die Aufsummierung mit 127 eine vorzeichenlose Darstellung für **e**.

f ist der Nachkommateil (*fraction*) der Mantisse und hat den Wertebereich $0 \leq f < 1$. Zur Wertberechnung wird diese *fraction* in das Format der Mantisse $(1.f)$ eingefügt. Die Mantisse selbst hat somit den Wertebereich $1.0 \leq 1.f < 2.0$.

Zur Berechnung der gespeicherten reellen Zahl R kann folgende allgemeine Formel genutzt werden.

$$R = (-1)^v \cdot (1.f) \cdot (2^E)$$

$\square$

Frage 434 Welchen Unterschied gibt es bei der Darstellung der **Gleitpunktzahl** einfacher Genauigkeit (*single precision floating-point number*) und der **Gleitpunktzahl** doppelter Genauigkeit (*double precision floating-point number*)?

Antwort: Die zwei Grundformate der Gleitpunktzahlen unterscheiden sich in der Anzahl der genutzten Bits. Gleitpunktzahlen einfacher Genauigkeit werden mit 32 Bits codiert, Gleitpunktzahlen doppelter Genauigkeit mit 64 Bits. Die Bits verteilen sich wie folgt auf die Codierung von Vorzeichen (v), fraction (f) der Mantisse und transformierter Exponent (e).

1	8	23
v	e	f

1	11	52
v	e	f

Aufgrund der Verteilungen der Bits ergeben sich folgende Eigenschaften:

	single precision	double precision
darstellbare Dezimalstellen	≈ 7	≈ 16
Zahlenbereich Exponent E	$-126 - 127$	$-1022 - 1023$
transformierter Exponent e	$e = E + 127$	$e = E + 1023$
geringster positiver Wert	2^{-126}	2^{-1022}
höchster positiver Wert	$2^{127} \cdot (2 - 2^{-23})$	$2^{1023} \cdot (2 - 2^{-52})$

$\square$

Frage 435 Welche besonderen Werte können Gleitpunktzahlen annehmen? Geben Sie die Werte für v, e und f an.

Antwort: Als besondere Werte gelten hier:

Werte	v	e	f
	0	11...11	11......11
Nichtzahlen (NaN's)	⋮	⋮	⋮
	0	11...11	00......01
$+\infty$	0	11...11	00......00
$+0$	0	00...00	00......00
-0	1	00...00	00......00
$-\infty$	1	11...11	00......00
	1	11...11	00......01
Nichtzahlen (NaN's)	⋮	⋮	⋮
	1	11...11	11......11

□

Frage 436 Welche Ausnahmesituationen (*exceptions*) können bei Operationen mit Gleitpunktzahlen auftreten?

Antwort: Für die Operationen und die daraus resultierenden Ergebnisse gibt es fünf Ausnahmen:

- Unterlauf,
- Überlauf,
- Division durch Null,
- ungenaues Ergebnis,
- unzulässige Operation.   □

Frage 437 Was bedeuten die Abkürzungen **ASCII**, **EBCDIC** und **UCS**?

Antwort: Die Abkürzungen kommen alle aus dem Bereich der Zeichencodierung.

1. *ASCII; american standard code for information interchange*

2. *EBCDIC; extended binary coded decimal interchange format*

3. *UCS; universal character set*   □

Frage 438 Was ist ein bedeutender Unterschied zwischen **ASCII** und **ISO Latin**-2?

Antwort: Der reine *ASCII* ist eine 7-Bit-Zeichenkodierung ($2^7 = 128$ Zeichen), welche keine diakritischen Zeichen (Umlaute, Accents etc.) zur Verfügung stellt. *ISO Latin-2* (ISO/IEC 8859-2) ist eine 8-Bit-Zeichenkodierung ($2^8 = 256$ Zeichen) und deckt den Schriftzeichensatz von *ASCII* ab und erweitert ihn um die diakritischen Zeichen der osteuropäischen Sprachen.
Eine vollständige Abdeckung aller Schriftzeichen, egal aus welcher Sprache, wird erst durch *UCS* mit 32-Bit-Zeichenkodierung ($2^{32} = 4294967296$ Zeichen) ermöglicht.   □

Frage 439 Sie empfangen ein Zeichen in **UCS** und interpretieren die Bitfolge als **PC-ASCII**. Wie viele Zeichen werden dargestellt? Begründen Sie Ihre Antwort.

Antwort: Im *UCS* wird ein Zeichen mit 32 Bit codiert. *PC-ASCII* ist ein 8-Bit Code. Wie viele Zeichen dargestellt werden hängt nun vom codierten Zeichen ab. Das Zeichen **a** würde in *UCS* durch die Bitfolge 0x00 0x00 0x00 0x61 codiert werden. 0x00 ist in PC-ASCII nicht belegt und würde ignoriert werden. 0x61 entspricht auch im *PC-ASCII* dem Zeichen **a**.

Insgesamt könnten vier *PC-ASCII* Zeichen durch ein *UCS*-Zeichen dargestellt werden.   □

12.2   Komplexe Datendarstellung und Codes

Frage 440 Was ist die Hamming-Distanz? Berechnen Sie die Hamming-Distanz an den Beispielen 10110101 und 01110110.

Antwort: Die Hamming-Distanz ist die Anzahl der Unterschiede zwischen zwei Codewörtern. Um diesen Wert zu bestimmen, kann man zwei Codewörter mit XOR verknüpfen und im Ergebnis die Anzahl der Einsen ermitteln. Diese Anzahl ist die Hamming-Distanz der beiden Codewörtern.

$$
\begin{array}{l}
\phantom{\text{XOR}\quad} 10110101 \\
\underline{\text{XOR}\quad 01110110} \\
\phantom{\text{XOR}\quad} 11000011 \quad \Rightarrow \text{Hamming-Distanz} = 4
\end{array}
$$ □

Frage 441 Erzeugen Sie zwei einfache Hamming-Codes. Der erste minimale Hamming-Code soll einen Fehler von 3 Bits erkennen. Der zweite minimale Hamming-Code soll einen Fehler von 2 Bits korrigieren können.

Antwort: Ein Hamming-Code ist eine Anzahl von Codewörtern, die zu ihren Nachbarcodewörtern die gleichen Hamming-Distanz besitzen. Um einen Fehler der Größe g zu erkennen, ist ein Abstand von $g + 1$ notwendig. Soll zudem eine Korrektur des Fehlers durchgeführt werden, muss der Code einen Abstand von $2g + 1$ aufweisen.

Der erste Hamming-Code zur Fehlererkennung muss also eine Hamming-Distanz von 4 besitzen und sieht minimal erzeugt folgendermaßen aus: 0000, 1111.

Der zweite Code muss einen 2-Bit-Fehler erkennen und korrigieren. Deswegen muss er eine Hamming-Distanz von $2 \cdot 2 + 1 = 5$ besitzen. Das minimale Beispiel sieht wie folgt aus: 00000, 11111.   □

Frage 442 Gegeben seien die Symbole(S) u,v,w,x,y,z mit der Auftrittswahrscheinlichkeit $p(u) = 0,19; p(v) = 0,17; p(w) = 0,13; p(x) = 0,11; p(y) = 0,22; p(z) = 0,18$.

Nutzen Sie den **Huffmann-Algorithmus** zur Festlegung der optimalen Codewörter. Ermitteln Sie die **Entropie**.

Antwort: Der Huffmann-Algorithmus dient zur Erzeugung einer binären Codierung mit minimaler mittlerer Codewortlänge.

S	p()	Code	S	p()	Code	S	p()	Code
y	0,22		(wx)	0,24		(zv)	0,35	
u	0,19		y	0,22		(wx)	0,24	
z	0,18		u	0,19		y	0,22	0
v	0,17		z	0,18	0	u	0,19	1
w	0,13	0	v	0,17	1			
x	0,11	1						

	S	p()	Code	S	p()	Code
	(yu)	0,41		(zvwx)	0,59	0
. . .	(zv)	0,35	0	(yu)	0,41	1
	(wx)	0,24	1			

Anhand dieser Tabelle lässt sich folgender Baum erzeugen:

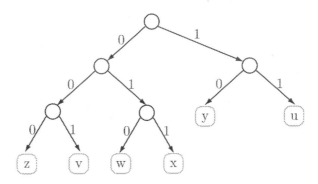

Für die Entropie $H(X) = -\sum_{i=1}^{n} p(x_i) \cdot \log_2(p(x_i))$ ergibt sich:

$$
\begin{aligned}
H(X) &= -\quad (0,19 \cdot \log_2(0,19) + 0,17 \cdot \log_2(0,17) + 0,13 \cdot \log_2(0,13) \\
&\qquad + 0,11 \cdot \log_2(0,11) + 0,22 \cdot \log_2(0,22) + 0,18 \cdot \log_2(0,18)) \\
&= -\quad ((-0,455) + (-0,435) + (-0,383) \\
&\qquad + (-0,350) + (-0,481) + (-0,445)) \\
&= \quad 2,549
\end{aligned}
$$

□

13 Schaltkreise, Schaltwerke

„So manche Wahrheit ging von einem Irrtum aus."
(Marie von Ebner-Eschenbach)

Schaltnetze und Schaltwerke stellen die technische Realisierung von Rechnersystemen dar. Sie bilden somit eine Basis für das Verstehen dieser Systeme. Ein sehr gutes Buch, wenn auch bereits älter, ist das Werk von Kohavi [19]. Wer lieber auf ein deutschsprachiges Buch zurückgreifen möchte, ist mit dem Buch von Seifart und Beikirch [42] gut bedient. Einige gute Erläuterungen und Aufgaben findet man auch im Buch von Lipp [21].

13.1 Schaltkreise

Frage 443 Benennen Sie die **elementaren Operationen** der Schaltalgebra und geben Sie tabellarisch deren Wertetabellen, logische Funktion und Schaltsymbol in DIN (40900 Teil 12) an.

Antwort: Als elementare Grundoperationen gelten die Operationen NICHT, UND und ODER.

Operation	Wertetabelle			Logische Funktion	DIN
NICHT	x_1		y	$y = \overline{x_1}$	$x \rightarrow \boxed{1} \circ\rightarrow y$
	0		1		
	1		0		
ODER	x_1	x_2	y	$y = x_1 + x_2$	$\begin{matrix} x_1 \\ x_2 \end{matrix} \rightarrow \boxed{\geq 1} \rightarrow y$
	0	0	0		
	0	1	1		
	1	0	1		
	1	1	1		
UND	x_1	x_2	y	$y = x_1 \cdot x_2$	$\begin{matrix} x_1 \\ x_2 \end{matrix} \rightarrow \boxed{\&} \rightarrow y$
	0	0	0		
	0	1	0		
	1	0	0		
	1	1	1		

Frage 444 Geben Sie für die binären Operationen NAND und NOR jeweils die Wertetabelle, logische Funktion und Schaltsymbol in DIN (40900 Teil 12) an.

Antwort:

Operation	Wertetabelle	Logische Funktion	DIN
NAND	x_1 x_2 $\mid$ y 0 0 $\mid$ 1 0 1 $\mid$ 1 1 0 $\mid$ 1 1 1 $\mid$ 0	$y = \overline{x_1 \cdot x_2}$	
NOR	x_1 x_2 $\mid$ y 0 0 $\mid$ 1 0 1 $\mid$ 0 1 0 $\mid$ 0 1 1 $\mid$ 0	$y = \overline{x_1 + x_2}$	

□

Frage 445 Geben Sie für die binären Operationen XOR und XNOR jeweils die Wertetabelle, logische Funktion und Schaltsymbol in DIN (40900 Teil 12) an. Welche Entsprechung für XNOR und XOR existiert in der Aussagenlogik?

Antwort: XNOR entspricht dem Prädikat *Äquivalenz* in der Aussagenlogik. XOR entspricht dem Prädikat *Antivalenz* in der Aussagenlogik.

Operation	Wertetabelle	Logische Funktion	DIN
XOR	x_1 x_2 $\mid$ y 0 0 $\mid$ 0 0 1 $\mid$ 1 1 0 $\mid$ 1 1 1 $\mid$ 0	$y = \overline{x_1} \cdot x_2 + x_1 \cdot \overline{x_2}$	
XNOR	x_1 x_2 $\mid$ y 0 0 $\mid$ 1 0 1 $\mid$ 0 1 0 $\mid$ 0 1 1 $\mid$ 1	$y = \overline{x_1} \cdot \overline{x_2} + x_1 \cdot x_2$	

□

Frage 446 Was versteht man unter einem **Basissystem**? Geben Sie zwei Beispiele an.

Antwort: Ein *Basissystem* ist ein minimales Erzeugendensystem. Mit einem Basissystem lassen sich alle weiteren Systeme erstellen, und jedes Element der Basis ist nicht redundant. Als Basissysteme in der Schalttechnik gelten die Gatterkombinationen UND, ODER, NICHT sowie die Gatter NAND und NOR. □

Frage 447 Erzeugen Sie die elementaren Grundoperationen UND, ODER und NICHT ausschließlich mit NOR-Gattern. Geben Sie die Wertetabellen an.

Antwort: Da NOR ein Basissystem darstellt, kann man die elementare Operationen wie folgt erzeugen:

NOR-Gatter			Wertetabelle		

x_1	x_2	$\overline{x_1 \lor x_1}$	$\overline{x_2 \lor x_2}$	$\overline{\overline{x_1 \lor x_1} \lor \overline{x_2 \lor x_2}}$
0	0	1	1	0
0	1	1	0	0
1	0	0	1	0
1	1	0	0	1

x_1	x_2	$\overline{x_1 \lor x_2}$	$\overline{\overline{x_1 \lor x_2}}$	$\overline{\overline{x_1 \lor x_2} \lor \overline{x_2 \lor x_2}}$
0	0	1	1	0
0	1	0	0	1
1	0	0	0	1
1	1	0	0	1

x_1	$\overline{x_1 \lor x_1}$
0	1
1	0

□

Frage 448 Erzeugen Sie nur mit den Gattertypen ODER und NICHT ein NAND-Gatter. Geben Sie die Wertetabelle an.

Antwort:

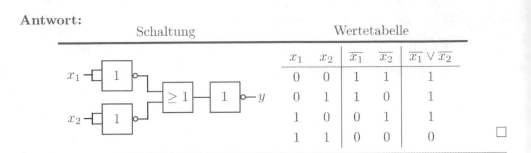

x_1	x_2	$\overline{x_1}$	$\overline{x_2}$	$\overline{x_1} \vee \overline{x_2}$
0	0	1	1	1
0	1	1	0	1
1	0	0	1	1
1	1	0	0	0

Frage 449 Erzeugen Sie die elementaren Grundoperationen NICHT, UND und ODER nur mit NAND-Gattern. Geben Sie die Wertetabellen an.

Antwort: Da NAND ein Basissystem darstellt, kann man die elementare Operationen wie folgt erzeugen:

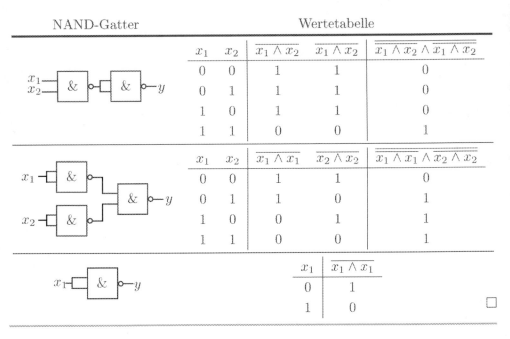

x_1	x_2	$\overline{x_1 \wedge x_2}$	$\overline{\overline{x_1 \wedge x_2}}$	$\overline{\overline{x_1 \wedge x_2} \wedge \overline{x_1 \wedge x_2}}$
0	0	1	1	0
0	1	1	1	0
1	0	1	1	0
1	1	0	0	1

x_1	x_2	$\overline{x_1 \wedge x_1}$	$\overline{x_2 \wedge x_2}$	$\overline{\overline{x_1 \wedge x_1} \wedge \overline{x_2 \wedge x_2}}$
0	0	1	1	0
0	1	1	0	1
1	0	0	1	1
1	1	0	0	1

x_1	$\overline{x_1 \wedge x_1}$
0	1
1	0

Frage 450 Erzeugen Sie nur mit den Gattertypen UND und NICHT ein NOR-Gatter. Geben Sie die Wertetabelle an.

Antwort:

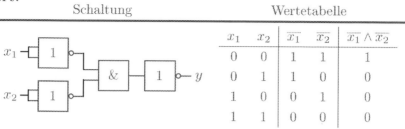

		Schaltung					Wertetabelle		

x_1	x_2	$\overline{x_1}$	$\overline{x_2}$	$\overline{x_1} \wedge \overline{x_2}$
0	0	1	1	1
0	1	1	0	0
1	0	0	1	0
1	1	0	0	0

Frage 451 Was versteht man unter einem **Halb-** bzw. unter einem **Volladdierer**, und wozu werden sie genutzt?

Antwort: Unter einem Halb- bzw. Volladdierer versteht man ein Schaltnetz, das dazu dient, zwei bzw. drei einstellige Binärzahlen aufzuaddieren. Mittels dieser Schaltungen lassen sich die vier Grundrechenoperationen Addition, Subtraktion, Multiplikation und Division verwirklichen. Sie sind die zentralen Bausteine der ALUs einer CPU.

Frage 452 Erzeugen Sie einen Halbaddierer mit den elementaren Gattern. Skizzieren Sie den Schaltplan und geben Sie die Wertetabelle an.

Antwort: Ein Halbaddierer aus den elementaren Gattern UND, ODER und NICHT würde folgendermaßen aussehen:

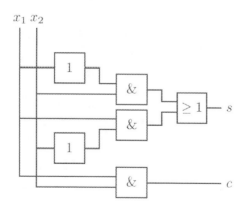

x_1	x_2	$\overline{x_1}$	$\overline{x_2}$	$\overline{x_1} \wedge x_2$	$x_1 \wedge \overline{x_2}$	s	c
0	0	1	1	0	0	0	0
0	1	1	0	1	0	1	0
1	0	0	1	0	1	1	0
1	1	0	0	0	0	0	1

Frage 453 Erzeugen Sie einen Halbaddierer mit minimaler Anzahl von XOR- und UND-Gattern. Skizzieren Sie den Schaltplan, und geben Sie die Wertetabelle an.

Antwort:

Wertetabelle				Schaltung
x_1	x_2	s	c	
0	0	0	0	
0	1	1	0	
1	0	1	0	
1	1	0	1	

Frage 454 Erzeugen Sie einen Volladdierer unter Verwendung von ODER-Gattern und Halbaddierer. Skizzieren Sie den Schaltplan.

Antwort:

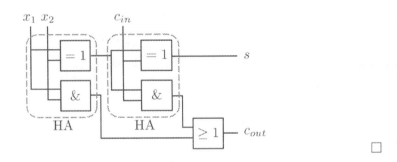

13.2   Vereinfachungsverfahren

Frage 455 Was versteht man unter den Fundamentalsätzen der Schaltalgebra?

Antwort: Die beiden Fundamentalsätze der Schaltalgebra lauten:

- Jede binäre Funktion lässt sich als *Disjunktion von Mintermen* darstellen.
- Jede binäre Funktion lässt sich als *Konjunktion von Maxtermen* darstellen.

Diese Sätze sind insofern fundamental, da sie die Vereinfachung von Schaltungen begründen.

Frage 456 Was bedeuten die Abkürzungen **KNF** und **DNF**? Welche Beziehung besteht zwischen **KNF** und **DNF**?

Antwort: *KNF* bedeutet konjunktive Normalform. Eine Funktion ist in *KNF*, wenn sie nur durch eine Konjunktion von Disjunktionen (Maxtermen) dargestellt wird.
DNF bedeutet disjunktive Normalform. Eine Funktion ist in *DNF*, wenn sie nur durch eine Disjunktion von Konjunktionen (Mintermen) dargestellt wird.
KNF und *DNF* sind äquivalent zueinander. Das heißt, jede Funktion lässt sich vollständig als *KNF* oder *DNF* beschreiben.   □

Frage 457 Nachstehende Grafik zeigt ein Schaltnetz. Geben Sie die Schaltfunktion des Schaltnetzes an. Minimieren Sie die Schaltfunktion unter Ausnutzung der Rechenregeln der Boole'schen Algebra. Geben Sie bei jedem Schritt die angewendete Regel an.

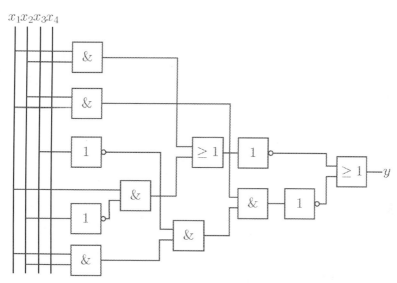

Antwort: Die Schaltfunktion der gegebenen Schaltung lautet:

$$\overline{(x_1 \wedge x_2) \vee (x_1 \wedge \overline{x_2}) \vee (x_2 \wedge x_1)} \wedge (\overline{x_3} \wedge (x_1 \wedge x_2))$$

$$\overline{(x_1 \wedge x_2) \vee (x_1 \wedge \overline{x_2})} \quad \vee \quad \overline{(x_2 \wedge x_1) \wedge (\overline{x_3} \wedge (x_1 \wedge x_2))}$$

Distributivgesetz   Assoziativgezetz

$$\overline{x_1 \wedge (x_2 \vee \overline{x_2})} \quad \vee \quad \overline{x_2 \wedge x_1 \wedge \overline{x_3} \wedge x_1 \wedge x_2}$$

Komplementärgesetz   Kommutativ- und Assoziativgesetz

$$\overline{x_1 \wedge (TRUE)} \quad \vee \quad \overline{((x_2 \wedge x_1) \wedge (x_1 \wedge x_2)) \wedge \overline{x_3}}$$

Neutralitätsgesetz   Idempotenzgesetz

$$\overline{x_1} \quad \vee \quad \overline{((x_2 \wedge x_1) \wedge \overline{x_3}}$$

de Morgan

$$\overline{x_1} \quad \vee \quad \overline{x_2} \vee \overline{x_1} \vee x_3$$

Idempotenzgesetz

$$\overline{x_1} \quad \vee \quad \overline{x_2} \vee x_3$$

Die minimierte Schaltung lautet also:

$$\overline{x_1} \vee \overline{x_2} \vee x_3$$

$\square$

Frage 458 Beweisen Sie die **de Morgan'schen Regeln** mittels Wertetabelle.

Antwort: Die *de Morgan'schen Regeln* lauten:

$$\overline{x_1 \wedge x_2} \quad = \quad \overline{x_1} \vee \overline{x_2}$$

und

$$\overline{x_1 \vee x_2} \quad = \quad \overline{x_1} \wedge \overline{x_2}$$

x_1	x_2	$\overline{x_1}$	$\overline{x_2}$	$x_1 \wedge x_2$	$\overline{x_1 \wedge x_2}$	$\overline{x_1} \vee \overline{x_2}$
0	0	1	1	0	1	1
0	1	1	0	0	1	1
1	0	0	1	0	1	1
1	1	0	0	1	0	0

x_1	x_2	$\overline{x_1}$	$\overline{x_2}$	$x_1 \vee x_2$	$\overline{x_1 \vee x_2}$	$\overline{x_1} \wedge \overline{x_2}$
0	0	1	1	0	1	1
0	1	1	0	1	0	0
1	0	0	1	1	0	0
1	1	0	0	1	0	0

$\square$

Frage 459 Nennen Sie die drei Arten der **Vereinfachungsverfahren** von Schaltfunktionen.

Antwort: Logische Funktionen lassen sich oft minimieren und damit auch technisch leichter umsetzen. Unterschieden werden hier:

- algebraische Verfahren (Rechenregeln der Boole'schen Algebra),
- algorithmische Verfahren (Quine-McCluskey),
- grafische Verfahren (KV-Diagramm). □

Frage 460 Gegeben sei eine Schaltfunktion anhand der folgenden Wertetafel. Minimieren Sie die Schaltfunktion mittels **KV-Diagramm**.

x_1	x_2	x_3	y
0	0	0	1
0	0	1	1
0	1	0	*
0	1	1	*
1	0	0	0
1	0	1	0
1	1	0	0
1	1	1	1

Antwort: Zur Minimierung der gegebenen Schaltfunktion werden die Ausgabewerte y in das KV-Diagramm übertragen. Sind überwiegend Nullen vorhanden, arbeitet man mit der konjuktiven Normalform. Sind hingegen mehr Einsen vorhanden, arbeitet man geschickter mit der disjunktiven Normalform. Ein $*$ (*don't care*) kann sowohl als 0 oder 1 gesetzt werden, je nachdem wie sich geschickter größere Blöcke bilden lassen. Zu beachten ist, dass die KV-Diagramme, obwohl planar gezeichnet, als Körper zu interpretieren sind. Die Ränder eines KV-Diagramms für drei Variablen sind benachbart.

Die minimierte Form lässt sich aus den verknüpften Blöcken bilden. In diesem Fall lautet sie:

$$(x_2 \wedge x_3) \vee \overline{x_1}$$

□

13.3   Technische Realisierung

Frage 461 Wie werden die Gatter technisch realisiert? Geben Sie die technische Wertetabelle für ein ODER-Gatter an.

Antwort: Die Gatter mit ihren abstrakten Werten 0 und 1 werden durch elektronische Schalter auf die **Pegelwerte** *high* und *low* abgebildet. Zu unterscheiden sind hier die **positive Logik** ($low(L) = 0$; $high(H) = 1$) und die **negative Logik** ($low(L) = 1$; $high(H) = 0$).

Wertetabelle			negative Logik			positive Logik		
x_1	x_2	y	x_1	x_2	y	x_1	x_2	y
0	0	0	H	H	H	L	L	L
0	1	1	H	L	L	L	H	H
1	0	1	L	H	L	H	L	H
1	1	1	L	L	L	H	H	H

Frage 462 Was versteht man unter einem **idealen Schalter**?

Antwort: Ein idealer Schalter ist ein abstraktes Objekt mit folgenden Eigenschaften:

- Der Zustandswechsel erfolgt ohne Verzögerung.
- Im eingeschalteten Zustand existiert kein Widerstand (kein Spannungsabfall).
- Im ausgeschalteten Zustand ist der Widerstand unendlich groß (keine Spannungsschwankung).

Frage 463 Gegeben sei folgendes Schaltungsbild. Welches Gatter ist hier in **TTL** umgesetzt? Geben Sie die Wertetafel an.

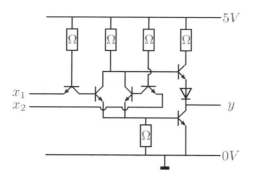

Antwort: Mit dieser Schaltung ist das NOR in *TTL (Transistor-Transitor-Logik)* umgesetzt.

x_1	x_2	y
0	0	1
0	1	0
1	0	0
1	1	0

□

Frage 464 Skizzieren Sie qualitativ die Pegeländerung eines idealen und eines reellen Schalters am Beispiel des Zustandswechsel von *low* nach *high*. Benennen Sie die Unterschiede in der Grafik.

Antwort: Der Spannungsanstieg im idealen Schalter verläuft ohne Zeitverlust. Der reele Schalter benötigt hier eine Einschaltzeit t_e. Diese Einschaltzeit setzt sich zusammen aus:

1. t_d; Verzögerungszeit (*delay*) = Änderungzeit von 0 % auf 10 % Pegel

2. t_r; Anstiegszeit (*rise*) = Änderungzeit von 10 % und 90 % Pegel

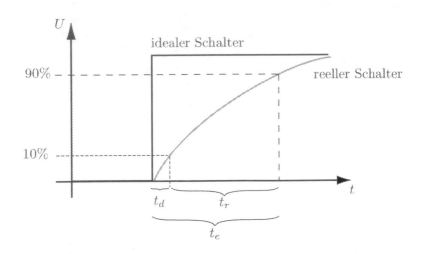

Frage 465 Was versteht man unter dem Begriff **Gatterlaufzeit**?

Antwort: Aufgrund der technischen Realisierung benötigt ein Eingangssignal eine gewisse Zeit, bis es am Ausgang eine Änderung erzeugt. Diese Verzögerung nennt man Gatterlaufzeit.

Gattertypen sind technisch unterschiedlich umgesetzt (RTL, TTL, CMOS etc.) und werden zu Logikfamilien zusammengefasst. Aufgrund der technischen Varianzen hat jede Logikfamilie eigene Gatterlaufzeiten.   □

Frage 466 Erklären Sie, was man unter einem **Codierer** und einem **Decodierer** versteht.

Antwort: Codierer und Decodierer dienen dazu, Informationen in unterschiedlichen, für die Verarbeitung günstigeren, Codes darzustellen. Der Codierer wandelt die Information mit Codelänge n in einen Code der Länge m um. Dabei ist der erzeugte neue Code kleiner oder gleich dem anliegendem Code ($n \geq m$). Der Decodierer hingegen wandelt eine anliegende Information der Länge m in einen Code der Länge n um. Dabei ist der erzeugte Code größer oder gleich dem anliegenden Code ($m \leq n$).   □

Frage 467 Erläutern Sie die Funktion eines **Multiplexers** und eines **Demultiplexers**. Skizzieren Sie jeweils den Aufbau.

Antwort: Ein *Multiplexer*(MUX) besitzt *mehrere Eingänge* und *einen Ausgang*. Mittels einer Steuerleitung wird einer der Eingänge ausgewählt und dessen Signal an den Ausgang durchgeleitet.

Ein *Demultiplexer* (DEMUX) besitzt *einen Eingang* und *mehrere Ausgänge*. Das anliegende Signal des Eingangs wird an *einen Ausgang* weitergeleitet.

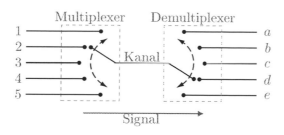

Frage 468 Was versteht man unter den Begriffen **Gatterlaufzeit**, **transport delay** und **inertial delay**?

Antwort: Unter der *Gatterlaufzeit* versteht man die zeitliche Verzögerung eines Signals innerhalb eines Gatters. Unterschiedliche technische Umsetzungen (RTL, TTL, CMOS etc.) eines Gattertyps haben unterschiedliche Gatterlaufzeiten. Der *transport delay* ist ein einfaches Modell zur Berechnung der Verzögerung, das nur von der gemittelten Gatterlaufzeit Gebrauch macht. Der *inertial delay* ist ein weiteres Verzögerungsmodell. Dieses Modell berücksichtigt, dass ein anliegendes Signal erst nach einer gewissen anliegenden Zeit am Ausgang einen Effekt erzielt. Neben dieser Trägheitszeit wird auch die Gatterlaufzeit zur Berechnung herangezogen. □

Frage 469 Erklären Sie, warum es zu einem **Hazard** kommen kann. Wie kann man einem Hazard entgegenwirken?

Antwort: Ein *Hazard* oder auch *Glitch* ist eine kurzzeitige Fehlbelegung in einer Schaltung. Diese Fehler treten auf, da Signale auf unterschiedlich langen Leitungen unterschiedliche Signallaufzeit besitzen. Da auch Gatter gleichen Typs eine Varianz in der Signallaufzeit besitzen, lassen sich diese Fehler nicht durch Nutzung einer einzigen technischen Umsetzung eliminieren. Eine Fehlererkennung ist durch Interpretation des KV-Diagramms möglich. Zur Beseitigung benötigt man zusätzliche, im Idealfall redundante, Schaltelemente. Unterschieden wird zwischen statischen und dynamischen Hazards.
Ein *statischer Hazard* liegt dann vor, wenn die anliegenden Signale stabil bleiben, das Ausgangssignal sich aber kurzzeitig ändert. Ein *dynamischer Hazard* liegt vor, wenn nach einem Pegelwechsel der Ausgang den korrekten Wert besitzt, aber kurzzeitig auf den alten (falschen) Wert zurückspringt. □

13.4 Schaltwerke

Frage 470 Worin unterscheiden sich **Schaltwerke** und **Schaltnetze**?

Antwort: Mit einem *Schaltnetz* wird eine logische Funktion umgesetzt. Der Ausgangswert eines Schaltnetzes hängt ausschließlich von den anliegenden Eingangssignalen ab. *Schaltwerke* sind eine Verknüpfung von *Schaltnetzen* mit *Speicherelementen*. Der Ausgangswert eines Schaltwerkes hängt von den anliegende Eingangssignalen und dem Zustand (Speicherbelegung) des Schaltwerks ab. □

Frage 471 Zu realisieren sei ein einfacher Kaffeeautomat. Der Automat akzeptiert Münzen zu 50 Cent und 1 Euro. Er kann sowohl normalen Kaffee (nK) (1 Euro) als auch Kaffee Crema (KC) (1,50 Euro) ausgeben. Beide Kaffeearten können über eine Taste (T1=Kaffee; T2=KaffeeCrema) ausgewählt werden. Falls zwei Mal ein Euro hintereinander eingeworfen wird, soll der Automat automatisch einen KaffeeCrema und 50 Cent Wechselgeld ausgeben. Erzeugen Sie den Mealy-Automat. (Hinweis: Wenn 1,50 Euro eingeworfen wurden, darf davon ausgegangen werden, dass gewählt wird.)

Antwort:

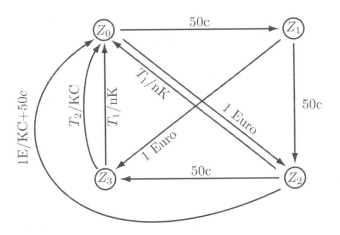

Frage 472 Was versteht man unter einem **Flipflop**?

Antwort: Ein Flipflop ist eine einfache Schaltung, die einen Wert speichern kann. Unterschieden wird bei den taktgesteuerten Flipflops zwischen den pegelgesteuerten und den flankengesteuerten. Flankengesteuerte Flipflops sind nochmals in vorder- (steigende Flanke) und rückflankengesteuerte Flipflops unterteilt. Diese Schaltungen ermöglichen das Speichern von Informationen. Dabei kann ein Flipflop jeweils ein Bit halten. □

Frage 473 Skizzieren Sie den prinzipiellen Aufbau eines MS-JK-Flipflops mit NAND-Gattern.

Antwort:

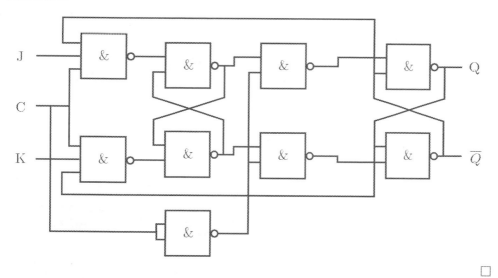

Frage 474 Erzeugen Sie ein **ungetaktetes RS-Flipflop** mit NAND-Gattern. Skizzieren Sie das Schaltbild und die Wertetabelle. Die Eingangssignale liegen in ihrem Ursprungssignal und in der Negation vor.

Antwort: Das *RS-Flipflop* ist die einfachste Realisierung eines Flipflop. Es besitzt nur die beiden Eingänge S(*set*) und R(*reset*).

S	R	$\overline{S}$	$\overline{R}$	Q	$\overline{Q}$
0	0	1	1	Q	$\overline{Q}$
0	1	1	0	0	1
1	0	0	1	1	0
1	1	0	0	(1)	(1)

Liegt am Eingang S eine 1 und an R eine 0 an, wird der Speicher gesetzt. Im umgekehrten Fall (R=1, S=0) wird der Speicher auf 0 gesetzt. Liegt an beiden Eingängen eine 1 an, so befindet sich das Flipflop in einem metastabilen (undefinierten) Zustand.

Frage 475 Was bedeuten die Abkürzungen PLD, PROM, PAL und PLA?

Antwort:

- PLD: *programmable logic device* (programmierbare Logikschaltung)
- PROM: *programmable read only memory*
- PAL: *programmable array logic*

■ PLA: *programmable logic array*   ☐

Frage 476 Realisieren Sie die Funktionen $y_1 = x_2 \cdot x_3 + x_1 \cdot \overline{x_2}$ und $y_2 = x_1 \cdot \overline{x_2} \cdot x_3 + \overline{x_1} \cdot \overline{x_2}$ mittels eines **PLA-Bausteins**. Nutzen Sie die vereinfachte Darstellungsform.

Antwort: PLA-Bausteine besitzen sowohl eine programmierbare UND- als auch eine programmierbare ODER-Matrix. Die gegebenen Funktionen würden wie folgt umgesetzt werden können:

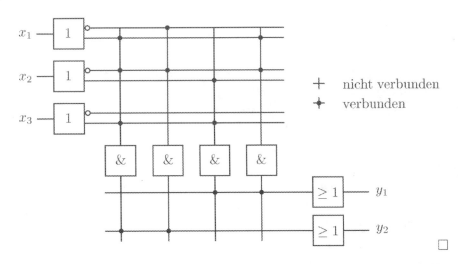

$+$ nicht verbunden
Φ verbunden

Frage 477 Erzeugen Sie ein **4-Bit-Schieberegister** mit serieller Eingabe mittels D-Flipflop. Listen Sie die prinzipiellen Ein- und Ausgabemöglichkeiten auf.

Antwort: Prinzipiell unterscheidet man zwischen folgenden Ein- und Ausgabemöglichkeiten:

■ PIPO: *parallel in parallel out*
■ PISO: *parallel in serial out*
■ SIPO: *serial in parallel out*
■ SISO: *serial in serial out*

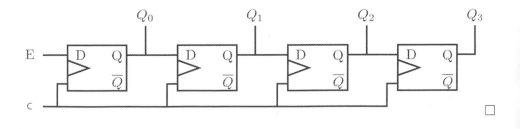

Frage 478 Gegeben sei folgende Schaltung aus JK-Flipflops und der Pegelverlauf für den Takt. Skizieren Sie den idealisierten Pegelverlauf für alle Ausgänge (Anfangszustand: $t = 0; Q_3 = Q_2 = Q_1 = Q_0 = 0$). Was wurde hier realisiert?

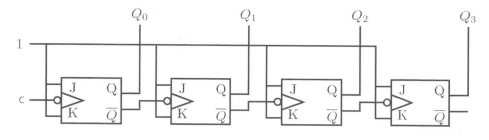

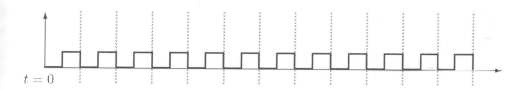

Antwort: Bei der vorgegebenen Schaltung wurden rückflankengetaktete JK-Flipflops genutzt um einen asynchronen 4-Bit-Dual-Rüchwärtszähler zu erzeugen.

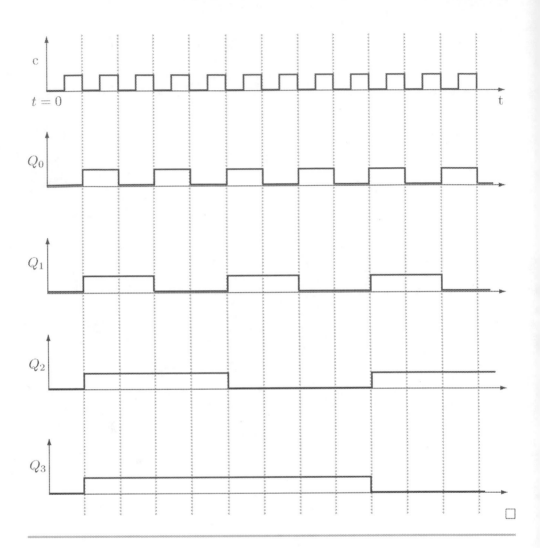

Frage 479 Gegeben sei folgende Kopplung eines BCD-Codewandlers mit einer 7-Segment-Anzeige. Bei Anliegen einer BCD codierten Zahl soll die entsprechende Dezimalzahl über die 7-Segment Anzeige dargestellt werden ($0000_{BCD} = 0_{Dezimal}$). Als anliegendes Signal können Pseudotetraden ausgeschlossen werden. Erzeugen Sie die Wertetabelle, und geben Sie die Schaltfunktion für den Ausgang **d** in KNF und den Ausgang **e** in DNF an.

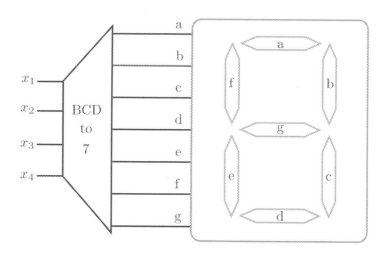

Antwort: Die Wahrheitstabelle für den BCD-Codewandler würde folgendermaßen definiert sein:

x_1	x_2	x_3	x_4	Dezimal	a	b	c	d	e	f	g
0	0	0	0	0	1	1	1	1	1	1	0
0	0	0	1	1	0	1	1	0	0	0	0
0	0	1	0	2	1	1	0	1	1	0	1
0	0	1	1	3	1	1	1	1	0	0	1
0	1	0	0	4	0	1	1	0	0	1	1
0	1	0	1	5	1	0	1	1	0	1	1
0	1	1	0	6	1	0	1	1	1	1	1
0	1	1	1	7	1	1	1	0	0	0	0
1	0	0	0	8	1	1	1	1	1	1	1
1	0	0	1	9	1	1	1	1	0	1	1

Für die Ausgänge e und d ergibt sich daraus:

$$e_{\text{DNF}} = (\overline{x_1} \cdot \overline{x_2} \cdot \overline{x_3} \cdot \overline{x_4}) + (\overline{x_1} \cdot \overline{x_2} \cdot x_3 \cdot \overline{x_4}) + (\overline{x_1} \cdot x_2 \cdot x_3 \cdot \overline{x_4}) + (x_1 \cdot \overline{x_2} \cdot \overline{x_3} \cdot \overline{x_4})$$

$$d_{\text{KNF}} = (x_1 + x_2 + x_3 + \overline{x_4}) \cdot (x_1 + \overline{x_2} + x_3 + x_4) \cdot (x_1 + \overline{x_2} + \overline{x_3} + \overline{x_4})$$

□

14 Rechnernetze

„Only wimps use tape backup: real men just upload their important stuff on ftp,
and let the rest of the world mirror it"
(Linus Torvalds)

Rechnernetze sind aus der heutigen Welt kaum mehr wegzudenken. Wurde früher das Wissen in Bibliotheken gesichert, ist heute das Netz eine stetig zugreifbare Ansammlung von (Un-)Wissen.
Wer einen umfassenden Überblick benötigt, sollte auf das Werk von Tannenbaum [46] zurückgreifen. Auch ein Blick in das etwas ältere, stark technisch-mathematische Werk von Taub und Schilling [47] lohnt sich. Milderberger [23] und Schürmann [40] sind ebenfalls gut verständlich und bieten einige Beispielberechnungen aus der facettenreichen Thematik.

Frage 480 Wie ist die Kanalkapazität nach Shannon definiert? Erläutern Sie die Formel.

Antwort: Nach dem Shannon-Hardley-Gesetz ist die theoretisch maximale Kanalkapazität K_{max} abhängig von der Bandbreite B, der Signalstärke S und der Rauschstärke R.

$$K_{max} = B \log_2(1 + \frac{S}{R})$$

$\square$

14.1   OSI und TCP/IP

Frage 481 Erläutern Sie die Begriffe **verbindungslose Kommunikation** und **verbindungsorientierte Kommunikation**.

Antwort: Kommunikation kann im technischen Sinne als verbindungsorientiert oder verbindungslos angesehen werden. Eine Verbindung ist hierbei als eine Kommunikationsbeziehung anzusehen, die über einen bestimmten Zeitraum besteht. Ist diese Kommunikationsbeziehung über einen *zuvor festgelegten Kanal* definiert, spricht man von einer *verbindungsorientierten* Kommunikation. Eine verbindungslose Kommunikation besteht dann, wenn die Informationen gesendet werden, ohne vorher die Beziehung von Sender und Empfänger herzustellen. Jedes Informationspaket beinhaltet die Daten des Empfängers, um korrekt zugewiesen werden zu können.

$\square$

Frage 482 Erläutern Sie den Unterschied zwischen **horizontaler** und **vertikaler Kommunikation**.

Antwort: Eine vertikale Kommunikation findet zwischen den Schichten einer Instanz statt. Von einer Schicht auf die darunterliegende Schicht findet nur ein Zugriff auf die bereitgestellten Dienste statt.

Eine horizontale Kommunikation findet zwischen Einheiten der gleichen Schicht (Partnereinheiten) statt. Die gesendeten PDU enthalten neben den Daten noch die PCI (*protocol control information*). Durch die Protokolle sind die Regeln für die Kommunikation zwischen den Einheiten definiert.   □

Frage 483 Erläutern Sie die Begriffe SAP, SDU, IDU, PDU, und bringen Sie die Begriffe in Zusammenhang. Nutzen Sie bei Ihrer Erläuterung eine Skizze.

Antwort: Die Abkürzungen bedeuten *service access point* (SAP), *service data unit* (SDU), *interface data unit* (IDU) und *protocol data unit* (PDU). Alle Begriffe werden zur Erläuterung der vertikalen Kommunikation gebraucht. Über einen SAP kann eine Schicht n eindeutig auf einen Dienst (Service) einer Schicht $n-1$ zugreifen. Damit die Schichten untereinander kommunizieren können, übergibt die Schicht n über den SAP eine IDU an die Schicht $n-1$. Diese IDU besteht prinzipiell aus zwei Teilen; der SDU, die Informationen, welche an die Partnereinheit übergeben werden, und der *interface control information* (ICI), den Schnittstellensteuerdaten.

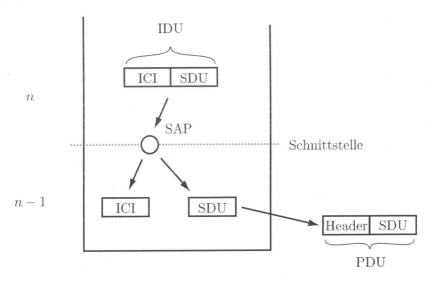

Frage 484 Benennen Sie die vier Dienstprimitiven einer bestätigten Dienstfunktion, und skizzieren Sie einen Verbindungsaufbau unter Zuhilfenahme der Dienstprimitiven.

Antwort: Dienstfunktionen, oder einfach nur Dienste, werden unterschieden in bestätigte und unbestätigte Dienstfunktionen. Die vier Dienstprimitiven der bestätigten Dienstfunktion lauten:

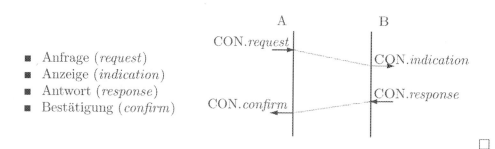

- ■ Anfrage (*request*)
- ■ Anzeige (*indication*)
- ■ Antwort (*response*)
- ■ Bestätigung (*confirm*)

Frage 485 Benennen Sie die Schichten des OSI-Modells. Skizzieren Sie die Kommunikation.

Antwort: Das OSI-Modell kennt sieben Schichten

1. Anwendung (*application*)

2. Darstellung (*presentation*)

3. Kommunikationssteuerung (*session*)

4. Transport (*transport*)

5. Vermittlung (*network*)

6. Sicherung (*data link*)

7. Bitübertragung (*physical*)

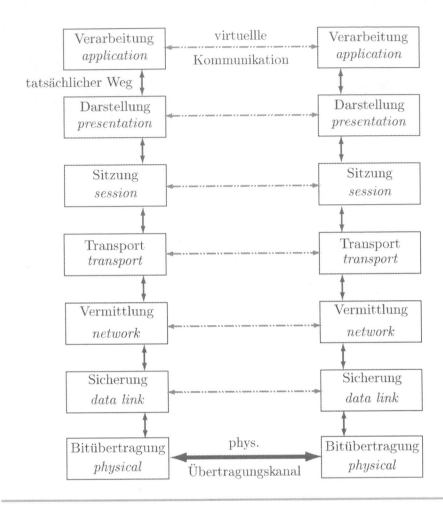

Frage 486 Stellen Sie die Schichten des OSI-Modell denen der Internet-Architektur gegenüber.

Antwort: Die Schichten des OSI-Modells und der Internet-Architektur bilden grundsätzlich die gleichen Funktionen ab. Da die Internetstruktur nur aus vier Schichten besteht, werden einige Schichten des OSI-Modells zusammengefasst.

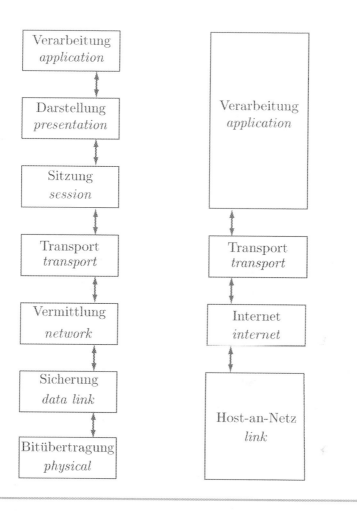

Frage 487 Erklären Sie asynchrones und synchrones Zeitmultiplexen. Nutzen Sie in Ihrer Erläuterung Skizzen.

Antwort: Bei synchronem Zeitmultiplexen (*time division multiplexing*, TDM) erhält eine Sendeeinheit zyklisch *time slots* zum Senden der Daten. Während eines *time slots* steht dem Sender die komplette Bandbreite des Kanals zur Verfügung. Dieses Verfahren ist sehr ineffizient, wenn die beteiligten Sender nicht stetig senden, da der *time slot* zugeteilt, aber nicht genutzt wird. Beim asynchronen Zeitmultiplexen (*statistical time division multiplexing*) wird den Quellen nur auf Anfrage ein *time slot* zur Verfügung gestellt. Um die Daten korrekt zuweisen zu können, benötigt der gesendete Datenblock zusätzlich die Adressdaten des Empfängers.

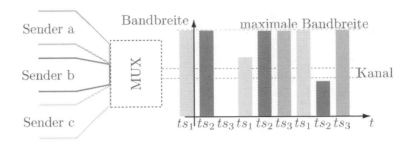

Frage 488 Erklären Sie Frequenzmultiplexen. Nutzen Sie in Ihrer Erläuterung Skizzen.

Antwort: Frequenzmultiplexen (*frequency division multiplexing*, FDM) unterteilt breitbandige Übertragungskanäle in unterschiedliche Frequenzbänder. Jedes dieser Frequenzbänder ist ein eigenständiger Übertragungskanal. Die Summe aller Bandbreiten der neuen Kanäle ist maximal so groß wie die Bandbreite des Basiskanals. Der Vorteil ist, dass auf jedem Kanal kontinuierlich kommuniziert werden kann.

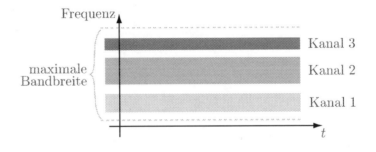

Frage 489 Was bedeutet TCP/IP, und wofür wird es eingesetzt? Begründen Sie die Wahl für das Referenzmodell.

Antwort: TCP/IP steht für *transmission control protocol / internet protocol* und bezeichnet eine Sammlung von Diensten, Schnittstellen und Protokollen zum Aufbau des Internets. TCP ist ein Protokoll für eine verbindungsorientierte, bidirektionale Kommunikation (Vollduplex). Über TCP könnne also gleichzeitig die Daten zwischen zwei Systemen übertragen werden. TCP ist recht sicher, da nach dem Aufbau der Verbindung eine geordnete Übertragung gewährleistet ist.
IP ist ein Protokoll der Netzwerkschicht und ist im Gegensatz zu TCP verbindungslos. Über IP ist es nun möglich, dass die Pakete einen günstigen Weg zum Empfänger nehmen. Dadurch können Pakete in einer anderen Reihefolge ankommen, als sie abgeschickt wurden. Die durcheinander geratenen Pakete werden zur Sortierung an die höhere Transportschicht weitergeleitet.
Durch die Verknüpfung von TCP und IP ist eine Stauvermeidung und Fehlererkennung möglich, und die Datenpakete können auch dann noch vom Sender

zum Empfänger, falls ein Teil des Netzes zerstört sein sollte.   □

Frage 490 Nennen Sie die drei Phasen eines TCP-Verbindungsaufbaus.

Antwort: Der TCP-Verbindungsaufbau besteht aus:

1. der Verbindungsanfrage durch den Sender (SYN),

2. der Verbindungsbestätigung durch den Empfänger (ACK),

3. der Verbindungsbestätigung durch den Sender (ACK).   □

Frage 491 Mit welchem Verfahren behandelt UDP ein Fehlerauftreten? Was ist der Unterschied zwischen UDP und TCP?

Antwort: Das *user data protocol* (UDP) ist ein sehr einfaches Protokoll der Transportschicht. Es versendet Datagramme ohne Acknowledgments. Somit muss für die Fehlerüberwachung ein anderes Protokoll eingesetzt werden. UDP ist wie TCP ein Protokoll der TCP/IP-Protokollfamilie. Da UDP eine verbindunglose Kommunikation ohne Fehlererkennung nutzt, ist dieses Protokoll zwar wesentlich unsicherer, dafür aber auch schneller.   □

Frage 492 Was ist eine MAC-Adresse, und wofür wird sie zusammen mit der IP-Adresse genutzt?

Antwort: Die *Media Access Control*-Adresse ist eine durch 48 Bit codierte Netzwerkkartenidentifikation. Mittels dieser MAC-Adresse ist eine Zuweisung von Datenpaketen auf der Sicherungsschicht (*data link*, Schicht 2) möglich. Einer MAC-Adresse kann einer IP-Adresse zugewiesen werden, welche wiederum die Eingliederung in ein (Teil-)Netz ermöglicht.   □

Frage 493 Erläutern Sie den IP-Adressaufbau nach IPv4. Unterscheiden Sie dabei die verschiedenen Klassen.

Antwort: Unter IPv4 ist die Adresscodierung 32 Bit lang. Diese 32 Bit sind in 4 Bytes unterteilt. Jeder der vier Teile kann somit einen Wert zwichen 0 und 255 annehmen. Unterschieden werden in IPv4 fünf Klassen, wobei nur die drei ersten relevant sind:

1. Klasse A: Das MSB des ersten Byte ist 0. Das erste Byte definiert das Netzwerk. Zur Kennzeichnung der Rechner stehen die restlichen drei Bytes zur Verfügung. Der gültige Adressbereich reicht von 1.0.0.0 bis 127.255.255.255.

2. Klasse B: Die ersten Bitziffern des ersten Bytes sind 10. Das Netzwerk wird durch die ersten beiden Bytes definiert. Für die Kennzeichnung der Rechner werden die zwei verbliebenen Bytes genutzt. Der gültige Adressbereich reicht von 128.0.0.0 bis 191.255.255.255.

3. Klasse C: Die ersten Bitziffern des ersten Bytes sind 110. Das Netzwerk wird durch die ersten drei Bytes definiert. Das letzte Byte ist für die Kennzeichnung der Rechner. Der gültige Adressbereich reicht von 192.0.0.0 bis 223.255.255.255. ☐

14.2   Fehlererkennung und -korrektur

Frage 494 Warum werden Daten über ein Medium redundant gesendet? Nennen Sie zwei konkrete Beispiele.

Antwort: Die Idee, Daten redundant zu versenden, ist in der Fehlerwahrscheinlichkeit der Datenübertragung begründet. Damit ein Fehler erkannt werden kann, sind zusätzlich zu der eigentlichen Information noch (Prüf-)Daten notwendig. Je nach Menge der redundanten Prüfdaten und der Schwere des Fehlers kann ein Fehler erkannt bzw. behoben werden. Einfache Beispiele sind die Paritätsprüfung und der CRC. ☐

Frage 495 Wie können **Übertragungsfehler** in Rechnernetzen entstehen?

Antwort: Übertragungsfehler können sowohl durch Einwirkung der Umgebung als auch durch interne Kollisionen entstehen.

1. elektromagnetische und radioaktive Einstrahlung

2. thermische Einwirkung

3. Signaldämpfung aufgrund zu geringer Übertragungskapazität ☐

Frage 496 Was versteht man unter dem Begriff **error burst**?

Antwort: Ein *error burst* ist ein *zeitlich gebündeltes Auftreten* von Fehlern bei der Übertragung von Signalen. ☐

Frage 497 Gegeben seien folgende Bitblöcke. Block a wird von der Quelle gesendet und Block b von der Senke empfangen. Führen Sie eine Paritätsprüfung (VRC, LRC) mit gerader Parität durch. Kann der Fehler korrigiert werden?

Block a						Block b					
0	1	0	1	0	0	0	1	0	1	0	0
1	0	0	0	0	1	1	0	0	1	0	1
0	1	0	0	0	1	0	1	0	0	0	1
1	0	1	0	0	1	1	0	1	0	0	1

Antwort: Die Paritätkontrolle prüft die Gleichheit der Blöcke anhand eines redundanten Bits. Das Prüfbit wird bei gerader Parität auf 1 gesetzt, wenn die Anzahl der Einsen im betrachteten Bereich ungerade ist. Dadurch wird die Anzahl der Einsen geradzahlig. Für die gegebenen Blöcke ergibt sich:

```
0  1  0  1  0  0 | 0      0  1  0  1  0  0 | 0
1  0  0  0  0  1 | 0      1  0  0  1  0  1 | 1
0  1  0  0  0  1 | 0      0  1  0  0  0  1 | 0
1  0  1  0  0  1 | 1      1  0  1  0  0  1 | 1
───────────────────      ───────────────────
0  0  1  1  0  1 | 1      0  0  1  0  0  1 | 0
```

Da es sich um einen 1-Bit-Fehler handelt, ist das gekippte Bit eindeutig identifizierbar, und eine Fehlerkorrektur kann durchgeführt werden. □

Frage 498 Wofür steht **CRC**? Erläutern Sie das **CRC**-Verfahren an folgenden Beispieldaten:

1. Nutzdaten: 1101010

2. Generator: 101

Antwort: *CRC* steht für *cyclic redundancy check* und ist ein Verfahren zur Fehlerprüfung. Das CRC-Verfahren nutzt dabei die Interpretation der Nutzdaten als Polynom des Grades $n - 1$ und die Polynomdivision. Für die oben gegebenen Beispieldaten ergibt sich:

1. Nutzdaten: 1101010

2. Generator: $101 \Rightarrow$ Grad $g = 2$

3. Datenpolynom zur Gewinnung der CRC-Prüfsumme
   1101010+00 (Anzahl g an Nullen auffüllen)

Berechnung der Prüfsumme:

$$110101000 : 101 = - - - \text{Rest } 11$$
$$\Rightarrow \text{CRC-Prüfsumme} = 11$$

Übertragungsdaten: Nutzdaten + CRC = 110101011

Überprüfung beim Empfänger:

$$110101011 : 101 = - - - \text{Rest } 0$$
$$\Rightarrow \text{keine Fehler}$$

□

Frage 499 Wozu wird das *sliding window*-Protokoll genutzt? Erläutern Sie auch die Arbeitsweise des *sliding window*.

Antwort: Das *sliding window*-Protokoll wird sowohl zur Fehlerkontrolle als auch zur Datenflusssteuerung eingesetzt. Bei einer Kommunikation mittels *sliding window* wird beim Verbindungsaufbau eine Fenstergröße festgelegt. Diese Ringpuffer werden sowohl beim Sender als auch beim Empfänger angelegt. Die Puffergröße gibt an, wie viele Pakete der Sender maximal versenden darf, ohne vom Empfänger eine Bestätigung (ACK) zu erhalten. Wird vor der maximalen Anzahl der Blöcke eine Bestätigung erhalten, werden die Puffer wieder freigesetzt.

□

Frage 500 Was bedeutet **CSMA/CD** und wozu wird es genutzt?

Antwort: CSMA/CD steht für *carrier sense multiple access / collision detection* und dient zur Kollisionserkennung. Bevor ein Sender ein Paket senden will, hört er den Übertragungskanal ab. Ist dieser frei, beginnt er zu senden. Gleichzeitig kann er aber den Kanal weiterhin abhören. Somit kann er sein eigenes Signal hören und validieren. Tritt eine Störung auf, unterbricht der Sender und sendet ein Jam-Signal. Dadurch stellen alle Netzteilnehmer das Senden ein. Jeder der Sender beginnt zu einem unspezifischen Zeitpunkt das erneute Senden. Eine Kollision kann im Netz durch dieses Verfahren spätestens nach der zweifachen Signallaufzeit erkannt werden. Hierfür muss jedoch zuvor die maximale Leitungslänge bekannt sein.

□

Literatur

[1] Jonathan Arnowitz, Michael Arent, and Nevin Berger. *Effective Prototyping for Software Makers*. Morgan Kaufmann Verlag, Berlin, München, 2007.

[2] Isaac Asimov. *Das Ende der Ewigkeit*. Heyne Verlag, München, 1999.

[3] Helmut Balzert. *Lehrbuch der Softwaretechnik: Softwaremanagement*. Spektrum Akademischer Verlag, 2. Auflage, Heidelberg, 2008.

[4] Helmut Balzert. *Lehrbuch der Softwaretechnik: Basiskonzepte und Requirements Engineering*. Spektrum Akademischer Verlag, 3. Auflage, Heidelberg, 2009.

[5] Eberhard Bergmann und Helga Noll. *Mathematische Logik mit Informatik-Anwendungen*. Springer-Verlag GmbH, Berlin, Heidelberg, New York, 1977.

[6] Hugh Beyer and Karen Holtzblatt. *Contextual Desgin, Defining Customer-Centered Systems*. Morgan Kaufmann Verlag, San Francisco, 1998.

[7] Manfred Broy und Ernst Denert, Hrsg. *Software Pioneers: Contributions to Software Engineering*. Springer-Verlag GmbH, Berlin, Heidelberg, 2002.

[8] John M. Carroll, editor. *HCI Models, Theories and Frameworks*. Morgan Kaufmann Verlag, Amsterdam, 2003.

[9] Alan Cooper, Robert Reimann, and David Cronin. *About Face 3: The Essentials of Interaction Design*. Wiley-VCH Verlag, Indianapolis, 2007.

[10] Thomas H. Cormen and Charels E. Leiserson. *Introduction to Algorithms*. The MIT Press, Cambridge, Mass, 1990.

[11] Heinz-Dieter Ebbinghaus, Jörg Flum und Wolfgang Thomas. *Einführung in die mathematische Logik*. Spektrum Akademischer Verlag, 4. Auflage, Heidelberg, 1996.

[12] Albert Endres and Dieter Rombach. *A Handbook of Software und Systems Engineering: Empirical Observations, Laws and Theories*. Addison-Wesley Longman, Amsterdam, 2003.

[13] Jesse James Garrett. *The Elements of User Experience: User-centered design for the Web*. Peachpit Press, Indianapolis, 2003.

[14] Hans Hermes. *Aufzählbarkeit, Entscheidbarkeit, Berechenbarkeit*. Springer-Verlag, 2. Auflage, Berlin, Heidelberg, New York, 1971.

[15] Hans Hermes. *Einführung in die mathematische Logik*. B. G. Teubner Verlag, 4. Auflage, Stuttgart, 1976.

[16] John E. Hopcroft and Jeffrey D. Ullman. *Introduction to Automata Theory, Languages and Computation*. Addison-Wesley Verlag, Reading, Mass, 1979.

[17] Jeff Johnson. *GUI Bloopers 2.0: Common User Interface Design Don'ts and Dos*. Morgan Kaufmann Verlag, Amsterdam, 2008.

[18] D. E. Knuth. *The Art of Computer Programming, 3 Bände*. Addison-Wesley Longman, Amsterdam, 1968 - 1981.

[19] Zvi Kohavi. *Switching and finite Automata Theory*. McGraw-Hill Higher Education, 2nd edition, New York, 1978.

[20] Harry R. Lewis and Christos H. Papadimitriou. *Elements of the Theory of Computation*. Prentice-Hall, Englewood Cliffs, NJ, 1981.

[21] Hans Martin Lipp. *Grundlagen der Digitaltechnik*. Oldenbourg R. Verlag GmbH, 2. Auflage, München, Wien, 1998.

[22] Stanley B. Lippman, Barbara E. Moo, and Josée Lajoie. *C++ Primer*. Addison-Wesley Longmann, Amsterdam, 3rd edition, 2005.

[23] Otto Mildenberger. *Informationstheorie und Codierung*. Vieweg, 2. überarb. Auflage, Braunschweig, 1992.

[24] George A. Miller. The Magical Number Seven, Plus or Minus Two: Some Limits on Our Capacity for Processing Information. *In: Psychological Review*, vol. 63, pp. 81-97, 1956.

[25] Thomas P. Moran, Stuart Card, and Allen Newell. *The Psychology of Human-Computer Interaction*. Lawrence Erlbaum Associates, Hillsdale, NY, 1983.

[26] Khalid A. Mughal and Rolf W. Rasmussen. *A Programmers's Guide to Java Certification*. Addison-Wesley Longman, 3rd edition, Amsterdam, 2009.

[27] Jakob Nielsen. *Usability Engineering*. Morgan Kaufmann Verlag, San Francisco, 1994.

[28] Michael A. Nielson and Isaac L. Chuang. *Quantum Computation and Quantum Information*. Cambridge University Press, Cambridge, 2000.

[29] Donald A. Norman. *The Design of Everyday Things*. Perseus Book Group, 1988 (reprint: 2002).

[30] Donald A. Norman. *Emotional Design: Why we love (or hate) everyday things*. Basic Books, New York, 2005.

[31] National Institute of Standards and Technology (NIST). *Common Industry Specification for Usability-Requirements (CISU-R)*, 2007.

[32] T. Ottmann und P. Widmayer. *Algorithmen und Datenstrukturen*. Spektrum Akademischer Verlag, 4. Auflage, Heidelberg, 2002.

[33] Jennifer Preece, Yvonne Rogers, and Helen Sharp. *Interaction Design: Beyond Human-Computer Interaction*. Wiley-VCH Verlag, New York, 2002.

[34] Peter Rechenberg und Gustav Pomberger, Hrsg. *Informatik-Handbuch*. Carl Hanser Verlag, 4. aktualisierte Auflage, München, Wien, 2006.

[35] Michael Richter und Markus Flückinger. *Usability Engineering kompakt*. Spektrum Akademischer Verlag, Heidelberg, 2007.

[36] Michael M. Richter. *Logikkalküle*. B. G. Teubner Verlag, Stuttgart, 1978.

[37] Arto K. Salomaa. *Formale Sprachen*. Springer-Verlag GmbH, Berlin, Heidelberg, New York, 1978.

[38] Uwe Schöning. *Logik für Informatiker*. Spektrum Akademischer Verlag, 5. Auflage, Heidelberg, 2000.

[39] Uwe Schöning. *Theoretische Informatik – kurzgefasst*. Spektrum Akademischer Verlag, 4. Auflage, Heidelberg, 2001.

[40] Bernd Schürmann. *Rechnerverbindungsstrukturen: Bussysteme und Netzwerke.* Vieweg, Braunschweig, 1997.

[41] Robert Sedgewick. *Algorithms in C++.* Addison-Wesley Longman, Reading, Mass, 1984.

[42] Manfred Seifart und Helmut Beikirch. *Digitale Schaltungen.* Verlag Technik, 5. völlig neu überarb. Auflage, Berlin, 1998.

[43] Ian Sommerville. *Software Engineering.* Pearson Studium, 8. Auflage, München, 2007.

[44] Tilo Strutz. *Bilddatenkompression: Grundlagen, Codierung, JPEG, MPEG, Waveletts.* Vieweg, Braunschweig, 2000.

[45] Andrew S. Tanenbaum. *Moderne Betriebssysteme.* Pearson Studium, 2. Auflage, München, 2002.

[46] Andrew S. Tanenbaum. *Computernetzwerke.* Pearson Studium, 3. Auflage, München, 2000.

[47] Herbert Taub and Donald L. Schilling. *Principles of Communication Systems.* McGraw-Hill, 2nd edition, New York, 1986.

[48] Ingo Wegener. *Theoretische Informatik – eine algorithmenorientierte Einführung.* B. G. Teubner Verlag, 3. überarb. Auflage, Wiesbaden, 2005.

[49] Ingo Wegener. *Kompendium Theoretische Informatik – eine Ideensammlung.* B. G. Teubner Verlag, Stuttgart, 1996.

[50] Niklaus Wirth. *Grundlagen und Techniken des Compilerbaus.* Oldenbourg Wissenschaftsverlag, 2. Auflage, München, 2008.

Symbolverzeichnis

$a, a_1, a_2, \cdots$	Aussagenvariable im Aussagenkalkül, Seite 3
$\neg$	logische Negation, Seite 3
$\vee$	logische Disjunktion (logisches *oder*), Seite 3
$\wedge$	logische Konjunktion (logisches *und*), Seite 3
t	Wahrheitsfunktion, Seite 3
$\longrightarrow$	Implikationsoperator, Seite 6
$\longleftrightarrow$	Äquivalenzoperator, Seite 7
$\models$	Folgerungsrelation, Seite 8, 15
$x, x_1, x_2, \cdots$	Variablensymbole im Prädikatenkalkül, Seite 9
$c, c_1, c_2, \cdots$	Konstantensymbole im Prädikatenkalkül, Seite 9
$f, f_1, f_2, \cdots$	Funktorsymbole im Prädikatenkalkül, Seite 9
$t, t_1, t_2, \cdots$	Terme im Prädikatenkalkül, Seite 9
$p, p_1, p_2, \cdots$	Prädikatsymbole im Prädikatenkalkül, Seite 9
$\forall$	Allquantor, Seite 9
$\exists$	Existenzquantor, Seite 9
$A, A_1, A_2, \cdots$	Variablen für Aussageformen/Formeln, Seite 9
$\mathcal{U}$	Universum/Individuenbereich, Seite 10
o	Namensgebung für Objekte des Individuenbereichs, Seite 11
π	Interpretation eines Prädikatsymbols, Seite 11
χ_R, χ_p	charakteristische Funktion einer Relation/eines Prädikats, Seite 11
$u, u_1, u_2, \cdots$	Objekte des Individuenbereiches, Seite 11
$\bigwedge x$	unendliche Konjunktion (entspricht Allquantor), Seite 12
$\bigvee x$	unendliche Disjunktion (entspricht Existenzquantor), Seite 12
$\equiv$	logische Äquivalenz, Seite 15
$[A]$	Äquivalenzklasse, Seite 16
$\overline{}$	von der Negation induzierte Verbandsoperation, Seite 16
$\sqcup$	von der Disjunktion induzierte Verbandsoperation, Seite 16
$\sqcap$	von der Konjunktion induzierte Verbandsoperation, Seite 16
$\vdash$	Ableitbarkeitsrelation, Seite 19
$L, L_1, L_2, \cdots$	Literal, Seite 24
$K, K_1, K_2, \cdots$	Klausel (Disjunktion von Literalen), Seite 24
X	Prädikatvariable, Seite 26
M	Automat, Turingmaschine, Seite 30
Q	Zustandsmenge eines Automaten, Seite 30
q_0	Anfangszustand eines Automaten, Seite 30
F	Endzustände eines Automaten, Seite 30
Γ	Bandsymbole des Endlosbandes einer Turingmaschine, Seite 30
Σ	Zeichenmenge eines (Objekt-)Alphabets, Seite 30
δ	Funktionsbeschreibung eines Automaten, Seite 30

B	Blanksymbol, Seite 30
L, R	Links-Rechts-Bewegung des Schreib-Lese-Kopfes, Seite 30
$w, w_1, w_2, \cdots$	Wörter über einem Alphabet, Seite 31
$|w|$	Länge eines Wortes w, Seite 68
ε	das leere Wort, Seite 31, 68
L	formale Sprache über einem Alphabet, Seite 32, 68
$L(M)$	von einer Turingmaschine M akzeptierte Sprache L, Seite 32
$G(M)$	von einer Turingmaschine M erzeugte Sprache L, Seite 32
$\mathbb{N}$	Menge der natürlichen Zahlen, Seite 32
$\mathbb{N}^k$	k-faches kartesisches Produkt der natürlichen Zahlen, Seite 32
$\natural$	Trennsymbol für Wörter auf Schreib-Lese-Band, Seite 32
χ'_L	semi-charakteristische Funktion einer Sprache L, Seite 32
χ_L	charakteristische Funktion einer Sprache L, Seite 33
$\overline{L}$	Komplement einer formalen Sprache L, Seite 33
μ	μ-Operator, Seite 37
$(T_1 T_2), (\lambda x.T)$	λ-Terme, Seite 40
L_d	Diagonalsprache (nicht semi-emtscheidbare Sprache), Seite 42
L_u	universelle Sprache, Seite 42
H	Sprache des Halteproblems, Seite 43
$\mathcal{S}$	Menge von Eigenschaften formaler Sprachen, Seite 44
$\flat, \natural$	Ergänzungssymbole für Übergang PKP nach MPKP, Seite 46
$Z^{X \times Y}$	Menge der Funktionen $X \times Y \rightarrow Z$, Seite 49
$time_M(x)$	Anzahl der Rechenschritte bei Eingabe von x in M, Seite 53
$ntime_M(x)$	Anzahl der Rechenschritte für nicht deterministisches M, Seite 53
$space_M(x)$	Anzahl der besuchten Bandpositionen, Seite 53
$\leq_p$	Relation polynomial reduzierbar, Seite 54
P	Klasse der Sprachen von polynomialer Komplexität, Seite 54
NP	Klasse der Sprachen von nicht deteterministischer polynomialer Komplexität, Seite 54
SAT	Sprache der erfüllbaren aussagenlogischen Formeln, Seite 56
$a_{t,q}$	Aussagenvariable für „M ist zum Zeitpunkt t im Zustand q", Seite 57
$a_{t,f}$	Aussagenvariable für „M ist zum Zeitpunkt t im Endzustand f", Seite 57
Σ^*	Menge aller Wörter über Alphabet Σ, Seite 68
$\emptyset$	leere Sprache, Seite 68
$w_1 w_2$	Konkatenation der Wörter w_1 und w_2, Seite 68
w^n	n-fache Konkatenation von w mit sich selbst, Seite 68
$L_1 L_2$	Konkatenation der Sprachen L_1 und L_2, Seite 68
L^n	n-fache Konkatenation der Sprache L mit sich selbst, Seite 68
L^*	Kleene'sche Hülle von L, Seite 68
$r, s, (rs), (r|s), r^*$	reguläre Ausdrücke, Seite 70
L_r	zum regulären Ausdruck r gehörige Sprache, Seite 70
$\sim_L$	äquivalent modulo L, Seite 80
$r_{i,j}^k$	regulärer Ausdruck bezogen auf endlichen Automaten, Seite 80

G	formale Grammatik, Seite 84
V	Variablenmenge einer formalen Grammatik, Seite 84
P	Produktionsregeln einer formalen Grammatik, Seite 84
S	Startsymbol einer formalen Grammatik, Seite 84
$L(G)$	von formaler Grammatik G erzeugte Sprache, Seite 84
$w_1 \to w_2$	Produktionsregel aus P, Seite 84
$\Rightarrow$	Ableitungsrelation zwischen Wörtern nach P, Seite 85
$\Rightarrow^*$	Hülle der Ableitungsrelation $\Rightarrow$, Seite 85
$V_{i,k}$	Teilmenge von V nach dem CYK-Algorithmus, Seite 90
$\$$	*bottom of stack*-Symbol, Seite 98
$L(M)$	mittels Endzustand akzeptierte Sprache, Seite 99
$N(M)$	mittels leerem Stack akzeptierte Sprache, Seite 99
$\vdash$	Relation auf der Menge der Konfigurationen, Seite 99
$\vdash^*$	Hülle der Relation $\vdash$, Seite 99
w^R	Umkehrung von w, Seite 99
G	Graph, Seite 131
V	Menge der Ecken eines Graphen, Seite 131
E	Menge der Kanten eines Graphen, Seite 131
$v_1, v_2, \cdots$	Ecken eines Graphen, Seite 131
p	Pfad in einem Graphen, Seite 131
$O(g(n))$	Landausymbol, Seite 132
$\leq_O$	Quasiordnung induziert durch Landausymbol, Seite 132
$\varphi(n)$	Eulerzahl von n, Seite 149
m	unverschlüsselte Nachricht, Seite 149
s	verschlüsselte Nachricht, Seite 149

Namen- und Sachverzeichnis

Printed in the United States
By Bookmasters